Marco Bianchi

NOI CI VOGLIAMO BENE

Gravidanza, allattamento, svezzamento: emozioni, scienza e ricette per mamma, papà e bebè

MONDADORI

Dello stesso autore
in edizione Mondadori

Cinquanta minuti due volte alla settimana
Io mi muovo
Io mi voglio bene
La mia cucina italiana

Con MariaGiovanna Luini

Ricette della dieta del digiuno

Con i contributi di Massimo Agosti, Adriana Cantisani, Silvia Maddalena.

Postfazione di Giovanni Corsello,
presidente della Società italiana di pediatria

Published by arrangement with Show Reel

SHOW REEL

www.show-reel.it

www.librimondadori.it

Noi ci vogliamo bene
di Marco Bianchi

ISBN 978-88-04-66317-1

I edizione aprile 2016

Indice

3 *Il cibo è amore*

8 NOVE MESI NELLA PANCIA

41 Il primo trimestre
60 Il secondo trimestre
77 Il terzo trimestre

100 NOVE MESI NEL MONDO

151 Il primo trimestre
165 Il secondo trimestre
174 Il terzo trimestre

187 RICETTE PER IL PRIMO TRIMESTRE DI SVEZZAMENTO

227 RICETTE PER IL SECONDO TRIMESTRE DI SVEZZAMENTO

245 RICETTE CON PROTEINE ANIMALI

269 *Postfazione di Giovanni Corsello*
271 *Ringraziamenti*
273 *Indice delle ricette*

Noi ci vogliamo bene

Dedico questo libro alla mia famiglia, mia moglie Veruska e la nostra piccola principessa, Vivienne: senza di loro, non sarebbe davvero mai nato.

Dato che le grandi cose si fanno sempre insieme ad altri, voglio dedicarlo anche alle persone che ci hanno supportato durante la gravidanza e la prima infanzia di Vivienne, e cioè Silvia, Stefania e Massimo.

Nutrire al meglio la mamma, che a sua volta nutre il bambino; e poi svezzare quest'ultimo, educandolo sin dalla più tenera infanzia a sperimentare tutti i sapori e a volersi bene a tavola: sono temi affascinanti, ma anche molto delicati e complessi, per trattare i quali ho voluto accanto a me una squadra di esperti. Nonostante il nostro impegno, però, questo che avete tra le mani rimane solo un libro: non può dare risposte a esigenze specifiche e, soprattutto, non può farsi interprete dell'unicità di chi legge. Per questo, benché io vi offra indicazioni con solidi supporti scientifici, voglio raccomandare a tutti i futuri genitori in attesa e a quelli alle prese con i primi mesi dei loro cuccioli di agire sempre con il supporto del medico, l'unico in grado di ritagliare una ricetta per il benessere su misura per ciascuno.

Il cibo è amore

«Meraviglia» è la parola che mi sembra più adatta a descrivere l'arrivo di un figlio. Nel mio caso si tratta di una bambina, Vivienne, nata il 25 settembre 2015, con tutto un contorno di emozioni, gambe di gelatina, cuore in gola e lacrime di gioia.

«Meraviglia» è quello che abbiamo provato mia moglie Veru e io appena saputo del suo arrivo: un misto di felicità, stupore e incredulità.

Daniel Stern ha osservato che la madre nasce con la nascita del bambino: è verissimo, e sicuramente vale anche per i padri. Solo quando tieni tuo figlio tra le braccia, infatti, riesci a renderti conto appieno di quanto ti sta accadendo. Credo, però, che si diventi genitori ben prima – almeno, per noi è stato così.

Abbiamo cominciato ad anteporre il bene di Vivienne al nostro nel momento esatto in cui abbiamo saputo del suo arrivo. Anzi, persino prima: Veru ha cominciato ad assumere folati quando nostra figlia era ancora solo una possibilità (ed è proprio quanto qualsiasi donna dovrebbe fare, invece di imbottirsi di acido folico nei mesi successivi al concepimento).

Mai avrei pensato di scrivere un libro tutto dedicato all'alimentazione delle future mamme, ai trucchi per far fronte alla nausea gravidica o agli attacchi di fame improvvisi, e poi al mondo dello svezzamento, alle pappe e al latte materno... eppure eccomi qui. Come avrete già capito dalle prime righe, ho deciso di dedicarmi a questi temi spinto dall'esperienza personale, inebetito dall'amore nei confronti della mia bambina, ma anche ben conscio del ruolo fondamentale che l'alimentazione gioca nello sviluppo del feto prima e del neonato poi. Diventare genitori ha aggiunto un'ulteriore motivazione alla scelta mia e di Veru di nutrirci in modo bello&buono: se prima lo facevamo per una questione di salute e di benessere (oltre che di gusto), adesso lo facciamo anche per il bene di Vivienne. Mentre era nella pancia, volevamo che avesse tutti i nutrienti che le servivano per formarsi e svilupparsi; ora che è nel mondo, desideriamo che non le manchi nulla per crescere sana e forte. Io, poi, non posso trattenermi dall'insegnarle a sperimentare da subito tutti i gusti, perché possa amare il cibo almeno quanto lo amo io.

Visto che si tratta di temi delicati, ho raccolto attorno a me una squadra di esperti, gli stessi che hanno supportato la nostra famiglia prima, durante e dopo la nascita di Vivienne: sto parlando di Silvia Maddalena, splendida ginecologa al passo coi tempi; di Massimo Agosti, grande pediatra che fa la differenza in questo settore in Italia; infine, della tata più dolce (e bella) che c'è, Adriana Cantisani, amica che senz'altro avrete visto in televisione salvare la vita a molti genitori. Saranno loro a supportarmi nelle prossime pagine, affiancando il mio racconto con brevi focus su temi specifici e delicati. Io, come sempre, mi dedicherò all'alimentazione: vi illustrerò l'importanza che determinati nutrienti e uno stile di vita sano e attivo rivestono per la madre e per il bambino. Il tutto, naturalmente, avvalorato dagli ultimi studi scientifici – perché, come sapete, ogni indicazione, suggerimento e consiglio hanno sempre il risultato di una solida ricerca alle spalle.

Prima di addentrarci in questi temi, però, voglio darvi qualche anticipazione: il sistema di sorveglianza nazionale «OKkio alla salute» conduce indagini biennali sullo stato ponderale dei bambini nel nostro paese. Secondo l'ultimo rilevamento (2014) i bambini in sovrappeso sono il 20,9 per cento e gli obesi il 9,8 per cento, compresi quelli severamente obesi, che da soli costituiscono il 2,2 per cento.[1] I dati di «OKkio alla salute» riguardano bambini che già frequentano le scuole ma, come confermano altre ricerche, la tendenza a obesità e sovrappeso nasce già nella primissima infanzia: uno studio condotto dalla Emory University di Atlanta su un campione rappresentativo di circa 3,8 milioni di bambini ha dimostrato che il 12 per cento dei bambini è già obeso alla scuola d'infanzia, mentre il 14 per cento è quattro volte più a rischio di obesità da adulti rispetto ai coetanei normopeso. Sono percentuali allarmanti, che non vanno prese alla leggera solo perché «riguardano gli Stati Uniti». Claudio Maffeis, docente di Pediatria presso l'ateneo veronese ed esperto di nutrizione della SIP, la Società italiana di pediatria, ha sottolineato come, secondo indagini più recenti, ben il 24 per cento dei bambini delle scuole materne risulti in sovrappeso, con un rischio dal 40 all'80 per cento di rimanere tali anche nell'età adulta. È stato provato che obesità e sovrappeso sono correlati, tra le altre patologie, con il rischio cardiovascolare[2] e l'insorgenza di alcune forme tumorali.[3]

Ma dove risiedono le radici del sovrappeso? Risiedono nelle cattive abitudini impartite dai genitori, anche nel pe-

[1] «OKkio alla salute» è promosso e finanziato dal ministero della Salute/CCM, coordinato dal Centro nazionale di epidemiologia, sorveglianza e promozione della salute dell'Istituto superiore di Sanità e condotto in collaborazione con tutte le regioni italiane e il ministero dell'Istruzione, dell'Università e della Ricerca. È la più solida fonte di dati epidemiologici sugli stili di vita dei bambini della scuola primaria disponibile nel nostro paese. I dati citati sono tratti dalla sintesi dei risultati relativi all'anno 2014.

[2] Menghetti E., Strisciuglio P., Spagnolo A., Carletti M., Paciotti G., Muzz G., Beltemacchi M., Concolino D., Strambi M., Rosano A., *Ipertensione al Centro-Nord e obesità al Sud segnali precoci di rischio cardiovascolare emersi in Italia nella popolazione di 6-17 anni*, in «Nutrition, Metabolism and Cardiovascular Diseases», 25 febbraio 2015 (www.nutrition-foundation.it).

[3] Arnold M., Pandeya N., Byrnes G., Renehan A.G., Stevens G.A., Ezzati M., Ferlay J., Miranda J.J., Romieu I., Dikshit R., Forman D., Soerjomataram I., *Si conferma il rapporto di causa-effetto tra sovrappeso-obesità e alcune forme tumorali nella popolazione adulta*, in «The Lancet Oncology», 26 novembre 2014 (www.nutrition-foundation.it).

riodo antecedente la nascita. Spiega infatti Maffeis che «le età più a rischio sono quattro: durante la gravidanza, nel primo anno di vita, durante l'età prescolare (dai 3 ai 6 anni) e infine l'adolescenza».[4]

Come vedete, i primi due momenti a rischio riguardano da vicino i genitori. Durante la gravidanza, la mamma nutre il figlio in maniera esclusiva: possiamo ben dire, infatti, che il feto assume gli stessi, identici nutrienti della madre. Senza contare che una mamma in salute riduce notevolmente i rischi, per sé e per il bambino (per esempio, è scientificamente provato che una dieta sana in gravidanza diminuisce il rischio di parto pretermine e garantisce il corretto sviluppo fetale,[5] mentre l'obesità della madre è associata a gravi complicazioni della gravidanza[6]). Nei mesi immediatamente successivi, è sempre la mamma (se allatta) o sono comunque i genitori a compiere per il figlio tutte le scelte di natura alimentare. Magari a volte Vivienne avrebbe voglia di polenta taragna mentre io le ammannisco un burger di lenticchie, ma non può ancora comunicarmelo compiutamente: la responsabilità di ciò che mangia è solo mia e di Veru.

Se è vero, come vuole la nostra cultura, che il cibo è amore – e ne sono convinto – allora secondo me una coppia, quando si apre alla vita, dovrebbe fare del cibo uno strumento per volere bene al proprio bambino da subito. Il libro che avete tra le mani tratta di questo argomento: come

[4] *I bambini cicciottelli rischiano di diventare adulti obesi*, 30 gennaio 2014 (www.panorama.it).

[5] *L'EFSA conferma i benefici di 1-2 porzioni di pesce alla settimana e fino a 3-4 in gravidanza per lo sviluppo del bambino*, EFSA NDA Panel (EFSA Panel on Dietetic Products, Nutrition and Allergies), in «EFSA Journal», 21 luglio 2014 (www.nutrition-foundation.it) e Englund-Ögge L., Brantsæter A.L., Sengpiel V., Haugen M., Birgisdottir B.E., Myhre R., Meltzer H.M., Jacobsson B., *Un'alimentazione sana in gravidanza riduce il rischio di parto pretermine*, in «British Medical Journal», 4 marzo 2014 (www.nutrition-foundation.it).

[6] Yazdy M.M., Liu S., Mitchell A.A., Werler M.M., *Carico glicemico della dieta materna e difetti del tubo neurale nei neonati*, in «American Journal of Epidemiology», 15 febbraio 2010 (www.nutrition-foundation.it).

volere bene a tavola non solo a se stessi, ma anche al proprio bambino.

Possono due genitori volenterosi e amanti del buon cibo aiutare la futura mamma e il feto a vivere una gravidanza liscia come l'olio attraverso l'alimentazione? Possono fare in modo che il nascituro (o la nascitura), dentro la pancia o appena fuori, abbia tutto ciò di cui ha bisogno per svilupparsi e crescere in piena salute, facendo prevenzione e insegnandogli sin dalla più tenera infanzia ad apprezzare tutti i sapori e i nutrienti? Ebbene sì, secondo me questa è un'impresa possibile, tant'è che sto provando a compierla. Se girate pagina, vi racconto come!

Nove mesi nella pancia

Cominciamo dall'inizio, ovvero dalla gravidanza.

Uno degli aspetti che ho trovato davvero meravigliosi dello stare accanto a Veru e alla sua pancia che cresceva di giorno in giorno è il numero impressionante di cose che ho imparato. Per esempio: lo sapevate che i bambini, quando nascono, non sono ancora «finiti»?

È proprio così: lo sviluppo del bambino termina molto dopo il parto. A ben guardare, circa nove mesi dopo, quando cioè comincia – chi prima, chi poi – a muoversi nel mondo in autonomia, gattonando.

Come ha osservato Ashley Montagu, professore di Anatomia e Antropologia a Harvard e alla New York University, il cucciolo d'uomo quando viene al mondo è decisamente immaturo rispetto ad altri animali.[1] Basti pensare al neonato dell'elefante o a quello del daino, che sono in grado di correre con il branco subito dopo la nascita. La foca, invece, insegna ai suoi piccoli a nuotare già dalla sesta settimana: a quel tempo, il giovanissimo umano non è nemmeno in grado di tenere dritta la testa da solo, altro che nuotare! È chiaro che i piccoli di elefante, di daino e di foca devono potersi muovere dai primi istanti di vita, perché sono

[1] Montagu A., *Touching: The Human Significance of the Skin*, New York, Columbia University Press, 1971, disponibile in italiano con il titolo *Il linguaggio della pelle*, Baiso (RE), Verdechiaro Edizioni, 2011.

chiamati da subito a fronteggiare una quantità di pericoli che l'umanità fortunatamente non sperimenta dai tempi della preistoria: quando questi piccoli vengono al mondo, per esempio, devono essere in grado di identificare un predatore e scappare a gambe levate. All'uomo questa capacità non è richiesta, almeno non nel breve termine.

Se dopo nove mesi non siamo ancora «finiti», però, perché nasciamo? Secondo Montagu, pare che sia tutta una questione di cervello: il bambino deve lasciare il grembo materno quando ancora può passare dal canale naturale, quindi prima che il cervello si sviluppi al punto da impedirglielo. Un cervello umano pienamente sviluppato ha un volume di circa 1200 centimetri cubi, misura che si raggiunge intorno ai vent'anni. E prima? Alla nascita, il nostro cervello occupa circa 330 centimetri cubi ma, durante il primo anno, raddoppia di volume, arrivando a ben 750 centimetri cubi. Sono necessari altri due anni perché l'organo diventi di 960 centimetri cubi: è a tre anni infatti che il cervello raggiunge il 90 per cento del suo volume finale. Il restante 10 per cento, evidentemente, si sviluppa nei diciassette anni successivi. Veniamo quindi al mondo con il cervello più grande possibile, per lasciare che il resto cresca in seguito.

La verità è che siamo abituati a pensare al parto come al termine della gestazione, ma non è così. Con il parto termina l'endogestazione, ovvero quei duecentottanta giorni durante i quali il bambino si sviluppa nella pancia della mamma, e inizia l'esogestazione, cioè altri duecentottanta giorni durante i quali il bambino si adatta alla vita extrauterina, continua il suo sviluppo e conquista competenze fondamentali per arrivare a muoversi nel mondo.

Nove mesi nella pancia e nove mesi nel mondo: ho trovato questa coincidenza di tempi talmente affascinante che ho deciso di modellare su di essa la struttura del libro, tanto più che è proprio nell'ultimo trimestre di esogestazione che i genitori cominciano a svezzare il loro piccolo.

I NOVE MESI NELLA PANCIA: LO SVILUPPO DEL BAMBINO

Ho studiato come tecnico di ricerca biochimica, ho avuto a che fare con la biologia in mille modi, ma un conto è studiarla e sperimentarla in laboratorio, altra cosa è «viverla». E la nascita di un figlio ti porta decisamente a viverli, quei trimestri che conoscevo così bene. Parlo di trimestri perché la crescita del bambino nella pancia viene convenzionalmente suddivisa in tre periodi di novanta giorni ciascuno.

Il *primo trimestre* ha inizio ovviamente al momento della fecondazione. La cellula uovo fecondata, nel giro di cinque giorni, si trasforma in un insieme di cellule chiamato «morula», che a sua volta cresce fino a diventare una blastocisti, un agglomerato che conta un centinaio di cellule circa e contiene già i precursori di tutti gli organi e apparati del futuro bambino. La blastocisti, una volta giunta nell'utero, dopo qualche giorno di libertà si impianta nella parete: lì, inizia l'avventura della vita. Le cellule si moltiplicano e cominciano a differenziarsi; si forma la placenta (l'organo deputato agli scambi metabolici tra la madre e il feto) e, dopo sei settimane, ecco che l'embrione acquisisce la tipica forma a C che viene riportata proprio sui testi di biologia! È esattamente così che abbiamo visto per la prima volta Vivienne: una grossa testa con la coda, e con un cuore che batteva. Pesava circa 1 grammo. Da questo momento, l'embrione si accresce velocemente: a otto settimane dall'inizio della gravidanza, pesa 4 grammi ed è lungo circa 20 millimetri. Alla fine del primo trimestre, alla dodicesima settimana, ha raggiunto circa 14 grammi e 60 millimetri di lunghezza. L'aspetto più sorprendente è che a questo punto gli organi sono per lo più formati e la placenta comincia a svolgere il suo lavoro, cioè nutrire il feto.

Che cos'è l'ecografia?

L'ecografia è una tecnica di diagnostica per immagini relativamente recente: in Italia è arrivata negli anni Settanta e ha avuto subito successo perché fornisce al medico un responso in tempo reale, permettendogli di avere un quadro diagnostico mentre ha il paziente di fronte, e soprattutto perché, diversamente da raggi X o TAC, non impiega onde elettromagnetiche, sconsigliate in situazioni come la gravidanza per gli effetti negativi che potrebbero avere sul feto. L'ecografia funziona invece grazie agli ultrasuoni, onde acustiche a una frequenza superiore a quella udibile dall'orecchio umano, e sfrutta la diversa capacità dei tessuti di rifletterle.
Per vedere il feto e i suoi organi, ai ginecologi è sufficiente appoggiare sull'addome materno una sonda, che emette ultrasuoni e ne cattura l'«eco» che i tessuti rimandano, trasmettendoli al computer cui è collegata. Esso, attraverso un complesso sistema di elaborazione, riproduce a video l'immagine dei tessuti «illuminati» dalla sonda.

Silvia Maddalena, ginecologa

Durante il *secondo trimestre,* il feto continua il suo sviluppo, perfezionando il proprio corpo: riesce a portare il pollice alla bocca, il pancreas secerne insulina e si formano i villi intestinali. Alla fine della diciannovesima settimana, nell'intestino inizia ad accumularsi il «meconio», cioè gli scarti del nutrimento somministrato dalla madre attraverso la placenta. Il fegato, che finora si è occupato di produrre globuli rossi, cede il compito alla milza. I genitali si differenziano e il feto comincia a muoversi. Il peso si aggira intorno ai 600 grammi.

Durante il *terzo trimestre* il cervello cresce, le ossa si induriscono e si completa lo sviluppo dell'udito, tant'è che il feto sente suoni, rumori e voci! Attorno alla ventinovesima settimana, la testa raggiunge la dimensione che avrà alla nascita, compaiono le ciglia, mentre fegato, sistema immunitario e polmoni sono ancora «inattivi», cioè immaturi. Il sistema urinario, invece, funziona già alla grande: un feto produce circa 500 millilitri di pipì al giorno! Attorno alla trentacinquesima settimana, più o meno, è ricoperto di vernice caseosa e pesa 2,5 chili. Insomma, ci siamo quasi... L'ecografia del terzo trimestre rivela un corpo nel quale sono ben distinguibili i tratti somatici, profilo di naso, bocca e mento compresi!

«MANGIARE PER DUE» ADDIO: L'ALIMENTAZIONE DELLA FUTURA MAMMA

Durante i nove mesi di gravidanza la mamma e il bambino sono un unicum: a nutrire il feto è solo e unicamente la madre, grazie a quanto mangia in prima persona. Può sembrare un'ovvietà, ma nessuno può dare ad altri ciò che non possiede in prima persona. Quindi, a una madre che mangia male, in modo poco equilibrato, mancheranno determinati nutrienti e non potrà garantirne l'apporto al figlio.

Oppure, potrà involontariamente aumentare il rischio di insorgenza di certe patologie: uno studio condotto nel 2010 dalla Boston University, per esempio, ha appurato che «una dieta caratterizzata da cibi con alto indice glicemico (e soprattutto con un alto carico glicemico totale) raddoppia, di fatto, il rischio di comparsa di disturbi del tubo neurale».[2] È dunque importante che la donna – per essere in salute, per vivere al meglio la gestazione e per ridurre il rischio di complicanze e diminuire le probabilità che il nascituro contragga malattie croniche associate a disturbi insorti durante la vita intrauterina, come il diabete, l'ipertensione e l'aterosclerosi – raggiun-

[2] Yazdy M.M., Liu S., Mitchell A.A., Werler M.M., *Carico glicemico della dieta materna e difetti del tubo neurale nei neonati*, in «American Journal of Epidemiology», 15 febbraio 2010 (www.nutrition-foundation.it).

ga uno stato nutrizionale ottimale prima, durante e dopo la gravidanza.[3]

Mangiare bene, naturalmente, non significa mangiare tanto: il caro, vecchio adagio che invitava le donne a «mangiare per due» è stato ampiamente sconfessato da numerose ricerche scientifiche. Associazioni di ginecologi e ministero della Salute insistono anzi particolarmente sull'importanza di prestare attenzione all'aumento ponderale in gravidanza, in particolare durante il primo trimestre, quando l'embrione comincia il suo sviluppo ed è dunque più vulnerabile all'azione di agenti esterni.

Il ministero della Salute afferma che «nel primo trimestre di gravidanza, l'aumento di peso della mamma si deve all'aumento del volume di sangue e alla crescita dell'utero. Non è quindi un aumento di peso rilevante (può essere all'incirca di 1 chilo) e, a meno che non vi siano situazioni di particolari carenze o insufficienza di peso da parte della donna, non è necessario incrementare l'apporto dietetico di energia: la dieta deve essere variata, completa, equilibrata e prevedere l'integrazione di acido folico e, se necessario, di ferro».[4]

Il fabbisogno energetico aumenta invece nel secondo e terzo trimestre di gravidanza. I LARN (Livelli di assunzione di riferimento di nutrienti ed energia per la popolazione italiana) elaborati dalla Società di nutrizione italiana (SINU) ci aiutano a quantificare questo aumento in 350 kcal al giorno per il secondo trimestre di gravidanza e in 450 kcal al giorno per il terzo trimestre.

Ehm... 350-450 kcal al giorno non corrispondono esattamente a un banchetto nuziale, quanto a un leggero aumento delle porzioni che la mamma già consumava quotidianamente. Eppure, come vedete, sono più che sufficienti per coprire anche i bisogni del feto, permettendone un normale sviluppo ed evitando di intaccare le riserve materne di nutrienti.

[3] Picciano M.F., *Pregnancy and lactation: physiological adjustments, nutritional requirements and the role of dietary supplements*, in «Journal of Nutrition», 1° giugno 2003.
[4] Cfr. il sito del ministero della Salute (www.salute.gov.it).

È bene ricordare che l'aumento (auspicabile) di peso in gravidanza deve essere stabilito individualmente, a seconda dell'IMC al momento del concepimento. Per chi non lo sapesse, l'IMC è l'indice di massa corporea della mamma (valore che si ottiene dividendo il peso in chili per il quadrato dell'altezza in metri). Per qualsiasi indicazione su questo tema è bene rivolgersi al proprio ginecologo, ma qualche informazione generale voglio darvela.

In generale, si definisce normopeso una donna con un IMC tra 18,5 e 25; al di sotto sarà sottopeso, al di sopra in sovrappeso (25-30) oppure obesa (>30). Come potete notare dalla tabella pubblicata sulle *Linee guida per la gravidanza fisiologica* del ministero della Salute, lo IOM (Institute of Medicine) raccomanda per ciascuna di queste tre diverse condizioni un aumento di peso specifico, entro il quale non sono stati dimostrati esiti avversi per la gravidanza.

Aumento del peso totale e settimanale nel secondo e terzo trimestre per IMC pregravidico, secondo le raccomandazioni IOM

IMC pregravidico	aumento di peso totale (intervallo in kg)	aumento di peso nel secondo e terzo trimestre* media (intervallo) in kg/settimana
sottopeso (<18,5 kg/m^2)	12,5-18	0,51 (0,44-0,58)
normopeso (18,5-24,9 kg/m^2)	11,5-16	0,42 (0,35-0,50)
sovrappeso (25,0-29,9 kg/m^2)	7-11,5	0,28 (0,23-0,33)
obesità (>30,0 kg/m^2)	5,9	0,22 (0,17-0,27)

* Il calcolo assume un aumento di peso di 0,5-2 kg nel primo trimestre.

Un aumento ponderale in gravidanza maggiore di quello consigliato è da evitare, perché responsabile di complicanze sia per la futura mamma (gestosi, diabete gestazionale, parto prematuro), che per il nascituro (macrosomia o lesioni durante il parto).

OCCHIO A GLICEMIA E COLESTEROLO!

Voglio dedicare un paragrafo a due questioni squisitamente alimentari che la futura mamma è chiamata a porsi, se vuole riuscire ad aumentare di peso in modo bello&buono: sto parlando della glicemia e del colesterolo, sui quali valori a tavola si può decisamente influire.

Cominciamo dalla prima questione: la glicemia, cioè il livello degli zuccheri nel sangue. In sintesi, quando assumiamo zuccheri, l'intestino li metabolizza, quindi il sangue li trasporta alle cellule di tutto il corpo, che ne fanno uso. Il trasferimento degli zuccheri dal sangue alle cellule avviene solo in presenza di un ormone chiamato insulina. Corretti livelli di insulina permettono un passaggio regolare e una glicemia nella norma; se l'insulina aumenta oltre il necessario, troppo zucchero lascerà il sangue per le cellule (ipoglicemia); se invece l'insulina manca, nel sangue ci sarà zucchero in eccesso e le cellule non ne potranno disporre (iperglicemia). Entrambe queste situazioni, come immaginerete, possono creare problemi.

I livelli di glicemia in gravidanza devono essere tenuti sotto controllo per assicurarsi che la futura mamma non manifesti il diabete gestazionale, una forma di diabete mellito che può insorgere nel secondo trimestre di gravidanza senza che la donna ne sia mai stata affetta prima e che, tendenzialmente, scompare dopo il parto. Generalmente, è causato da un ormone prodotto dalla placenta (il lattogeno placentare), che interferisce con l'azione dell'insulina. Purtroppo, questa forma di diabete costituisce un fattore di rischio non solo per un'eventuale insorgenza di diabete di tipo 2 nella madre, ma anche per la futura possibile obesità del bambino.[5]

Per fare fronte a questa complicazione – e per prevenirla – gli esperti consigliano una dieta a basso indice glicemico, che in generale viene associata alla durata della gestazione,

[5] Schaefer-Graf U.M. et al., *Association of breast-feeding and early childhood overweight in children from mothers with gestational diabetes mellitus*, in «Diabetes Care», maggio 2006 (www.nutrition-foundation.it).

a un minor numero di parti prematuri (13 per cento *vs* 48 per cento in caso di dieta ipolipidica standard), alla maggiore circonferenza cranica del neonato, al miglioramento del profilo lipidico e alla riduzione della proteina C reattiva nella madre. Uno studio condotto dall'équipe delle dottoresse Rhodes e Pawlak del Children's Hospital di Boston ha dimostrato come la riduzione del carico glicemico della dieta della futura mamma rappresenti una valida strategia per migliorare l'andamento della gravidanza, lo sviluppo fetale e alcuni parametri metabolici materni in donne obese o in sovrappeso, evitando l'approccio farmacologico.[6]

Ora, la diagnosi del diabete gestazionale viene effettuata con un test di routine, prescritto a tutte le future mamme. In ogni caso, i ginecologi consigliano di seguire in funzione preventiva una dieta a basso indice glicemico – che peraltro ha tutta una serie di benefici anche per chi di bambini non ne aspetta. Livia Augustin del Clinical Nutrition and Risk Factor Modification Centre, creato nel 1989 presso il St Michael's Hospital di Toronto, li ha sintetizzati così:[7]

- miglioramento del profilo glicemico nei soggetti diabetici, nei prediabetici (insulinoresistenti e/o obesi) e nel diabete gestazionale;
- riduzione del rischio di diabete tipo 2 e di malattie cardiovascolari, soprattutto negli individui in sovrappeso e con stili di vita sedentari;
- riequilibrio della colesterolemia e di altri fattori di rischio cardiovascolari;
- controllo del peso corporeo;
- dati preliminari suggeriscono poi una riduzione del rischio sia di alcuni tipi di tumore (mammella e colon-retto), sia di patologie oculari tipiche dell'anziano, quali la

[6] Rhodes E.T., Pawlak D.B., Takoudes T.C., Ebbeling C.B., Feldman H.A., Lovesky M.M., Cooke E.A., Leidig M.M., Ludwig D.S., *Effects of a low-glycemic load diet in overweight and obese pregnant women: a pilot randomized controlled trial*, in «The American Journal of Clinical Nutrition», 20 ottobre 2010 (www.nutrition-foundation.it).
[7] Augustin L., *Carboidrati e salute, tutti i vantaggi dell'indice glicemico (IG)*, in «Alimentazione, Prevenzione & Benessere», n. 2, 2014.

cataratta e la maculopatia degenerativa, oltre al possibile miglior controllo dell'acne.

Che ne dite, tutti vantaggi non da poco, giusto? Secondo me, vale la pena approfondire il discorso. Vediamo allora che cos'è l'indice glicemico.[8]

L'indice glicemico è un sistema di valutazione dei cibi che misura il tempo di assorbimento dei carboidrati. È ormai accertato che i carboidrati non sono tutti uguali e che le differenze vanno oltre la distinzione tra «semplici» e «complessi». Il parametro davvero dirimente è il tempo di assorbimento: i carboidrati che vengono digeriti velocemente, infatti, provocano un repentino aumento della glicemia e ci saziano meno; quelli che vengono digeriti lentamente, al contrario, fanno sì che la glicemia salga piano e riducono prima e più a lungo il senso di fame. Indovinate? I carboidrati del secondo tipo sono quelli integrali – che, oltretutto, sono anche ricchi di fibra, che rallenta l'assorbimento dei carboidrati stessi, dei grassi e del colesterolo, facilita il transito intestinale (superpotere che le future mamme apprezzeranno) e ci aiuta a percepire un duraturo senso di sazietà.

Una dieta sana in gravidanza, dunque, non può prescindere da quei capolavori della natura che sono i cereali integrali: meno calorici di quelli raffinati (eppure più sazianti), ci aiutano a regolare i livelli di glicemia nel sangue, a evitare sovrappeso e obesità e, *last but not least*, a tenere sotto controllo i livelli di colesterolo.

Ed eccoci giunti al secondo argomento: il colesterolo.[9]

Prima di tutto, ripassino... Il colesterolo è un grasso presente nel sangue che non va demonizzato *in toto*: è coinvolto in processi importanti come la formazione della bile,

[8] Per conoscere l'indice glicemico dei vari alimenti, un valido strumento sono le tabelle internazionali (International Glycemic Index Tables), compilate dal team di Jennie Brand-Miller dell'Università di Sydney, che da anni lavora su questo argomento: le trovate su www.glycemicindex.com.

[9] Morelli F., Volpe R., *Il colesterolo «cattivo» si vince con una buona alimentazione*, 7 giugno 2013 (www.fondazioneveronesi.it).

la produzione della vitamina D, la costruzione della parete delle cellule e degli ormoni. Non tutti i colesteroli sono uguali, però:

- il colesterolo LDL (il cosiddetto «colesterolo cattivo») si deposita sulle pareti delle nostre arterie aumentando il rischio di trombosi, malattie cardiovascolari (come infarto cardiaco e ictus cerebrale) e aterosclerosi;
- il colesterolo HDL, invece (quello «buono»), ama le nostre arterie al punto da proteggerle, contribuendo a rimuovere il colesterolo LDL dalle pareti dei vasi e trasportandolo fino al fegato.

Durante la gravidanza, i livelli di colesterolo nel sangue salgono fisiologicamente, raggiungono un picco alla fine del secondo trimestre, quindi decrescono a mano a mano che la gravidanza giunge al suo termine: questo accade perché il colesterolo è essenziale sia per la produzione degli ormoni steroidei (i fondamentali estrogeni e progesterone), sia per la formazione del cervello e degli arti del bambino.

Per dare qualche numero: i livelli di colesterolo LDL aumentano dal 25 al 50 per cento mentre, fortunatamente, pare che quelli del colesterolo HDL crescano ulteriormente.

Se avere il colesterolo alto presenta sempre dei rischi per la salute, come abbiamo visto, durante la gravidanza questi rischi finiscono per coinvolgere anche il bambino. Livelli eccessivi di colesterolo nel sangue possono infatti causare ipertensione, ma anche parti pretermine e basso peso alla nascita.[10] Ancora: il dottor Michael Mendelson, uno dei ricercatori dell'Università di Boston che conduce il Framingham Heart Study (uno studio avviato nel 1948, che consente dunque di tenere sott'occhio più generazioni), ha appurato che i figli di madri con colesterolo alto prima di rimanere incinta hanno probabilità cinque volte maggiori

10 Maymunah A.O., Kehinde O., Abidoye G., Oluwatosin A., *Hypercholesterolaemia in pregnancy as a predictor of adverse pregnancy outcome*, in «African Health Sciences», dicembre 2014.

del normale di soffrire di colesterolo alto da adulti.[11] Questa condizione, fra l'altro, è nemica del concepimento: uno studio del 2014 dimostra che sia donne che uomini con livelli alti di colesterolo nel sangue hanno maggiori difficoltà nel concepire.[12]

In sintesi: per tutti questi motivi, è importante cercare di mantenere il proprio colesterolo nel range della normalità, e possibilmente farlo a tavola, ben prima che diventi necessario un approccio farmacologico; a maggior ragione se si sta aspettando un bambino. Il modo migliore per riuscirci è seguire una dieta varia ed equilibrata (ricca di frutta, verdura, carboidrati integrali, legumi e pesce, oltre a formaggi magri e frutta secca) e continuare a fare movimento.

NOVE MESI DI BONTÀ

Abbiamo parlato dell'importanza del cibo in gravidanza, di che cosa bisognerebbe evitare e dei parametri ai quali stare particolarmente attenti. Ma come dovrebbe mangiare, in soldoni, la futura mamma?

Per rispondere chiedo l'aiuto delle *Linee guida per una sana alimentazione italiana* stilate dall'INRAN (l'Istituto nazionale di ricerca per gli alimenti e la nutrizione). Questo fondamentale documento afferma che la dieta deve assicurare al nostro organismo tutti i nutrienti indispensabili: proteine, grassi e carboidrati, certo, ma anche acqua, vitamine e minerali, oltre a micronutrienti essenziali come alcuni aminoacidi e acidi grassi polinsaturi. Il che, tradotto in famiglie di nutrienti, significa:

- al giorno, tanta ma tanta *frutta* e *verdura*, meglio se di stagione, che ci garantiscono l'apporto necessario di vita-

[11] www.framinghamheartstudy.org.

[12] Schisterman E.F., Mumford S.L., Browne R.W., Boyd Barr D., Zhen C., Buck-Louis G.M., *Lipid concentrations and couple fecundity: The life study*, in «The Journal of Clinical Endocrinology & Metabolism», 20 maggio 2014.

mine, sali minerali e altre sostanze essenziali, tra le quali la fibra idrosolubile (dovremmo assumerne 30 grammi al giorno, utili per favorire il corretto funzionamento dell'intestino e ridurre il rischio di tumore del colon-retto, di diabete di tipo 2 e di alcune malattie cardiovascolari) e i composti antiossidanti (che combattono i radicali liberi proteggendoci dall'invecchiamento precoce e dal rischio cardiovascolare);

- 3-4 porzioni al giorno di *carboidrati*: i campioni di benessere (ma anche i più ricchi di nutrienti) sono quelli integrali e le farine da loro derivate. Per un pieno di salute (ma anche di fibra insolubile, l'intestino vi ringrazierà!) godetevi quindi pasta integrale, riso, orzo, farro, mais, quinoa, segale e così via;
- 1-2 porzioni al giorno di proteine: non lesinate sui legumi (che, in combinazione con alimenti ricchi di proteine vegetali complementari come i cereali integrali, sono in grado di coprire il nostro fabbisogno di aminoacidi essenziali) e sul pesce azzurro (vera e propria bomba di Omega-3, acidi grassi buoni al servizio del nostro sistema cardiovascolare, di quello nervoso e delle ossa); limitate carne rossa e salumi, il cui consumo pare essere correlato con un aumento del rischio di sviluppare alcune forme di tumore nonché patologie cardiovascolari. E i formaggi? Okay consumarli 2-3 volte a settimana, ma come secondo piatto e devono essere tassativamente magri, freschi e con tre soli ingredienti sull'etichetta (latte, caglio e sale): le arterie vi saranno grate!
- quanto ai *condimenti*, infine, il mio suggerimento è di scegliere sempre e solo il re degli oli, ovvero l'extravergine d'oliva spremuto a freddo: ricco di grassi insaturi buoni e di composti fitochimici, mentre favorisce l'assorbimento dei nutrienti contenuti nei nostri prelibati piattini, protegge cuore e arterie.

Questo conteggio rispecchia i contenuti della piramide della dieta mediterranea moderna, elaborata dall'INRAN nel 2009. Come vedete, la struttura della piramide è radicalmente nuova: è la prima volta che alla base compaiono cibi di origine vegetale e che gli alimenti vengono organizzati a seconda della frequenza di consumo, e non per tipologia. In basso, infatti, trovate quelli che dovrebbero comporre ogni pasto principale e, a salire, gli altri, a seconda che vadano mangiati tutti i giorni o qualche volta la settimana.[13]

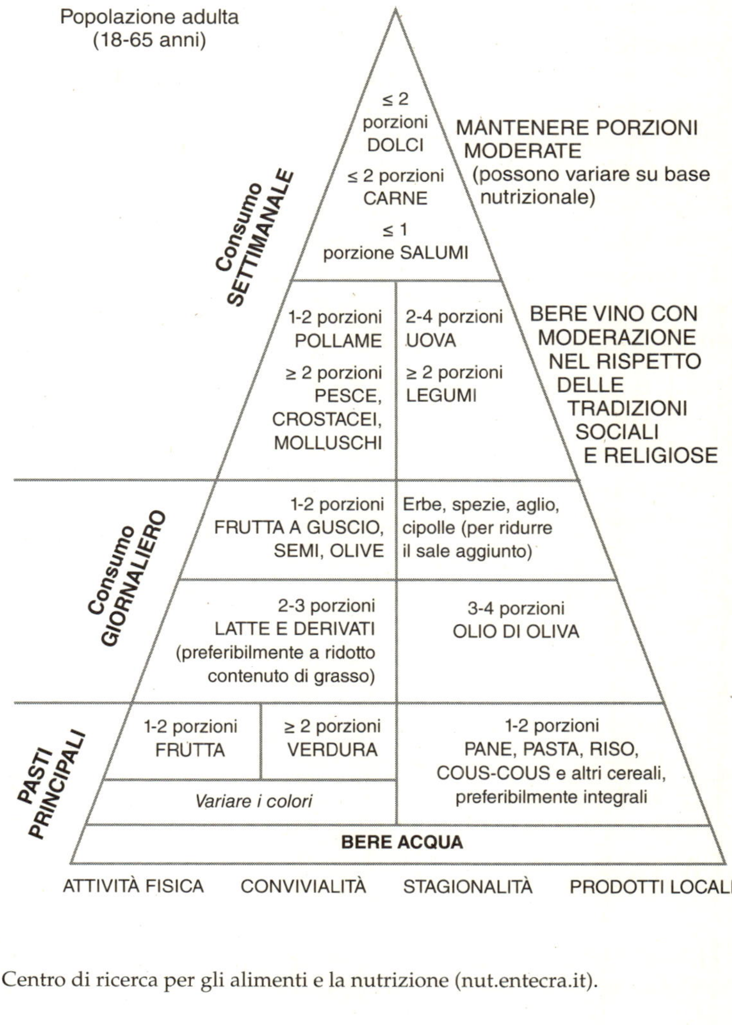

[13] Centro di ricerca per gli alimenti e la nutrizione (nut.entecra.it).

I più attenti avranno notato che le indicazioni della piramide sono valide per tutti gli individui sani tra i diciotto e i sessantacinque anni. Durante quel particolare periodo della vita che è la gravidanza, rispetto a questo standard sarà necessario adottare alcuni accorgimenti, che spiegherò nel dettaglio nelle prossime pagine.

Ora, però, voglio dedicare qualche altra riga alla piramide, e in particolare al concetto di porzioni. A destra dell'immagine trovate l'indicazione: «Mantenere porzioni moderate». Ma che cosa si intende con «porzione moderata»? Quantificarlo non è sempre semplice e intuitivo, soprattutto in un paese come il nostro, amante della buona cucina, ma non è neppure un'impresa impossibile. La SINU, infatti, l'ha compiuta, elaborando lo «standard quantitativo delle porzioni»,[14] che vi sottopongo: è un valido strumento cui ricorrere se avete dubbi o quando si comincia a misurarsi con un'alimentazione più in linea con le esigenze del nostro organismo che con quelle del nostro palato.

[14] LARN (Livelli di assunzione di riferimento di nutrienti ed energia per la popolazione italiana), IV revisione, Milano 2014.

Gruppo di alimenti	Alimenti	Porzione standard[1]	Unità di misura pratica (esemplificazione)
Latte e derivati	latte	125 ml	1 bicchiere piccolo, ½ tazza media
	yogurt	125 g	1 vasetto
	formaggio fresco	100 g	1 mozzarella piccola
	formaggio stagionato	50 g	
Carne, pesce e uova	carne «rossa» fresca/surgelata (bovina, ovina, suina, equina)	100 g	1 fettina, 1 svizzera (hamburger), 4-5 pezzi di spezzatino, 1 salsiccia
	carne «bianca» fresca/surgelata (pollo, tacchino, altri volatili, coniglio)	100 g	1 fetta di petto di pollo o tacchino, 1 piccola coscia di pollo
	carne conservata (salumi, affettati)	50 g	3-4 fette medie di prosciutto, 5-6 fette medie di salame o bresaola, 2 fette medie di mortadella
	pesce, molluschi, crostacei freschi/surgelati	150 g	1 piccolo pesce, 1 filetto medio, 3 gamberoni, 20 gamberetti, 25 cozze
	uova	50 g	1 uovo
Legumi[3]	legumi freschi o in scatola	150 g[2]	½ piatto, 1 scatola piccola
	legumi secchi	50 g	3-4 cucchiai
Cereali e derivati,[4] tuberi	pane	50 g	1 piccolo panino, 1 piccola rosetta o michetta (vuote), ½ ciabattina/francesino/ferrarese, 1 fetta media da pagnotta/filone, $^{1}/_{5}$ baguette
	pasta,[5] riso, mais, farro, orzo ecc.	80 g	circa n. 50 penne/fusilli, 4 cucchiai di riso/farro/orzo, 6-8 cucchiai di pastina
	sostituti del pane: fette biscottate, cracker, grissini, friselle, tarallini ecc.	30 g	3-4 fette biscottate, 1 pacchetto di cracker, 1 frisella, 3-4 tarallini

Gruppo di alimenti	Alimenti	Porzione standard[1]	Unità di misura pratica (esemplificazione)
Cereali e derivati,[4] tuberi	prodotti da forno dolci: brioche, croissant, cornetto, biscotti ecc.	50 g 30 g	1 brioche, croissant, cornetto,[6] 2-3 biscotti frollini, 4-5 biscotti secchi
	cereali per la colazione	30 g	6-8 cucchiai di fiocchi di mais, 5-6 cucchiai di altri cereali in fiocchi più pesanti, 3 cucchiai di «muesli»
	patate[7]	200 g	2 piccole patate
Verdure e ortaggi	insalate a foglia	80 g	1 scodella/ciotola grande (da 500 ml)
	verdure e ortaggi, crudi o cotti	200 g	2-3 pomodori, 3-4 carote, 1 peperone, 1 finocchio, 2 carciofi, 2-3 zucchine, 7-10 ravanelli, 1-2 cipolle ecc. ½ piatto di spinaci, bieta, broccoli, cavolfiore, melanzane ecc.
Frutta	frutta fresca	150 g	1 frutto medio (mela, pera, arancia ecc.), 2 frutti piccoli (albicocche, susine, mandarini ecc.)
	frutta secca in guscio	30 g	7-8 noci, 15-20 mandorle/nocciole, 3 cucchiai rasi di arachidi o pinoli o semi di girasole ecc.
	frutta secca zuccherina	30 g	3 albicocche/fichi secchi/datteri, 2 cucchiai rasi di uvetta, 2 prugne secche ecc.
Grassi da condimento	olio EVO, olio di semi	10 ml	1 cucchiaio
	burro	10 g	½ noce, 1 confezione alberghiera
Acqua	acqua	200 ml	1 bicchiere medio da acqua

Gruppo di alimenti	Alimenti	Porzione standard[1]	Unità di misura pratica (esemplificazione)
Bevande analcoliche	spremute, succhi di frutta, tè freddo, altre bevande non alcoliche	200 ml 330 ml	1 bicchiere medio da acqua, 1 brick o 1 bottiglietta 1 lattina
	tè caldo	250 ml	1 tazza media
	caffè	30 ml 50 ml	1 tazzina da caffè tipo bar 1 tazzina da caffè tipo moka
Bevande alcoliche	vino	125 ml	1 bicchiere (da vino)
	birra	330 ml	1 lattina
	vermuth/porto/aperitivi	75 ml	1 bicchierino da vermuth
	superalcolici	40 ml	1 bicchierino da superalcolico
Dolciumi	zucchero	5 g	1 cucchiaino medio raso
	miele e marmellata	20 g	2 cucchiaini colmi
	torte, dolci al cucchiaio, gelati	100 g	1 fetta, 1 coppetta
	snack, barrette, cioccolato	30 g	1 barretta/snack

[1] Le porzioni si riferiscono all'alimento crudo, al netto degli scarti o, in alcuni casi, pronto per il consumo (per esempio latte e derivati, pane, alcuni dolciumi ecc.).
[2] Peso sgocciolato.
[3] Legumi: fanno parte di questo gruppo i derivati della soia (come tofu e tempeh), per i quali la porzione è 100 g.
[4] Pizza: la porzione standard è la pizza al piatto, 350 g.
[5] Pasta: la porzione della pasta fresca (per esempio tagliatelle all'uovo) è 100 g, quella della pasta ripiena (per esempio ravioli, tortellini) è 125 g, quella della lasagna è 250 g. Per le minestre in brodo, cous-cous, semolino si considera in genere mezza porzione.
[6] Brioche, cornetti e croissant pesano 70 g se ripieni di crema o marmellata. Le merendine confezionate pesano circa 40 g.
[7] Gnocchi di patate: 150 g.

Torniamo ora a concentrarci sulle future mamme. Sono loro infatti che, come anticipato qualche pagina fa, dal secondo trimestre in avanti avranno bisogno di assumere una maggiore quantità di calorie. I già citati LARN quantificano questo aumento in 350 kcal nel secondo trimestre e 450 kcal nel terzo. Qualche esempio? Eccolo:

- 5 mele;
- un piatto di pasta integrale condita con solo olio extravergine d'oliva (80 g di pasta e 1 cucchiaino di olio);
- 50 g di mandorle;
- 50 g di noci;
- una fetta di pizza al pomodoro (200 g).

Come vedete, niente di trascendentale: basterà aumentare appena le quantità dei cibi consumati di solito.

La bevanda ideale, naturalmente, è l'acqua: in generale dovreste assumerne almeno 2 litri al giorno, mentre alla futura mamma e al bambino farà bene arrivare fino a 2,3 litri (che diventeranno 2,7 durante l'allattamento).

A cosa bisognerebbe rinunciare? All'eccesso di sale (che non si trova solo nel salino ma anche negli alimenti, basti pensare ai salumi): per esaltare i sapori potete affidarvi alle spezie e alle erbe aromatiche, che tra l'altro sono piene di proprietà nutraceutiche con i fiocchi! Addio anche ai condimenti grassi (burro e panna) e alle bevande gassate e zuccherate. Il caffè andrebbe limitato a due tazzine al giorno, ancor meglio decaffeinato.

Da evitare invece completamente l'alcol: sul suo sito, il ministero della Salute spiega che «l'alcol ingerito dalla madre dopo pochi minuti giunge nel sangue del feto, che non può metabolizzarlo perché privo degli enzimi adatti a questo compito; di conseguenza, l'alcol e i suoi metaboliti si accumulano nel sistema nervoso e in altri organi, danneggiandoli».[15] Per questo motivo le *Linee guida per la gravidanza fisiologica* raccomandano alle donne in gravidan-

[15] www.salute.gov.it.

za o che hanno pianificato una gravidanza di astenersi dal consumo di alcol. Si tratta di un criterio precauzionale: le prove scientifiche attualmente disponibili non consentono di stabilire un livello «sicuro» per il bambino di assunzione di alcol, quindi – nel dubbio – è certamente consigliabile decidere di farne del tutto a meno.

L'ARTE DELLA SUPPLEMENTAZIONE

Fin qui era tutto semplicissimo, non trovate? Forse persino troppo! Perché in effetti, per arrivare a compiere il miracolo della vita, il corpo della futura mamma e del nascituro non si accontentano esattamente delle 350-450 kcal in più, ma hanno bisogno di un maggiore apporto di alcuni nutrienti specifici: sto parlando di alcune vitamine, di minerali e acidi grassi. Regola generale: gli integratori (tranne un paio di casi che citerò a breve) sono superflui quando si mangia bene e si introducono tutti i nutrienti con l'alimentazione. Vediamo dunque insieme di quali elementi le madri hanno particolarmente bisogno.

Cominciamo dalle vitamine.

Numerosi studi scientifici dimostrano che una supplementazione di 400 µg al giorno di *vitamina B9*, detta anche *acido folico*, a partire da almeno due mesi prima della gravidanza (e durante i primi tre mesi) riduce fino quasi ad azzerare il rischio di difetti di chiusura del tubo neurale (come, per esempio, la spina bifida, una malformazione del midollo spinale, o l'anacefalia, l'assenza di una parte dell'encefalo e del cranio). In caso di gravidanza a rischio di simili difetti, la dose dovrebbe essere aumentata fino a 4-5 mg. Tra gli ultimi riscontri, voglio citare una ricerca pubblicata sull'«American Journal of Epidemiology», con un titolo che più chiaro non si può: *I modelli alimentari materni sono associati al rischio di sviluppare difetti cardiaci e del tubo neurale*. Gli studiosi hanno dimostrato che le mamme che non avevano integrato la dieta con acido folico avevano una probabilità più alta di avere figli con difetti del tubo neurale. Questo perché, come afferma Gian Vincenzo Zuccotti, ordinario di Pediatria e direttore del Centro universitario per la ricerca nutrizionale dell'Università degli Studi di Milano, «l'acido folico è una molecola fondamentale nella biosintesi del DNA ed è essenziale per lo sviluppo dell'embrione».

La supplementazione di acido folico, inoltre, sembra concorrere anche alla riduzione del rischio di andare incontro ad altre complicanze, come la pre-eclampsia, il ritardo di crescita intrauterino e alcune malformazioni cardiovascolari. Dato che il nostro corpo non sintetizza questa vitamina in autonomia – e vista la delicatezza della questione – faccio mie le indicazioni dell'OMS e consiglio quindi alle mamme in attesa di assumere un integratore di acido folico, nelle dosi e per il periodo sopra indicato. In sintesi, quindi, la supplementazione dovrebbe:

- cominciare almeno due mesi prima del concepimento e continuare per tutta la gravidanza (anche se moltissimi ginecologi affermano che l'acido folico non è più essenziale dopo il primo trimestre, se l'alimentazione prevede un giusto apporto di folati);
- consistere in 400 µg al giorno, che possono trasformarsi in 350 durante il periodo dell'allattamento.

Chi stesse già pensando che per saziare il fabbisogno di folati basta una compressa si metta l'anima in pace: l'esistenza di comodi integratori non ci solleva dalla responsabilità di fare scorta di queste preziose molecole anche grazie all'alimentazione... Oltre ai 400 µg al giorno, infatti, in gravidanza è importante assumerne altri 200 attraverso le fonti tradizionali.

Per questo motivo, ecco qui la top five degli alimenti belli&buoni che contengono acido folico:[16]

[16] Dati tratti dalla Banca dati di composizione degli alimenti per studi epidemiologici in Italia.

- soia e derivati (a seconda del prodotto, tra 300 e 400 μg ogni 100 g);
- origano e prezzemolo (ben 274 μg per ogni 100 g il primo e 180 il secondo);
- fiocchi di mais, fiocchi di crusca di grano e riso soffiato (250 μg ogni 100 g);
- ceci secchi e farina di ceci (180 μg ogni 100 g);
- asparagi e altre verdure a foglia verde (indivia, scarola, spinaci: tra 175 e 150 μg ogni 100 g).

Un'accortezza nella preparazione: dal momento che l'acido folico è un composto instabile, per assimilarlo meglio vi consiglio di mangiare le verdure a foglia verde crude; se volete cucinarle, okay alla cottura a vapore, che mantiene i folati praticamente integri. La bollitura causa la perdita del 50 per cento della vitamina B9, quindi l'unica indicazione è di mangiare più verdure per assumere comunque la giusta quantità di questo nutriente.[17] Quanto alle erbe aromatiche, quelle fresche di orto sono da preferire in ogni caso!

La *vitamina B12* è importante perché favorisce il buon funzionamento del tessuto nervoso ed è coinvolta nello sviluppo corporeo. Purtroppo non è presente nel mondo vegetale, ma solo negli alimenti di origine animale, quindi è opportuno che le future mamme che seguono una dieta vegana consumino alimenti arricchiti (come il latte vegetale, burger vegetali, tempeh...) o integratori alimentari – sempre, naturalmente, sotto controllo medico!

Vegani o no, la vitamina B12 fa comunque bene a tutti: la sua carenza può provocare anemia e sintomi neurologici. In altre parole, è consigliatissima una bella scorpacciata di alimenti belli&buoni che la contengono! Ecco la top five:[18]

[17] McKillop D.J. et al., *The effect of different cooking methods on folate retention in various foods that are amongst the major contributors to folate intake in the UK diet, in* «Journal of Nutrition», dicembre 2002.

[18] Dati tratti dalla Banca dati di composizione degli alimenti per studi epidemiologici in Italia.

- aringhe e sardine (a seconda del prodotto, tra 13 e 16 μg ogni 100 g);
- trota (8 μg ogni 100 g);
- sgombro (si piazza al terzo posto con un ottimo valore di 7 μg ogni 100 g);
- salmone (4 μg ogni 100 g);
- feta (1,1 μg ogni 100 g).

Parlando di «vitamine», non posso non citare la *vitamina D*, campionessa di mineralizzazione delle ossa e protagonista dell'assorbimento intestinale del *calcio*. Questo minerale, che siamo abituati ad associare allo scheletro e poco altro, è in realtà coinvolto anche nella trasmissione dell'impulso nervoso, nella contrazione e nel rilassamento muscolare, nella regolazione della pressione sanguigna, nella coagulazione del sangue e nell'attivazione della difesa immunitaria – tutti processi fondamentali per la mamma ma anche per il bambino. Una carenza può provocare danni, e non solo in gravidanza: poco calcio significa osteoporosi, quindi possibili fratture, possibile riduzione della statura, dolorini, doloretti e contrazioni di ogni tipo. Calcio e vitamina D sono dunque fondamentali, non vi pare? I LARN non segnalano un aumento del fabbisogno durante la gravidanza (le dosi sono le medesime per la donna adulta e quella in attesa: ogni giorno, 1000 mg di calcio e 100 μg di vitamina D), ma – dato il ruolo cruciale che questi due elementi giocano nello sviluppo del bambino – è bene assicurarsi di assumerne abbastanza.

Dove li troviamo, dunque? Nel latte e nei formaggi, è vero, ma non solo: anche nel pesce azzurro, nella soia e nei suoi derivati, nei legumi, nei vegetali a foglia verde scuro, nei broccoli, nelle cime di rapa, nei finocchi, nei porri e in alcuni semi. Cercate di non fissarvi sui formaggi (che sono permessi 2-3 volte a settimana in una dieta varia ed equilibrata, a patto che siano magri, freschi e che li consideriate un vero e proprio secondo piatto): gli alimenti vegetali contengono tante sostanze benefiche in più rispetto ai latticini, apportano maggiori quantità di altri elementi salutari e, come potete vedere dalle top five di calcio e vitamina D, non sono decisamente secondi a nessuno quando si parla di «far bene alle ossa»...

Gli alimenti belli&buoni che contengono più calcio di tutti sono:[19]

- basilico e altre erbe aromatiche macinate (2100 mg per 100 g di prodotto: un'enormità! Per capirci, il latte intero UHT ne contiene 120 mg);
- semi di cumino (931 mg per 100 g di prodotto);
- alghe secche (dai 900 mg per 100 g di prodotto dell'alga kombu ai 430 mg della nori, passando per i 660 della wakame);
- sardine sottolio (613 mg ogni 100 g di prodotto);
- feta (370 mg per ogni 100 g di prodotto).

Quanto a verdure e frutta (fresca e secca), la palma delle più «calciose» va a crescione, foglie di rapa e rucola (tra 170 e 160 mg per ogni 100 g di prodotto), agretti (131 mg), radicchio verde (115 mg), broccoletti di rape e indivia (entrambi sopra i 90 mg). Anche la frutta secca aiuta: le mandorle sono un'ottima fonte di calcio (con un contenuto di 240 mg per ogni 100 g di prodotto, ne bastano 30 grammi per soddisfare il nostro fabbisogno quotidiano di questo elemento!), mentre noci e pistacchi non sono da meno, con i loro 131 mg per ogni 100 di prodotto.

Di vitamina D, invece, sono ricchi:[20]

- l'olio di fegato di merluzzo (si piazza sul gradino più alto del podio con ben 210 µg per ogni 100 g di prodotto);
- i pesci azzurri, come aringhe (16 µg ogni 100 g di prodotto) o acciughe e alici (11 µg);
- il salmone (dai 17 µg per ogni 100 g di salmone in salamoia agli 8 µg di quello fresco);

[19] Dati tratti dalla Banca dati di composizione degli alimenti per studi epidemiologici in Italia.
[20] Dati tratti dalla Banca dati di composizione degli alimenti per studi epidemiologici in Italia.

- il tonno (16,30 µg per ogni 100 g di prodotto);
- i funghi (dai 3,10 µg per ogni 100 g di porcini, spugnoli e porcinelli ai 2,10 µg per ogni 100 g di gallinacci, ovuli e shiitake).

Veniamo ora ai minerali che contano in gravidanza.

Sicuramente il primo a dover essere citato è il *ferro*, il cui fabbisogno durante i nove mesi di attesa aumenta notevolmente, soprattutto a partire dal secondo trimestre. Quanto il calcio è fondamentale per la formazione dello scheletro del futuro bambino, tanto il ferro è indispensabile per la formazione dei globuli rossi e per il trasporto dell'ossigeno nel sangue e nei muscoli: come sottolinea la Fondazione Veronesi,[21] una carenza finirebbe per provocare danni (come l'anemia), soprattutto alla madre, dato che il feto sarebbe portato a prelevare quanto gli serve dalle sue riserve. I LARN quantificano il fabbisogno di ferro in gravidanza in 22 mg: più del doppio del normale, considerando che per le donne in età fertile l'assunzione suggerita è di 10 mg.[22] Dove trovare tutto questo ferro? A tavola, naturalmente, sia in cibi di origine animale (in questo caso, si chiama ferro eme) che in cibi di origine vegetale (ferro non eme). In entrambi i casi, vale la pena «potenziarne» l'assorbimento assumendo contemporaneamente della vitamina C, che ne facilita l'assimilazione. Tradotto: accompagnare il pasto con una buona spremuta di arance rosse (che contengono il 40 per cento di vitamina C in più rispetto a quelle bionde!) è una buona idea non solo perché aiuta a tenere a bada gli adipociti (le cellule del tessuto adiposo, cioè il grasso), ma anche perché farete incetta di tutto il ferro che avete nel piatto.

È giunto il momento di scoprire la top five degli alimenti belli&buoni ricchi di ferro:[23]

21 *La dieta durante la gravidanza e l'allattamento*, 12 settembre 2011 (www.fondazioneveronesi.it).

22 Documento di sintesi per il XXXV Congresso Nazionale SINU, 2012.

23 Dati tratti dalla Banca dati di composizione degli alimenti per studi epidemiologici in Italia.

- erbe aromatiche secche (il campione assoluto è il timo, con 123,6 mg per ogni 100 g di prodotto, seguito a ruota da maggiorana, origano e alloro);
- semi di cumino (66,4 mg per ogni 100 g di prodotto);
- funghi secchi (28,9 mg per ogni 100 g di prodotto);
- bistecca di soia (9,2 mg per ogni 100 g di prodotto);
- pomodori secchi (9,1 mg per ogni 100 g di prodotto).

Non fanno parte della top five, ma dato che ne sono golosissimo voglio segnalarvi anche le albicocche disidratate, che con 5,3 mg di ferro per ogni 100 g di prodotto sono un dolce modo per ottemperare al fabbisogno di questo minerale, godendo al contempo dei benefici della vitamina A, dei caroteni (che proteggono la vista) e delle fibre, che aiutano il transito intestinale e combattono la stitichezza.

Dal momento che una maggiore assunzione di ferro può ridurre la biodisponibilità di zinco e rame, è bene non dimenticarsi di assumere anche questi minerali. Il primo, lo zinco, è coinvolto nella duplicazione cellulare (quindi anche nei processi inerenti la crescita, la cicatrizzazione e la riproduzione), oltre che nel mantenimento di un sano sistema immunitario. Il secondo partecipa a numerosi processi enzimatici e a processi riguardanti l'apparato respiratorio, oltre a proteggere dalle infezioni e dalle infiammazioni. Uno studio condotto dal dipartimento di Farmacologia dell'Università di Granada su 265 donne in gravidanza ha mostrato come la carenza di questi due oligoelementi sia un fattore di rischio associato all'aborto spontaneo – ipotesi interessante perché apre alla possibilità di prevenire un simile evento grazie a un semplice esame del sangue.[24]

Mentre i ricercatori proseguono i loro studi, vediamo quali alimenti sono ricchi di questi due elementi. La top five di alimenti per lo zinco è composta da:[25]

24 *Carenza di rame e zinco può causare aborto spontaneo*, in «La Stampa», 30 settembre 2011.

25 Dati tratti dalla Banca dati di composizione degli alimenti per studi epidemiologici in Italia.

- germe di grano (17 mg per ogni 100 g di prodotto);
- funghi secchi (12,20 mg per ogni 100 g di prodotto);
- semi di lino (7,8 mg per ogni 100 g di prodotto);
- pinoli (6,5 mg per ogni 100 g di prodotto);
- anacardi (6 mg per ogni 100 g di prodotto).

Il rame, invece, si nasconde soprattutto in:

- aringhe (4,10 mg per ogni 100 g di prodotto);
- cacao amaro in polvere (3,9 mg per ogni 100 g di prodotto);
- anacardi (2 mg per ogni 100 g di prodotto);
- castagne (1,88 mg per ogni 100 g di prodotto);
- noci pecan (1,5 mg per ogni 100 g di prodotto).

Veniamo infine a quella meraviglia della natura che sono gli acidi grassi polinsaturi Omega-3, che certamente conoscete per l'eroismo con il quale proteggono il nostro sistema cardiovascolare. Inoltre, gli Omega-3 sono «produttori» di eicosanoidi, superormoni in grado di regolare la coagulazione del sangue, l'infiammazione, la funzione renale e la risposta immunitaria. In gravidanza, questi campioni di benessere (e in particolare l'acido docosaesaenoico o DHA) aiutano lo sviluppo cerebrale e visivo e giocano un ruolo importante nella prevenzione del parto pretermine. Uno studio europeo condotto dal 1990 in poi su più di 150.000 coppie di mamme e neonati ha evidenziato che il rischio di parto pretermine si riduce nelle donne che consumano 3 porzioni di pesce alla settimana, rispetto a coloro che ne assumono meno. Lo studio mostra anche che le mamme che consumano più pesce danno alla luce neonati con un peso maggiore alla nascita. Gli studiosi non hanno indagato il legame tra questi effetti superpositivi e il pesce per via del suo sapore prelibato o della sua leggerezza, ma per il suo alto contenuto di acidi grassi polinsaturi.[26] Queste conclusioni sono confermate

[26] Leventakou V., Roumeliotaki T., Martinez D., Barros H., Brantsæter A.L., Casas M., Charles M.A., Cordier S., Eggesbø M., van Eijsden M., Forastiere F., Gehring U., Govarts E., Wojciech Hanke T.H., Haugen M., *L'assunzione di pesce in gravidanza previene il rischio di parto pre-termine e favorisce il corretto peso alla nascita del neonato*, in «American Journal of Clinical Nutrition», 19 dicembre 2013 (www.nutrition-foundation.it).

e rafforzate da un trial di matrice statunitense, che ha dimostrato come una supplementazione con 600 mg al giorno di DHA (sotto forma di capsule), iniziata prima della ventesima settimana di gestazione, abbia ridotto il rischio di parti prima della trentaquattresima settimana, aumentando la prevalenza di nascite a termine e di neonati con un peso adeguato (oltre che con un'adeguata circonferenza cranica), senza effetti indesiderati.[27]

I LARN suggeriscono di assumere in gravidanza e allattamento almeno 100-200 mg al giorno di DHA. Cari padri, preparate le canne da pesca (o i carrelli del supermercato...)! Le migliori fonti di acidi grassi Omega-3 a nostra disposizione sono:[28]

- l'olio di fegato di merluzzo (si aggiudica la medaglia d'oro con ben 8,3 g per ogni 100 g di prodotto);
- tonno fresco (2,15 g per ogni 100 g di prodotto);
- salmone (1,39 g per ogni 100 g di prodotto);
- sgombro (1,26 g per ogni 100 g di prodotto);
- sarde, aringhe e sardine (da 1,16 g per ogni 100 g di sarde agli 0,83 g per ogni 100 g di sardine).

ARRIVEDERCI BOCCONCINO, CIAO

Dopo le regole generali da seguire a tavola durante la gravidanza e i nutrienti cui prestare particolare attenzione, è il momento di passare in rassegna comportamenti e cibi da evitare (o quanto meno da ridurre).

Innanzitutto, la futura mamma dovrà salutare gli *alcolici*, vino e birra inclusi: anche piccole quantità possono essere nocive per il feto, privo degli enzimi necessari per digerirli.

[27] Carlson S.E., Colombo J., Gajewski B.J., Gustafson K.M., Mundy D., Yeast J., Georgieff M.K., Markley L.A., Kerling E.H., Shaddy D.J., *La supplementazione con DHA (Omega-3 a lunga catena) nella seconda metà della gravidanza favorisce la nascita a termine e il peso ottimale del neonato*, in «American Journal of Clinical Nutrition», 3 aprile 2013 (www.nutrition-foundation.it).

[28] Dati tratti dalla Banca dati di composizione degli alimenti per studi epidemiologici in Italia.

Quando la mamma ingerisce alcol, i suoi metaboliti si accumulano nel sistema nervoso e in altri organi del bambino, danneggiandoli. Nei casi più gravi, si parla di sindrome feto-alcolica (FAS, che consiste in una disabilità permanente); in quelli meno gravi di FASD (Fetal Alcohol Spectrum Disorder), che comprende un ampio spettro di disturbi, da anomalie strutturali (come dismorfismi facciali, ritardo nell'accrescimento) a disturbi dello sviluppo neurologico, con conseguenti disabilità comportamentali e neurocognitive. In Italia non esistono dati certi sull'incidenza della sindrome feto-alcolica, tuttavia il ministero della Salute stima una prevalenza pari a 1,2 su 1000 nati vivi, citando uno studio del centro di alcologia del Policlinico Umberto I di Roma. Considerando anche le espressioni parziali della sindrome, si sale a un 6 per cento.[29] Quantificare il problema non è semplice come sembra. Il ministero stesso ammette, nella *Linea guida sulla gravidanza fisiologica*, la difficoltà nel quantificare l'assunzione di alcol in gravidanza: non esistendo esami di laboratorio attendibili, le rilevazioni su quantità e modalità del consumo di alcol si affidano a questionari di autodichiarazione e a misurazioni approssimative, che però possono non riflettere la reale quantità e la differenza in gradi alcolici delle bevande assunte. Inoltre, prosegue il ministero, «gli effetti tossici correlati al consumo di alcol in gravidanza possono essere combinati con lo stato di fumatrice, l'età, l'alimentazione, la suscettibilità genetica del feto e l'epoca gestazionale, in una complessa rete causale che rende difficile investigare gli effetti dell'alcol in epoca prenatale». Gli studi scientifici disponibili, insomma, non consentono di definire con precisione se esista un valore-soglia entro il quale considerare il consumo di alcol in gravidanza non dannoso per la salute di mamma e bambino. Di conseguenza, è importante che le future mamme accantonino calici e boccali dal momento in cui decidono di provare a concepire, fino alla fine della gravidanza.

[29] *La sindrome feto-alcolica*, www.salute.gov.it.

Da limitare anche *caffè* e *tè*: caffeina e teina sono infatti sostanze «nervine» (ossia sostanze che stimolano ed energizzano l'organismo, influendo sul sistema nervoso) e vanno dunque assunte con moderazione. In gravidanza, tra l'altro, il metabolismo della caffeina è rallentato di quindici volte, rendendo la futura mamma più sensibile ai suoi effetti. Meglio mandare giù una tazzina di decaffeinato e accompagnare i biscottini delle cinque di pomeriggio con una spremuta, un succo da estrattore o una bella tisana (magari allo zenzero, per un effetto antinausea assicurato).

Un'indicazione valida sempre, e a maggior ragione in gravidanza, è quella di ridurre il consumo di *sale* (e di sodio in genere). Il sodio, che compone il sale per il 40 per cento, è un sale minerale fondamentale per il buon funzionamento dell'organismo: regola l'impulso nervoso e agisce sulla contrazione muscolare. Un consumo troppo elevato, però, è associato all'aumento della pressione sanguigna (che causa innumerevoli complicanze a livello vascolare) e dell'escrezione urinaria di calcio (che a sua volta comporta una riduzione del tenore calcico nelle ossa e la formazione di calcoli renali). Inoltre, causa la temutissima ritenzione idrica: il sodio esercita infatti una forte azione igroscopica, che impedisce all'organismo di depurarsi come dovrebbe. Riducendo dunque il consumo di sale e sodio, la futura mamma non solo evita la cellulite, ma previene anche il rischio di gestosi, condizione dovuta all'aumento della pressione sanguigna e delle proteine nelle urine della madre e che può causare complicanze a carico di diversi organi.

Per i motivi descritti qualche pagina fa, è buona norma ridurre anche il consumo di alimenti dolci formati da *zuccheri semplici* (come dolciumi, caramelle, miele, marmellate e così via): entrando rapidamente in circolo, questi zuccheri causano un innalzamento repentino della glicemia (che si tratti di zucchero bianco, zucchero integrale di canna o miele). Abbiamo visto invece come sia indicato preferire zuccheri complessi, come i miei amatissimi cereali integrali, che permettono di tenere sotto controllo questo processo, prevenendo così l'insorgenza del diabete gestazionale.

Infine, un grande classico: parliamo di pesce crudo, carne cruda e, già che ci siamo, frutta e verdura. Questi tre alimenti si trovano tutti e tre nella stessa frase perché accomunati dall'eventualità di veicolare un microrganismo chiamato *Toxoplasma gondii*, che causa la toxoplasmosi. Questa infezione, che nell'adulto provoca al massimo un po' di stanchezza e mal di gola, può essere invece nociva per il feto e comportare rischi anche seri per la gravidanza. Un test eseguito su un campione di sangue permette di scoprire se la donna ha avuto la toxoplasmosi prima di rimanere incinta (se è così, saltate pure al prossimo capitolo) oppure no. In questo caso, per scongiurare la possibilità di contrarla durante la gravidanza è opportuno seguire una serie di precauzioni, e cioè:

- dimenticarsi il numero di telefono di quell'ottimo ristorante giapponese a domicilio: no a pesce crudo, carpacci di pesce affumicato, sushi, sashimi e compagnia bella, oltre che a frutti di mare, carne cruda e salumi;
- lavare abbondantemente verdura e frutta, come spiega Silvia nel box qui accanto;
- lavarsi spesso le mani, prima e dopo aver cucinato;
- rifilare ad altri l'ingrato compito di pulire la lettiera del gatto.

Lavare frutta e verdura: efficacia e necessità

Frutta e verdura, che sono alla base di un'alimentazione sana ed equilibrata, a meno che non le abbiate acquistate già lavate richiedono qualche accortezza per venire consumate in gravidanza. Secondo la FDA (Food and Drug Administration, l'organismo di controllo della salute degli Stati Uniti) per ridurre la contaminazione e la diffusione di germi basta seguire un rituale nella vita di tutti i giorni. Si tratta di alcune semplici regole basate sul fatto che l'acqua svolge un'azione di rimozione meccanica delle impurità. Vediamo insieme le principali:

- prima e dopo aver maneggiato il cibo, lavarsi le mani per venti secondi sotto acqua corrente con l'ausilio di un sapone detergente;
- lavare con acqua calda il piano di lavoro e gli utensili prima e dopo l'uso;
- non utilizzare saponi per lavare gli alimenti ma sciacquarli con acqua corrente potabile;
- utilizzare una spugnetta per pulire bene frutta e verdura che hanno bucce sottili;
- tenere in ammollo in acqua fredda per 1-2 minuti la verdura a superficie irregolare (per esempio cavolfiore o broccoli);
- lavare i frutti più delicati (come i frutti rossi) con acqua corrente, mettendoli in un colino oppure spruzzandoci acqua distillata;
- asciugare tutto con un panno pulito (operazione importante perché rimuove molti germi).

Infine, voglio aggiungere una regola generale che riguarda la conservazione di frutta e verdura sbucciate o tagliate: vanno poste in frigorifero ad almeno 4 °C.
Ritornando al lavaggio, in Italia si usa avvalersi di detergenti specifici. Come sceglierli? Sicuramente, dovrete ricercare prodotti che non danneggino il cibo e non siano tossici: i più utilizzati sono il bicarbonato di sodio e l'ipoclorito di sodio.
Il bicarbonato ($NaHCO_3$), sicuro, facilmente reperibile ed economico, è un sale venduto sotto forma di polvere che da un lato uccide i microrganismi (virus, batteri e funghi) rompendo la loro

struttura proteica, dall'altro innalza il pH, creando così un ambiente sfavorevole alla crescita batterica.
L'ipoclorito di sodio (NaClO), più comunemente conosciuto come candeggina o amuchina, chimicamente è un sale, ma in commercio si trova diluito in acqua a diverse concentrazioni. Svolge un'azione disinfettante, corrodendo la parete dei microrganismi, cambiando la permeabilità delle cellule e innalzando il pH.

Silvia Maddalena, ginecologa

Ora, dopo avervi bombardato di notizie, informazioni e studi scientifici, voglio raccontarvi come Veru e io abbiamo messo in pratica queste conoscenze.

Andate alla prossima pagina: benvenuti nella nostra casa.

Il primo trimestre

Sarò onesto: Veru e io ci abbiamo messo qualche anno a chiedere alla cicogna di bussare alla nostra porta. Ci siamo sposati nel 2010 dopo tre anni di felice convivenza, e per un po' abbiamo costruito noi due, rendendo solida la nostra coppia. Come tutti, abbiamo attraversato insieme esperienze bellissime – per esempio le carriere che decollano, con tutto il loro contorno di impegni lavorativi che si fanno sempre più soddisfacenti ma anche «ingombranti» – ed esperienze che chiunque preferirebbe evitare, come una bella serie di problemi di salute in famiglia.

Morale della favola: che queste siano scuse o meno, fino al 31 dicembre 2014 Veru e io proprio non ci pensavamo ad avere figli. Poi, però, all'inizio del 2015 è cambiato qualcosa dentro di noi. Forse sono state proprio le difficoltà che i nostri cari stavano affrontando a spingerci verso la vita. O meglio, verso una nuova vita. Così, ci siamo detti che il 2015 poteva essere l'anno giusto per provare ad avere un bambino. So che «anno giusto» è un'espressione che lascia il tempo che trova: non ci sarà mai e poi mai un periodo «giusto», ma in qualche modo noi avevamo bisogno di convincerci che esistesse. Ci siamo guardati negli occhi e abbiamo realizzato che, a trentasette anni, eravamo pieni di energia: perché non provare a condividerla? Abbiamo dunque deciso di vivere il nostro amore senza alcuna precauzione.

Se devo dirla tutta, eravamo convinti che ci sarebbe voluto tempo, un po' per la nostra età, un po' per il momento che stavamo attraversando, caratterizzato da una routine resa piuttosto faticosa dall'ennesimo problema di salute in famiglia, che ha messo sottosopra tutto il nostro mondo. Puntavamo la sveglia alle 5, Veru correva al lavoro, poi in ospedale dal suo papà, poi tornava al lavoro e, la sera, dopo un'ultima visita in ospedale, la ciliegina sulla torta: sessione tosta in palestra. Ci tenevamo a essere costanti non solo perché lo sport era la nostra unica valvola di sfogo, ma anche per risvegliare un metabolismo a riposo da dieci giorni circa (quelli del periodo natalizio). Più o meno cenavamo alle 22.00 e ci rilassavamo sul divano non prima delle 23.30.

Presa la decisione di provare ad avere un figlio, a livello alimentare non abbiamo cambiato niente: abbiamo continuato a seguire la stessa alimentazione bella&buona degli ultimi dodici anni. Veru ha semplicemente aggiunto una supplementazione di Omega-3 e acido folico, che favoriscono la fecondazione e aiutano a prevenire complicazioni dello sviluppo fetale – un accorgimento che, come abbiamo visto, andrebbe seguito a partire da due mesi prima del concepimento. L'altra indicazione che danno i ginecologi è di ridurre l'introito di grassi saturi animali, ma noi già non ne facevamo uso! Insomma, per dirla con le parole di Silvia, la nostra amica ginecologa: «Enjoy». Abbiamo proseguito tutto come sempre, senza nessuna particolare preoccupazione.

Sabato 7 febbraio, dopo un ritardo di una decina di giorni, Veru si sentiva un po' gonfia, così abbiamo deciso di fare un test di gravidanza – uno di quelli basici, semplicissimi, che valutano la quantità di ormoni nelle urine.

Veru ha fatto il test. Due lunghissssimi minuti dopo, è apparso il risultato: positivo. C'era un bimbo in arrivo!

Io ho cominciato a sorridere come un ebete, senza riuscire a smettere; lei è scoppiata in lacrime. È stata una gioia assurda, da quel primissimo momento. Ci siamo abbracciati, avevamo voglia di gridarlo al mondo. Una parte di noi non riusciva nemmeno a crederci, che fosse capitato così presto.

Ho subito avuto il desiderio di saperne di più, di capire meglio, di approfondire. Okay, era vero, ma da quando? Fosse stato per me, mi sarei attaccato al telefono per chiamare mamme e papà, sarei anche andato a bussare ai vicini pur di cominciare a raccontarlo a qualcuno, ma era ragionevole mantenere i piedi per terra (o almeno provarci). Quindi, siccome comunque non riuscivo a stare fermo, in preda alla felicità sono uscito e sono andato a comprare un altro test, molto più accurato, in grado di indicare la settimana di gravidanza.

Fierissimo del mio acquisto, sono tornato a casa. Altro test, altra attesa. A questo punto, quei due minuti ci hanno snervato: ci sembrava di aspettare il responso di un oracolo! Finalmente, mentre Veru e io, abbracciati, lo fissavamo in religiosa attesa, il test ha scucito la sospirata risposta: Veru era incinta da «2-3 settimane».

Non so voi, ma io di fronte alle belle notizie divento iperattivo. E questa era una bellissima notizia! Ho preso in mano il cellulare e ho immediatamente contattato la nostra amica ginecologa, Silvia. Volevo proprio «vederla» questa fecondazione! Avete capito bene: l'ho chiamata io, nei mesi le ho scritto io... ci ho proprio tenuto a fare tutto ciò che potevo in prima persona, un po' per alleggerire le spalle già molto cariche di mia moglie, un po' perché volevo essere presente e utile in questa gravidanza – volevo essere padre – fin dal primo istante.

Veru e io abbiamo incontrato Silvia dopo quindici giorni. Fino ad allora, abbiamo continuato a comportarci come sempre: abbiamo lavorato, siamo stati presenti per le nostre famiglie, siamo andati in palestra e abbiamo mangiato «alla Marco Bianchi».

Il primo trimestre di gravidanza

I ginecologi dividono i 282 giorni di gravidanza in 40 settimane che, accorpate in 3 trimestri, corrispondono ai famosi 9 mesi. Per convenzione, il conteggio della gravidanza comincia dal primo giorno dell'ultima mestruazione che si ha prima di rimanere incinta.
Tecnicamente per «primo trimestre» si intende il periodo di età gestazionale fino a 13 settimane e 6 giorni («13+6» nella terminologia dei ginecologi). Questo è il momento in cui la donna avverte i primi segnali della gravidanza, stabilisce un feeling stretto con il ginecologo ed entra nell'ottica di sottoporsi a visite ed esami periodici. Soprattutto, però, è in questa fase che si elabora il concetto di responsabilità genitoriale.
Il compito dei medici è informare e consigliare, fornendo alla gestante tutti gli strumenti e le conoscenze per vivere la gravidanza e fare scelte in maniera consapevole.
Se tutto procede bene, i protocolli di assistenza alla gravidanza della SIEOG (la Società italiana di Ecografia ostetrica e ginecologica e Metodologie biofisiche)[1] raccomandano tre ecografie, una per trimestre. Ciascuna ha finalità diverse.
L'ecografia del primo trimestre mira a:

1. visualizzare l'impianto in sede uterina della camera ovulare, controllando così che l'embrione si sia impiantato nel posto giusto;
2. verificare la presenza dell'embrione, il numero e l'attività cardiaca, scoprendo se si aspetta un bambino o più gemelli;
3. datare la gravidanza, formulando così una prima ipotesi sulla data di nascita;
4. misurare la translucenza nucale, ottenendo una prima indicazione sulla probabilità di malattie cromosomiche (come la sindrome di Down).

Per conoscere il sesso, è necessario attendere l'ecografia del secondo trimestre.

Silvia Maddalena, ginecologa

[1] www.sieog.it.

Che emozione quella sera nello studio di Silvia! Mamma mia!

All'inizio della gravidanza non si riesce a realizzare appieno che cosa sta succedendo: sì, i genitori sanno di essere in attesa di un bambino, ma nove mesi sembrano un'eternità. La donna ha ancora le forme di sempre, se non accusa malesseri o nausee può davvero lasciare inalterata la sua routine. Quando abbiamo incontrato Silvia ci sentivamo felici, ma un po' straniti. Confrontarci con una ginecologa ci ha permesso di cominciare a calarci ancora di più nel nostro nuovo ruolo di genitori, prendendo consapevolezza di che cosa esattamente sarebbe successo a breve.

Quella sera abbiamo scoperto che, probabilmente, nostra figlia è stata concepita nella prima metà di gennaio. Dopo tanti anni di pillola anticoncezionale, le ovaie si sono rimesse «in moto» molto velocemente, e il merito va tutto (o in parte) allo stile di vita di Veru. Secondo la ginecologa, sport e sana alimentazione hanno inoltre collaborato nel facilitare un buon annidamento: insomma, sembra proprio che siamo partiti con il piede giusto!

Silvia ha eseguito un'ecografia e ci ha mostrato un puntino accesissimo nella pancia di Veru: era nostra figlia! Poi le ha prescritto una serie di esami del sangue che, dopo altri quindici giorni, hanno confermato uno stato di salute ottimale, anche per quanto riguarda i valori più «delicati», ovvero ferro, emoglobina e colesterolo. Ci ha poi comunicato una regola generale alla quale avremmo dovuto attenerci: mai leggere forum e vedere programmi televisivi inerenti la dolce attesa. Ogni caso è a sé, quindi è fondamentale affidarsi al proprio medico e porre dubbi o domande a lui/lei, onde evitare di incappare in informazioni superficiali o farsi venire paure ingiustificate.

Gli esami per la mamma

Gli esami del sangue servono per monitorare lo stato di salute della mamma e aiutare il medico a individuare possibili complicanze associate a diversi organi e funzioni (per esempio alla tiroide, al metabolismo degli zuccheri o a infezioni pericolose per il nascituro, come toxoplasmosi, citomegalovirus, rosolia, HIV o epatite). Gli esami necessari possono essere diversi e vanno valutati caso per caso: per questo, è bene lasciare che sia il proprio ginecologo a prescriverli. Sul sito del ministero della Salute (www.salute.gov.it) è disponibile una traccia degli esami che le strutture sanitarie svolgono gratuitamente durante i nove mesi di gestazione.

Dato che la maggior parte delle gravidanze procede in modo naturale, il compito di medici e ostetrici è «sorvegliare» che il processo avvenga in modo fisiologico. Le visite raccomandate dalla prassi sono una ogni quattro-sei settimane; la prima è consigliabile eseguirla nel primo trimestre.

In questa sede, il ginecologo raccoglie l'*anamnesi*: chiede cioè alla futura mamma tutte le informazioni necessarie sulla storia clinica familiare della coppia e sulla sua salute fisica e psicologica. Il medico, poi, palpa esternamente l'utero mettendo una mano sull'addome, per valutare se è contratto e se il suo volume corrisponde alla settimana di gravidanza; quindi, misura la pressione arteriosa e il peso corporeo. Durante l'esplorazione vaginale, invece, controlla se sono presenti segni di infiammazione o secrezioni anomale, e valuta le condizioni della cervice (consistenza, lunghezza ed eventuale dilatazione del collo dell'utero, la parte anatomica che durante il parto si dilata per permettere al bambino di nascere).

Il rapporto donna-medico che si instaura durante queste visite ha anche l'importante funzione di rassicurare la futura mamma, chiarendole eventuali dubbi e fornendole le indicazioni sul parto e sulle settimane immediatamente seguenti.

Silvia Maddalena, ginecologa

Veru ha vissuto il primo trimestre di gravidanza serenamente. Non ha avuto nausee ma solo un po' di acidità di stomaco, che ha combattuto con delle pastiglie a base di erbe e con efficacissimi rimedi naturali, ovvero zenzero e mandorle.

Lo zenzero, con il suo alto contenuto di gingerolo, è conosciuto da circa duemila anni come alimento medicamentoso per le sue proprietà antinfiammatorie e antiossidanti. Studi scientifici recenti non hanno solo dimostrato tali effetti (svelando per esempio che il potere antinfiammatorio dello zenzero, in alcuni casi, è simile a quello dei farmaci convenzionali), ma hanno anche individuato il suo svolgere un'azione antitumorale. Lo zenzero è utilizzato da sempre contro la nausea: basti pensare che, nella quantità di 1 grammo al giorno, veniva consumato dai marinai che navigavano a lungo per ridurre i sintomi del mal di mare, ovvero nausea e vomito. Quello stesso grammo al giorno è anche la dose capace di combattere infiammazioni di lieve entità. Una recente revisione Cochrane ha infine evidenziato la sua efficacia anche nel trattamento della nausea gravidica, senza effetti collaterali.[2] Come consumare lo zenzero? Come spezia, ovvero grattugiandolo sui piatti per insaporirli (ottima occasione, fra l'altro, per ridurre drasticamente il sale...), come ingrediente di tisane e decotti oppure nella versione candita, come delizia da sgranocchiare.

E veniamo ora alle mandorle, uno dei miei grandi amori alimentari. Innanzitutto, come ricorderete, compaiono nella top five degli alimenti contenenti calcio: con ben 240 mg per ogni 100 g di frutti puliti, sono una fonte prelibata e imbattibile di questo prezioso elemento (ne bastano infatti 30 grammi al giorno per soddisfare l'intero fabbisogno). Ricche anche di fibre, favoriscono il transito intestinale, combattono la stitichezza e ci aiutano in caso di ansia e insonnia. Impossibile, poi, non citare uno studio del 2012 della Chinese Academy of Sciences, che attesta come

2 *Gli effetti salutistici delle spezie di uso più comune* (www.nutrition-foundation.it).

il consumo di mandorle sia associato, tra le altre cose, anche al miglioramento del metabolismo del glucosio:[3] alla luce di quanto detto poche pagine fa, non vi sembrano il cibo ideale da consumare in gravidanza? Immagino che sarete curiosi di conoscere la loro arma contro nausea e acidità... Si tratta dell'acido oleico, grasso monoinsaturo dalle dimostrate proprietà benefiche per il sistema circolatorio (collabora all'innalzamento dei livelli del colesterolo HDL, quello buono) e dalle doti emollienti e antinfiammatorie, efficaci sullo stomaco e sugli altri organi della digestione. L'acido oleico è contenuto ovviamente anche in altri alimenti, ma nel caso delle mandorle i suoi effetti sono potenziati dalla combinazione con la vitamina E, che questi semi contengono in abbondanza (0,5 mg per ogni 100 g). La vitamina E, prodigioso antiossidante, essendo liposolubile si lega ai grassi e li protegge dall'ossidazione, permettendo così di sfruttarne tutti gli effetti positivi. Come consumare le mandorle? Be', sgranocchiandone 7 al giorno (i regolamentari 30 grammi). In alternativa, potete gustarne il latte, bevanda davvero prelibata, soprattutto in estate: i siciliani sanno di che cosa parlo!

Lieve acidità a parte, gli unici «intoppi» che Veru ha dovuto affrontare durante il primo trimestre sono stati gli attacchi di fame. Lei la definiva «fame cattiva», cioè incontrollabile. Insomma: doveva per forza mangiare. È comparsa dal secondo mese di attesa e la spingeva a cercare cibi sia dolci che salati. Fortunatamente siamo abituati a fare spese belle sostanziose, quindi per poter dare a Veru lo spuntino giusto non sono stato costretto a fare i classici viaggi notturni da film, alla ricerca dell'unico supermercato aperto dall'altra parte della città... In casa avevamo già tutto ciò che serviva, e cioè biscotti integrali (rigorosamente contenenti solo grassi buoni), frutta secca (gli anacardi salati con

[3] Liu J.F., Liu Y.H., Chen C.M., Chang W.H., Chen C.Y., *Mandorle, infiammazione e stress ossidativo*, in «European Journal of Nutrition», 22 giugno 2012 (www.nutrition-foundation.it).

la salsa di soia sono stati per settimane la nostra coccola serale!) e qualche sana patatina. Ebbene sì, avete letto bene: le «sane patatine» esistono! Non tutti i prodotti industriali vengono per nuocere: è infatti possibile trovare in commercio anche patatine e croccantezze a base di altri vegetali realizzate con ingredienti di prima qualità e cotte al forno. Ve le consiglio non solo per le voglie in gravidanza, ma anche per un aperitivo con gli amici.

Nel secondo trimestre, invece, abbiamo abbandonato questi «sfizi» per sostituirli con pezzetti di spicchi di finocchio e tocchetti di carota, che Veru preferiva.

Ogni mattina alle 7.30, dopo una tazzina di caffè e qualche cucchiaio di yogurt vegetale con avena (il massimo che è riuscita a mangiare per colazione durante la gravidanza), Veru andava a lavorare portandosi dietro un contenitore con spuntino di metà mattina e pranzo. Inizialmente abbiamo utilizzato un simpatico bentobox (una sorta di vassoio con coperchio, comune nella cucina giapponese), poi un recipiente che si potesse chiudere, per conservare gli avanzi.

Ecco qualche esempio degli spuntini che ho preparato per Veru:

- 2 finocchi e 1 carota: i primi puliti con bicarbonato, la seconda privata della buccia ed entrambi tagliati in tocchetti «finger food»;
- 1 mela rossa privata di buccia e irrorata da succo di limone;
- 5 ravanelli e 2 carote: i primi puliti con bicarbonato, le seconde private della buccia;
- 5 fette biscottate integrali (con olio di mais o di oliva tra gli ingredienti);
- mix di mandorle, nocciole e noci;
- albicocche e carote pulite con bicarbonato;
- carote e pomodori ciliegino: le prime private della buccia, gli altri puliti con bicarbonato.

Dato che tutto procedeva nel migliore dei modi, Veru ha deciso di provare a lavorare fino all'ottavo mese. Ogni giorno, quindi, si è dovuta attrezzare con un pranzo al sacco.

Il cibo è solo compito mio, quindi tutte le mattine mi sono alzato un po' prima di lei, per prepararle il suo «contenitore da viaggio». Tra poco scoprirete che cosa ho cucinato per lei durante il primo trimestre, ma prima vorrei darvi un paio di consigli generali: in tre mesi è impensabile che non si presentino mai il desiderio o la necessità di mangiare fuori!

Se passerete la vostra pausa pranzo al bar, scegliete un succo di frutta senza zuccheri aggiunti e un panino con verdure e formaggio fresco (come caprino, ricotta, quartirolo o feta).

Per godervi con tranquillità un aperitivo, invece, potete sgranocchiare frutta secca o semi oleosi (come anacardi, mandorle e così via) o verdura in pinzimonio, a patto che sia stata ben lavata. Lo «spritz» adatto alle future mamme, e che adoro anch'io, è composto da spremuta di arance rosse non zuccherata, condita con zenzero grattugiato, pepe nero in grani e un cucchiaino di sciroppo d'agave.

Ultimissimo consiglio: uno dei vantaggi di aspettare un bambino è potersi permettere di essere pignoli senza rimorsi. Non state rompendo le scatole, ma facendo il bene del nascituro, quindi – che siate al ristorante, al bar o in mensa – chiedete cosa contengono le preparazioni, domandate come vengono realizzate, pretendete di leggere gli ingredienti dei prodotti utilizzati e che frutta e verdura siano lavate nel modo corretto.

Ed eccoci finalmente giunti alle ricette. La maggioranza di quelle presenti in questo capitolo è per due persone: in sostanza, lo sono tutte tranne i dolci. Data la maggiore lunghezza dei procedimenti, infatti, credo che in questo caso abbia senso preparare una porzione maggiore, da suddividere magari in più giorni. Pronti? Via!

Affettato di lupino con insalata e ceci

- 100 g di affettato di lupino
- 150 g di ceci lessati
- 80 g rucola
- olio EVO

Questa è la preparazione più veloce del West e di casa Bianchi: sciacquate i ceci lessati e lavate bene la rucola; disponete nel vostro piatto o vassoio l'affettato di lupino, quindi guarnitelo con i ceci e la rucola prima di condirlo con un giro d'olio EVO. Se avete tempo, potete trasformare questa ricetta in un piatto gourmet! Frullate i ceci nel tritatutto insieme a un paio di cucchiai d'acqua e mezzo limone spremuto (non è un vero e proprio humus, ma un suo cugino alla lontana...). Fatto? Benissimo: ora spalmate circa un cucchiaio di questa crema sopra ogni fetta di affettato di lupino, quindi arrotolate la fetta fino a formare un involtino e il gioco è fatto. Servite i vostri involtini di lupino su un letto di rucola e condite con olio EVO.

Insalata di borlotti, pomodorini e feta

- 300 g di fagioli borlotti surgelati
- 10 pomodori ciliegino
- 100 g di feta light
- olio EVO
- pepe

Fate scongelare i fagioli, cuoceteli a vapore per 15 minuti, quindi lasciateli raffreddare. Volendo, potete sostituire i borlotti surgelati con quelli già lessati, anche se saranno meno croccanti: in questo caso, dovrete risciacquarli bene prima di utilizzarli. Lavate bene i pomodori, quindi tagliateli in 4 spicchi; sbriciolate la feta light con le mani. Riunite infine tutti gli ingredienti in una ciotola, condite con un giro d'olio EVO, una spolverata di pepe e mescolate bene. Volendo, potete condire questa insalata «proteica» con una salsina a base di senape. La senape rientra tra i condimenti meno calorici e più salutari: i suoi semi, infatti, appartengono alla famiglia delle Brassicacee. Per preparare la salsa dovete sbattere un cucchiaio di senape (dolce-media) con uno di acqua, uno di aceto balsamico e qualche goccia di limone. Se il limone è biologico e non trattato, potete terminare il piatto con una abbondante grattugiata di scorza. Non dimenticatevi di pepare!

Pasta integrale con piselli e salsa di pomodoro

- 160 g di pasta integrale corta
- 200 g di piselli surgelati
- 150 ml di salsa di pomodoro
- 1 cucchiaio di concentrato di pomodoro
- 1 spolverata di curcuma
- 1 pizzico di pepe
- olio EVO
- sale

Lessate la pasta al dente in acqua poco salata. Nel frattempo, spadellate i piselli (volendo, potete utilizzare anche quelli lessati, a patto di sciacquarli bene prima dell'uso) con la salsa di pomodoro, il concentrato stemperato in un paio di cucchiai di acqua, il pepe e la curcuma. Aggiungete un filo di olio EVO e cuocete ancora per 10 minuti. Quando la pasta sarà cotta, scolatela, passatela per qualche istante sotto l'acqua corrente, quindi conditela con il sughetto delizioso appena preparato.

Riso integrale con lenticchie

- 160 g di riso integrale
- 200 g di lenticchie lessate
- 4 pomodori secchi
- il succo di ½ limone
- olio EVO

Sciacquate il riso sotto l'acqua corrente, quindi lessatelo a fuoco leggero per circa 30-40 minuti nel doppio del suo volume d'acqua. Nel frattempo, sciacquate le lenticchie e occupatevi dei pomodori secchi: reidratateli in poca acqua e, una volta ammorbiditi e dissalati (ci vorrà circa 1 ora), tagliateli a listarelle con le forbici. Quando il riso sarà pronto (dovrà assorbire tutta l'acqua), lasciatelo raffreddare, quindi saltatelo velocemente in padella con un cucchiaio di olio EVO, le lenticchie e i pomodori secchi. Prima di servire, condite con il succo di limone.

Sandwich con ricotta fresca e olive

- 8 fette di pane integrale in cassetta (con olio EVO)
- 8 foglie di insalata iceberg
- 5 noci
- 120 g di ricotta fresca
- 5 olive verdi
- 1 cucchiaio di olio EVO

Tostate il pane. Nel frattempo, lavate l'insalata; tritate grossolanamente le noci e le olive (queste ultime, dopo averle denocciolate, se serve); con una forchetta, sbattete infine la ricotta insieme all'olio EVO. Quando il pane sarà croccante, spalmate la crema di ricotta su una delle due fette e, sopra, cospargete con il trito di noci e olive. Posizionate un paio di foglie di insalata precedentemente lavata e chiudete con l'altra fetta di pane: sentirete che bontà!

Sandwich multicereali con burger di legumi

- 8 fette di pane integrale in cassetta (con olio EVO)
- 8 foglie di insalata iceberg
- 2 cucchiaini di senape

Per i burger

- 1 carota piccola
- 300 g di soia edamame surgelata
- 100 g di quinoa
- 35-50 g di pane integrale grattugiato
- ¼ di cipolla rossa
- ½ spicchio di aglio (se piace)
- 1 ciuffo di prezzemolo fresco
- 2 cucchiai di olio di semi di mais
- sale

Mettete sul fuoco una casseruola di acqua leggermente salata. Lavate la carota e tagliatela a rondelle sottili. Prendete ora sia la soia che la carota e tuffatele nell'acqua bollente: dovrete cuocerle circa 10-15 minuti. Se avete la soia fresca, vale la stessa procedura ma il tempo di cottura sarà di 30 minuti circa. A parte, lessate la quinoa in una quantità di acqua salata pari al doppio del suo volume dopo averla risciacquata sotto l'acqua corrente per 5 minuti. Ci vorranno circa 20 minuti affinché la quinoa assorba tutta l'acqua. Quando questi tre ingredienti saranno pronti e ben raffreddati e scolati, radunateli in una ciotola capiente; unite il pane integrale grattugiato (poco per volta), un quarto di cipolla, lo spicchio di aglio, il prezzemolo fresco lavato e tritato, l'olio di semi di mais e un pizzico di sale, quindi frullate il tutto in modo grossolano (non dovete ottenere un omogenizzato!) oppure armatevi di pazienza e schiacciate il tutto con una forchetta. Scaldate ora sul fuoco una padella con un goccio d'olio, posizionate al centro un coppapasta e riempitelo con l'impasto ottenuto. I burger dovranno cuocere circa 5-6 minuti per lato. Mentre i burger cuociono, tostate il pane e lavate l'insalata. Siete ora pronti per assemblare i sandwich: spalmate su una fetta di pane un cucchiaino di senape, aggiungete una foglia di iceberg, un burger e richiudete.

Sandwich «proteico»

- 8 fette di pane integrale proteico ai legumi (si acquista in panetteria)
- 200 g di caprino fresco
- 8 foglie di insalata iceberg
- 1 cucchiaio di olio EVO
- il succo di ½ limone

Il pane proteico è un pane a ridotto contenuti di carboidrati e ad alto contenuto di proteine, provenienti dai legumi coi quali è addizionato (lupini, soia, piselli, ceci). Per preparare il sandwich dovete sbattere il caprino con il cucchiaio di olio e il succo di limone. Tostate il pane, spalmate una fetta con abbondante crema di formaggio, aggiungete un paio di foglie di insalata precedentemente lavata, richiudete e voilà: la «schiscetta» è servita!

Cioccopere con mandorle tritate

- 350 g di cioccolato fondente 72 per cento
- 600 ml circa di latte di soia
- 500 g di pere sciroppate
- 80 g di noci
- 8 datteri freschi (non glassati)
- 4 cucchiai di olio di semi di mais
- 130 g di farina integrale
- 120 g di farina di tipo 1
- 1 bustina di lievito per dolci
- 1 cucchiaino di cacao amaro in polvere
- 50 g di granella di mandorle

Sciogliete a bagnomaria il cioccolato con circa 200 ml di latte vegetale. Nel frattempo, tagliate le pere a cubetti. Tritate insieme noci, datteri (denocciolati), 3 cucchiai di latte vegetale e l'olio: in pochi secondi otterrete un ottimo burro! Mischiate le farine; unite il lievito, il cacao, il restante latte e il cioccolato: impastate bene, aggiungete il burro appena preparato e infine incorporatevi le pere. Trasferite l'impasto in una tortiera del diametro di circa 25 cm foderata con carta da forno. Infornate per 45-50 minuti a 200 gradi, bagnando la superficie con un paio di cucchiai di acqua. Trascorso questo tempo, spegnete il forno e lasciatevi riposare la torta per altri 10 minuti prima di guarnirla con la granella di mandorle.

Flantze

- 100 g di farina di segale
- 100 g di farina integrale
- 75 g di farina di tipo 1
- 12 g di lievito di birra
- ½ bicchiere di latte di soia
- 80 ml di olio di semi di girasole
- 80 g di uvetta
- 80 g di mandorle
- 80 g di noci
- 80 g di zucchero di canna
- 10 g di scorze d'arancia candite
- 2 cucchiai di cacao amaro in polvere
- sale

Per preparare questo strepitoso pane dolce, mescolate le farine e formate la fontana. Sciogliete il lievito nel latte intiepidito e versate il composto al centro, insieme all'olio di semi di girasole. Lavorate gli ingredienti fino a ottenere un impasto omogeneo e compatto. Dategli la forma di una palla e lasciatelo riposare in una ciotola, coperto con un canovaccio umido, per circa 30 minuti, in un luogo tiepido. Nel frattempo, fate ammollare l'uvetta in poca acqua tiepida, quindi strizzatela. Tritate le mandorle, sgusciate le noci e spezzettate i gherigli. Trascorso il tempo di riposo, incorporate nell'impasto lo zucchero, l'uvetta, le scorze d'arancia, le mandorle, le noci, il cacao e una presa di sale. Se dovesse risultare troppo asciutto, ammorbiditelo con qualche cucchiaio di latte di soia. Dategli nuovamente forma sferica e rimettetelo a lievitare, questa volta per 45 minuti. Infine, modellatelo creando una pagnotta rotonda, ponetelo su una teglia foderata di carta da forno e infornatelo per circa 1 ora a 180 gradi.

Tiramisù ricotta e cioccolato

- 300 ml di caffè amaro (decaffeinato)
- 100 g di cioccolato fondente 72 per cento
- 2 cucchiai di polvere di caffè
- 80 g di zucchero a velo integrale
- 500 g di ricotta
- 300 g di biscotti integrali di ottima qualità

Preparate il caffè e lasciatelo raffreddare. Riducete il cioccolato in scaglie. Montate la ricotta e incorporatevi lo zucchero a velo. Bagnate i biscotti nel caffè amaro. Siete ora pronti per comporre il tiramisù: nel vostro contenitore, create uno strato di biscotti, uno di polvere di caffè, uno di scaglie di cioccolato amaro e uno di crema di ricotta. Proseguite così fino a terminare gli ingredienti. Ponete in frigorifero a rassodare per almeno 5 ore prima di servire.

Alla fine del primo trimestre, la pancia di Veru ha cominciato ad arrotondarsi appena: era la morbida e calda culla nella quale Vivienne stava crescendo.

Se all'esterno, apparentemente, quasi nulla era cambiato, all'interno era in atto una vera e propria rivoluzione!

Nel *primo mese*, dopo la formazione dell'embrione e il suo impianto nella cavità uterina, è comparso il sacco gestazionale. A portare nutrimento all'embrione pensa la circolazione utero-placentare.

Durante il *secondo mese* si formano il cuore (che comincia subito a battere!) e il cordone ombelicale. Si differenziano gli occhi, l'orecchio esterno, le prime strutture cerebrali, il fegato, il pancreas, i reni e parte dell'apparato digerente (esofago e stomaco), oltre ai genitali esterni e alla tiroide. Alla fine dell'ottava settimana mani e piedi sono abbozzati e compaiono le dita; i genitali cominciano ad acquisire morfologia maschile o femminile.

Il *terzo mese* vede l'iniziale sviluppo di ossa, muscoli, nervi e dei vasi principali. La testa comincia il suo percorso di separazione dal torace: si intravede il profilo di naso, orecchie e mandibole! Si formano le gemme dentali (dalle quali avranno origine i denti) e si perfezionano sempre di più le strutture cerebrali, il pancreas (nel quale si formano le isole di Langerhans) e gli intestini.

Alla fine del trimestre, il feto è lungo circa 7 centimetri e pesa in media 14 grammi.

I genitali si sono sviluppati ulteriormente, quindi durante l'ecografia del secondo trimestre è possibile formulare le prime ipotesi circa il sesso del nascituro.

Come tutti i neogenitori, Veru e io naturalmente non stavamo nella pelle!

Il secondo trimestre

Alla quindicesima settimana, siamo tornati da Silvia per la seconda ecografia. Quando abbiamo varcato la porta dello studio, avevamo due domande in testa. La prima, ovvia: «Va tutto bene?»; la seconda, naturalmente: «Maschio o femmina?». Bruciavamo di curiosità: non vedevamo l'ora di scatenarci alla ricerca del nome perfetto per lui o per lei.

Se la prima ecografia era stata commovente, entusiasmante, sorprendente, questa seconda è stata un'esperienza quasi «magica». So che «magica» è una parola poco scientifica, ma non c'è conoscenza al mondo che possa preparare allo spettacolo del corpo di un figlio che prende forma. Grazie alle sapienti mani di Silvia abbiamo potuto vedere il profilo del volto, la testa perfettamente rotonda, l'abbozzo di mani e piedi, con le dita aperte come fossero punte di stelle. Più di ogni altra cosa, però, a farmi innamorare è stato il cuoricino, che ho sentito battere a tremila all'ora!

Il secondo trimestre di gravidanza

Il secondo trimestre è il periodo che va dalla quattordicesima alla ventiseiesima settimana di gestazione. Tra la diciannovesima e la ventunesima settimana di gestazione, le linee guida SIEOG consigliano di eseguire un secondo esame ecografico, comune-

mente noto come «ecografia morfologica», che il ministero della Salute passa gratuitamente. Le finalità di questo esame sono determinare il numero dei feti, datare la gravidanza (qualora la prima ecografia non abbia già fornito queste informazioni) e valutare l'anatomia fetale e placentare. La «morfologica», infatti, permette di cominciare a verificare la presenza delle malformazioni maggiori – verifica che andrà comunque ripetuta nel terzo trimestre, dato che lo sviluppo degli organi del feto (morfogenesi) è un evento evolutivo.
Indagare le anomalie degli organi fetali consente di:

- valutare la necessità di interventi intrauterini;
- programmare eventualmente la nascita in centri specializzati;
- preparare i futuri genitori alla gestione di disabilità, eventuali trattamenti, cure palliative;
- compiere una scelta riproduttiva consapevole e decidere per tempo per un'eventuale interruzione di gravidanza.

Durante questa ecografia è possibile sapere se il nascituro sarà maschio o femmina.

Silvia Maddalena, ginecologa

La ginecologa ci ha poi informati sulla possibilità di eseguire alcuni test di controllo. Che fare? Gli esami suggeriti a Veru sono quelli per donne over 35, differenti da quelli proposti a una venticinquenne. Si tratta per esempio di indagare l'eventuale presenza di anomalie cromosomiche. In alcuni casi questa analisi viene effettuata alla fine del primo trimestre ma, dal momento che la prima ecografia e gli esami sostenuti fino a quel momento da Veru non hanno dato adito a dubbi di nessun genere, siamo rimasti tranquilli fino a ora. Optiamo per il NIPT, un test prenatale non invasivo che rivelerà con alta probabilità anche il sesso del nascituro. Dall'ecografia sembra essere un maschietto ma... mai dire mai. Sappiamo che anche l'occhio più allenato può sbagliare, mentre la genetica ci darà una risposta sicura, ma usciti dallo studio per noi diventa subito un maschio: chissà se si chiamerà Lorenzo, Mattia o Tommaso!

A Veru è stato prelevato del sangue, che è partito per un

lungo viaggio oltreoceano: le risposte arriveranno dal Canada. Dopo dieci giorni di attesa spasmodica (o di ansia, se preferite), finalmente gli esiti hanno fatto la loro comparsa nella casella e-mail di Silvia e, da lei, sono giunti fino a noi.

Una sera, Veru e io eravamo in palestra, abbiamo ricevuto una sua telefonata. Appena ho visto il numero sul display, tuffo al cuore, ho interrotto l'allenamento e mi sono precipitato a rispondere. Ho sentito la voce di Silvia esclamare: «Tutto ok! È una bella bambina!». Sono corso immediatamente da Veru urlando: «Amore, è una bimbaaa!!!». Nell'emozione del momento, tutto gasato, ho ripreso ad allenarmi con una foga e un entusiasmo mai provati: mi sentivo volare!

Da quel momento abbiamo rimpiazzato Lorenzo, Mattia e Tommaso con Ginevra, Susanna, Carlotta, Aurora e Vivienne. Quale nome ha vinto già lo sapete: il bello è che si è conquistato il primo posto della nostra top five nell'arco di sole ventiquattro ore!

Tecniche di diagnosi prenatale

Dato che l'esame ecografico non può fornire informazioni certe su eventuali anomalie cromosomiche, i ginecologi consigliano solitamente esami appositi. La frequenza di tali anomalie è correlata all'età materna: più essa aumenta, più cresce il rischio. La diagnosi avviene grazie a due tipi di screening: quelli invasivi (amniocentesi, villocentesi e cordocentesi, erogati gratuitamente dal ministero della Salute alle donne over 35 o nelle quali sia stata riscontrata un'alta probabilità durante le prime ecografie) e quelli non invasivi (i più accurati sono il Test combinato e il NIPT). I *test invasivi* sono eseguiti attraverso una puntura sull'addome, con la quale si preleva del materiale ben preciso all'interno del sacco gestazionale. Tutte queste metodiche presentano un rischio di aborto, che dipende anche dall'esperienza dell'operatore. Vediamo qualche dato statistico riferito all'intero territorio nazionale italiano (la fonte è il ministero della Salute):

- l'amniocentesi in Italia è la metodica più utilizzata (è scelta da 12 mamme su 100). Si esegue verso la quindicesima-sedicesima settimana prelevando un po' di liquido amniotico. Ha un rischio di aborto indotto dalla procedura di 0,5 casi su 100;
- la villocentesi (scelta da 4 mamme su 100) invece viene eseguita intorno alla nona-dodicesima settimana di gravidanza. È un prelievo effettuato facendo una biopsia della placenta. Il rischio di aborto è intorno a 2,5 casi su 100;
- la cordocentesi (scelta da 0,6 mamme su 100) si utilizza di rado, spesso per monitorare infezioni fetali. È un prelievo di sangue dal cordone ombelicale del feto. Presenta un rischio d'aborto di 2 casi su 100.

Per non esporre mamme e bambini a questo rischio d'aborto, negli ultimi anni sono stati studiati *test non invasivi*: danno risposte probabilistiche (non certe, come quelli invasivi), ma la loro attendibilità è ormai molto elevata. Si focalizzano sui cromosomi 21, 18 e 13, che sono coinvolti nel 50-75 per cento di tutte le malattie cromosomiche (per esempio la sindrome di Down). Nel caso il test segnali un'alta probabilità di alterazione di un cromosoma, per avere conferma del risultato si ricorre a un test invasivo.
Il *Test combinato* si basa su un modello statistico che incrocia l'età della madre con alcuni valori biochimici del sangue materno e altri dati rilevabili con un'apposita ecografia svolta tra l'undicesima e la tredicesima settimana di gravidanza.
Il NIPT (*Non-Invasive Prenatal Test*) si basa invece sul principio che a partire dal primo trimestre di gravidanza il DNA fetale già circola nel sangue materno. Prelevandone un po', quindi, è possibile analizzarlo. L'esame permette di conoscere anche il sesso del nascituro. Il NIPT può essere effettuato sulle gravidanze sia singole che gemellari bigemine (con due gemelli), sia spontanee sia derivanti da donazione dei gameti (le cellule che danno vita all'embrione).
Il ginecologo dovrà fornire alla madre tutti gli strumenti necessari alla decisione, ma è bene sapere che la scelta ultima tra diagnosi prenatale invasiva o test non invasivo spetta a lei. Non ne esiste una giusta o sbagliata: ciò che conta è essere consapevoli, in entrambi i casi.

Silvia Maddalena, ginecologa

A proposito di sport... Veru si è allenata ogni sera per circa un'ora, durante la quale ha praticato stretching iniziale, stretching finale e il workout vero e proprio. In sostanza – gravidanza o no – non ha mai smesso di frequentare la palestra. Certo, prima di sapere di essere incinta seguiva una lezione di functional training (che fa lavorare più muscoli contemporaneamente, proprio come nella vita di tutti i giorni) misto a crossfit (disciplina che include esercizi a corpo libero come salti, arrampicata sulla corda o squat, addominali, piegamenti sulle braccia, con esercizi ad azione aerobica come il vogatore, la corsa e il sollevamento pesi); nell'arco dei vari trimestri ha invece dovuto un po' calare l'intensità dell'attività sportiva. Nel secondo trimestre e nel terzo, il suo allenamento consisteva in lezioni di «ginnastica dolce», cui alternava qualche volta una dozzina di vasche in piscina. Tutto, ovviamente, sotto controllo. Veru ha sempre avuto l'okay della ginecologa ed è stata costantemente supportata da un personal trainer di grande competenza ed esperienza, ovvero Roberto Crugliano, una montagna di muscoli dal cuore grande e buono, nonché re della Functional Box. Roberto l'ha seguita dal primo giorno di gravidanza fino all'ultimo, sottoponendole solo esercizi adatti alla dolce attesa. Quando il workout previsto per la classe non era adatto a lei, le ha sempre offerto un'alternativa idonea e rispettosa anche della piccola Vivienne.

Che dire, se non che sono orgogliosissimo di lei? L'amore ha tante forme, e durante la gestazione ho visto Veru prendersi cura della sua pancia in tanti modi diversi. Fare sport (a volte costringendosi a varcare la soglia della palestra, quando la pigrizia l'avrebbe spinta a crollare sul divano e a rimanere lì immobile) è sicuramente una forma di amore, nei confronti del bambino e di sé: Silvia ci ha più volte spiegato che l'esercizio aiuta la donna a migliorare l'ossigenazione, a mantenere un buon tono muscolare, un pavimento pelvico attivo e a consumare calorie – tutte cose importanti, per non dire fondamentali, in gravidanza.

L'attività fisica in gravidanza

L'attività fisica contribuisce sempre al benessere complessivo della donna. Interromperla o abbandonarla durante la gravidanza è un errore, eppure è una scelta compiuta da molte donne, comprese tante che abitualmente fanno sport con regolarità.
In passato esisteva la convinzione che la donna, appena rimasta incinta, dovesse rimanere a riposo, come se il movimento potesse arrecare danno al nascituro: tanti studi scientifici, invece, dimostrano esattamente l'opposto, per esempio che l'attività fisica permette alle gestanti di conservare il tono muscolare in vista del parto, le aiuta a non ingrassare, mantiene attivo l'intestino e allevia fastidi ricorrenti, come il dolore lombare. Piuttosto, l'inattività può condurre a una serie di inconvenienti – dai meno gravi, come il sovrappeso, ad altri più complessi, come ipertensione o diabete gestazionale.
Continuare a muoversi, dunque, è di fondamentale importanza, a parte i casi in cui sussistano problemi oggettivi, come rischi o complicazioni: in questo caso, sarà il ginecologo stesso a suggerire di evitare lo sport per un determinato periodo. In tutti gli altri casi, è invece consigliato mantenersi in attività, anche se costa uno sforzo: so bene che in gravidanza ci si sente più pesanti, più deboli, e quanto sia facile farsi prendere dalla tentazione di rimanere in pigiama tutto il giorno, quando si interrompe la routine lavorativa. Bisogna però vincere questa – possiamo dirlo – pigrizia, senza nascondersi dietro credenze ormai superate, e mantenere un livello adeguato di attività fisica.
Posto che fare sport è indicato in gravidanza, alcune discipline sono più adatte di altre. In generale, sono da preferire le attività «soft», che non comportano traumi, come:

- nuoto, che può essere praticato fino alla fine della gestazione;
- aquagym (ginnastica in acqua), perché l'acqua riduce la forza di gravità e consente di eseguire esercizi che fuori dall'acqua risulterebbero più faticosi;
- ciclismo, facendo attenzione a scegliere percorsi non troppo trafficati e con pavimentazione regolare, per evitare contraccolpi;

- la ginnastica specifica per le donne in gravidanza, che comprende esercizi per la colonna vertebrale, per i muscoli addominali e di rilassamento;
- lo stretching (ginnastica dolce), che consente di mantenere i muscoli attivi senza caricarli eccessivamente di lavoro;
- passeggiare, meglio se in zone poco trafficate, per una mezz'oretta al giorno.

Sono invece da evitare quelle attività che richiedono sforzi molto intensi (per esempio la pesistica), perché possono stimolare la contrattilità uterina, e quelle che comportano traumi o salti (come pallacanestro, pallavolo o corsa).
Infine, è importante che la donna svolga esercizi per il perineo (ovvero la zona che comprende vulva e ano): la faciliteranno durante il parto e servirano a prevenire problemi come incontinenza urinaria e prolasso dei genitali.

Silvia Maddalena, ginecologa

Dopo tanto parlare delle mie ragazze, mi prendo un piccolo spazio per raccontarvi che cosa ho preparato per Veru in questo trimestre. Ho anticipato qualche pagina fa che, con il passare dei mesi, la futura mamma deve prestare più attenzione ad alcuni nutrienti, come calcio, vitamina D, ferro, zinco, rame, folati e Omega-3. In particolare, le dosi di alcuni di questi elementi devono essere «rinforzate»: l'alimentazione, dunque, gioca un ruolo fondamentale non solo nel benessere della donna, ma anche nello sviluppo del bambino.

Le ricette che troverete di seguito sono pensate per ottemperare alle specifiche necessità della futura mamma: il riso basmati con anacardi e spinaci è ricchissimo di calcio (gli spinaci ne contengono ben 78 mg ogni 100 g di prodotto, gli anacardi 45), ma anche di zinco e folati (100 g di spinaci ne forniscono 150 µg, mentre gli anacardi 68); i bocconcini di merluzzo apportano Omega-3, ma anche vitamina B12 e acido folico in quantità; i fagioli, che troverete abbinati a polenta e cipolle, sono bombe di ferro e calcio, mentre il seitan è un'ottima fonte di minerali e proteine a bassissimo contenuto di grassi (ne contiene solo lo 0,8 per cento, tra l'altro di origine vegetale, quindi salutari). Le ricette dolci, poi, contengono cacao e cioccolato, alimenti che uniscono un eccellente contenuto di calcio, ferro, rame e zinco a proprietà antiossidanti e di protezione del rischio cardiovascolare. Quelle lievitate, infine, si avvalgono dei superpoteri del lievito di birra, campione di folati e di zinco (del primo ne contiene 1250 µg e del secondo 2,60 mg ogni 100 g di prodotto).

Tutte ricette della salute, quindi, ma che tengono conto delle giustissime esigenze del nostro palato... Nessuna di esse, infatti, è priva di sapore, anzi! Ho utilizzato spezie di ogni tipo, innanzitutto per rimpiazzare il sale (che siamo abituati a ingerire in grande quantità ma il cui consumo, è sempre bene ricordare, andrebbe limitato a meno di 5 grammi al giorno, in pratica un cucchiaino da tè), ma anche per aggiungere ai miei piatti proprietà nutraceutiche à gogo: la curcuma, per esempio, è un antinfiammatorio potentissimo e contribuisce al calo degli zuccheri nel sangue nei soggetti diabetici e all'aumento del colesterolo HDL (quello «buono») a scapito di quello «cattivo» (LDL); il pepe ha effetti tonici e dimagranti, mentre il peperoncino svolge un'azione antibiotica e protegge cuore e vasi sanguigni dal rischio cardiovascolare. Non sono una spezia ma campioni di sapore i pomodori secchi, ricchissimi di licopene, un potente antiossidante, ma anche di fibre (ben 12,5 g per 100 di prodotto) e del meraviglioso duo formato da calcio e ferro, che compaiono in quantità maggiore nei pomodori secchi rispetto a quelli freschi.

Come nel capitolo precedente, le ricette che troverete nelle prossime pagine sono per 2 persone, a parte quelle dolci (che sono per 4).

Bocconcini di merluzzo al forno impanati

- 150 g di ceci lessati
- 1 porro
- sale
- curcuma
- 2 cucchiai di pane integrale grattugiato
- 2 cucchiai di farina di mais fioretto
- 300 g di bocconcini di merluzzo (o nasello)
- 4 cucchiai di olio EVO
- pepe

Risciacquate i ceci. Mondate i porri e affettateli a rondelle sottilissime. Fateli appassire con i ceci in una casseruola antiaderente su fuoco vivace aggiungendo 2 o 3 cucchiai di acqua. Salate e unite la curcuma secondo il vostro gusto. Nel frattempo, mischiate il pane grattugiato con la farina e impanatevi i bocconcini di pesce. Scaldate l'olio in una padella antiaderente e saltatevi i bocconcini: dovranno dorarsi su ogni lato. In alternativa, potete cuocerli in forno: 10 minuti a 220 gradi, rigirandoli a metà cottura, e i cucchiai di olio calano a 3! Non resta che comporre il piatto: servite il pesce con i ceci e i porri, spolverizzando il tutto con il pepe.

Insalata di fagioli e cipolle rosse di Tropea

- 300 g di fagioli borlotti surgelati
- ½ cipolla rossa di Tropea
- 2 pomodori secchi
- 1 cucchiaio di pinoli (o gherigli di noci)
- 1 cucchiaio di olio EVO
- pepe

Mettete i pomodori secchi in ammollo in acqua tiepida: per reidratarsi avranno bisogno di circa 1 ora. Trascorso questo tempo, scolateli e strizzateli. Lessate i fagioli borlotti surgelati (ci vorranno circa 10 minuti), quindi lasciateli raffreddare. Nel frattempo, tagliate finemente la cipolla con una mandolina e conservatela in acqua fredda. Frullate i pomodori secchi con i pinoli e l'olio EVO, ottenendo una cremina con la quale condirete la vostra insalata. Pepate e tenete da parte. Mescolate ora i fagioli con la cipolla rossa affettata, condite con la crema di pomodori secchi e servite.

Pasta integrale al ragù di seitan

- 300 ml di salsa di pomodoro
- 1 cucchiaio di concentrato di pomodoro
- 4 pomodori secchi
- 160 g di seitan al naturale
- 1 cipollotto
- pepe
- 1 cucchiaio di olio EVO
- ½ cucchiaino di paprika affumicata
- 160 g di farfalle integrali (la pasta preferita da Veru!)
- 2 foglie di basilico

Per preparare il ragù, versate in una casseruola la salsa di pomodoro con un paio di cucchiai di acqua e il concentrato. Accendete il fuoco e lasciate sobbollire dolcemente per circa 10 minuti, aggiungendo mezzo bicchiere di acqua qualora il sugo dovesse asciugarsi troppo. Nel frattempo, tritate il seitan, i pomodori secchi e il cipollotto con un robot da cucina: dovrete ottenere la consistenza di un macinato, quindi attenzione a non ridurre tutto in poltiglia! Unite poi gli ingredienti frullati alla salsa in cottura, pepate e aggiungete olio e paprika affumicata. Mi raccomando: il fuoco deve essere sempre molto basso. Proseguite la cottura per altri 10 minuti e, nel frattempo, cuocete la pasta. Quando il ragù sarà pronto, spegnete la fiamma e mescolatevi la pasta. Decorate i piatti con le foglie di basilico lavate e spezzettate e servite: pronti a gustare una vera goduria?

Pizza

- 300 g di farina di tipo 1
- 200 g di farina di tipo 2
- 1 cucchiaino di zucchero
- 25 g di lievito di birra
- 2 cucchiaini di sale
- 3 cucchiai di olio EVO
- 250-280 ml circa di acqua

Mischiate le farine. Prendete 150 ml circa di acqua, fateli intiepidire, trasferiteli in una ciotola capiente e scioglietevi prima lo zucchero e il sale, poi il lievito. Aggiungete una manciata abbondante di farina e mescolate fino a ottenere una pastella morbida e semisolida. Coprite la ciotola con la pellicola trasparente e lasciate lievitare per circa 40 minuti in luogo tiepido (per esempio il forno con la luce accesa). Terminata questa prima lievitazione, riprendete la pastella e incorporatevi la restante farina, l'olio e, poca per volta, l'acqua. Lavorate l'impasto energicamente: quando sarà liscio e compatto formate una palla, ponetela nella ciotola, copritela con la pellicola e lasciate che lieviti in luogo caldo e umido per circa 3 ore. A quel punto avrete ottenuto la base per la pizza. Stendetela in una teglia foderata di carta da forno, oliatela leggermente in superficie e lasciatela riposare per circa 30 minuti. Infine, farcitela con gli ingredienti che preferite (Veru e io la adoriamo strabordante di verdure grigliate, rucola, cipolla e salsa di pomodoro) e infornatela per circa 30 minuti a 180 gradi.

Un consiglio: per una pizza a prova di digestione complicata, vi basterà dimezzare la dose di lievito e raddoppiare i tempi di lievitazione. Ottimo lasciare che l'impasto cresca sia al calduccio sia, per una notte intera, in frigorifero.

Polenta integrale con spezzatino di fagioli e tofu

- 2 l di acqua
- 1 scatola di fagioli rossi lessati
- 100 g di tofu affumicato
- 1 spicchio di aglio
- ½ tubetto di triplo concentrato di pomodoro
- olio EVO
- 300 g di polenta di mais integrale istantanea

Mettete sul fuoco una pentola con 2 litri di acqua e portate a bollore. Nel frattempo, sciacquate i fagioli rossi e riducete il tofu a dadini. Ponete il tutto in una casseruola con il triplo concentrato di pomodoro, uno spicchio di aglio, 2-3 cucchiai di olio EVO e un paio di acqua. Scaldate lo «spezzatino» di fagioli e tofu per 10 minuti circa. L'acqua che avete scaldato dovrebbe essere giunta a bollore: versatevi la polenta a pioggia e mescolate. Dopo 6-7 minuti di cottura, non vi resterà che mescolare tutto e servire.

Riso basmati con anacardi e spinaci

- 100 g di spinaci freschi
- sale
- olio EVO
- 1 foglia di alloro
- peperoncino a piacere
- 160 g di riso basmati
- 300 ml d'acqua
- 30 g di anacardi tostati e salati

Lavate e mondate gli spinaci, eliminando i gambi, quindi scottateli in una pentola di acqua bollente leggermente salata. Non appena le foglie cominceranno ad accartocciarsi, scolateli e tagliateli a pezzetti. Ora, in una casseruola scaldate 2 cucchiai di olio EVO con l'alloro lavato e il peperoncino. Unite il riso e fatelo tostare mescolando per un paio di minuti. È il momento di aggiungere gli spinaci e circa 300 ml di acqua bollente ovvero fino a ricoprirlo. Lasciate cuocere a fuoco bassissimo, coprendo con un coperchio, fino a che tutta l'acqua si sarà assorbita (ci dovrebbero volere circa 20 minuti). Dopo 15 minuti, unite gli anacardi al resto degli ingredienti e terminate la cottura.

Le brioche di Veru

- 250-270 ml di acqua
- 25 g di lievito di birra
- 250 g di farina di tipo 1
- 250 g di farina di tipo 2
- 70 g di miele
- 60 g di zucchero di canna
- 1 pizzico di sale
- 100 ml di olio di mais bio
- marmellata a piacere

Prelevate 150 ml d'acqua dalla dose indicata, intiepiditela, quindi scioglietevi il lievito di birra (mi raccomando: non riscaldate troppo l'acqua perché il lievito, una volta immerso, morirebbe!). Setacciate insieme le farine in una ciotola capiente, quindi unite lo zucchero, il lievito disciolto e cominciate a impastare. Mentre lavorate il composto, unite man mano gli altri ingredienti: il pizzico di sale, l'acqua rimanente e l'olio poco per volta, quindi il miele. Quando avrete ottenuto una massa liscia e compatta, formate una palla, riponetela nella sua ciotola, coprite con la pellicola trasparente e lasciatela riposare per circa 3 ore in luogo tiepido (come il forno con la luce accesa). Trascorso questo tempo, stendete l'impasto su una spianatoia leggermente infarinata, quindi tiratelo in una sfoglia spessa circa 3 mm, cercando di dargli forma circolare. A quel punto, con l'aiuto di una rotella tagliapasta, dividetelo in spicchi triangolari. Disponete al centro di ciascuno un cucchiaino di marmellata, quindi arrotolate delicatamente il triangolo partendo dalla base e arrivando fino all'apice. Con le dosi indicate, dovreste ottenere circa una quindicina di brioche. A mano a mano che saranno pronte, disponetele su una teglia foderata di carta da forno, praticate sulla superficie di ciascuna un forellino (così che il vapore durante la cottura possa fuoriuscire) e infornate per circa 15 minuti a 180 gradi.

Cuor di cacao

- 200 g di cioccolato fondente 72 per cento
- 200 ml di latte di soia
- 30 g di cacao amaro in polvere
- 30 g di zucchero di canna
- 30 g di olio mais bio
- 80 g di farina di tipo 2
- 1 pizzico di sale
- 2 cucchiaini di lievito per dolci

Come prima cosa, sciogliete a bagnomaria il cioccolato fondente insieme al latte di soia. Quando avrete ottenuto un composto liscio e privo di grumi, trasferitelo in una ciotola capiente e incorporatevi tutti i restanti ingredienti, sbattendo in modo energico con una frusta. Terminata questa operazione, suddividete l'impasto in tanti stampini da muffin (con le dosi indicate, dovreste ottenere circa 6 cuor di cacao). Cercate di non utilizzare quelli di silicone: i più indicati per questa ricetta sono gli stampini di alluminio o di terracotta, che potrete portare direttamente in tavola. Infornate per 12-13 minuti a 180 gradi (se possibile, con l'aggiunta di vapore): mi raccomando, occhio alla cottura perché rischiate che il morbido cuore di cioccolato si secchi...

Torta di carote e mandorle

- 150 g di farina di tipo 1
- 100 g di farina integrale
- ½ bustina di lievito
- 150 g di mandorle
- 3 carote
- 70 g di zucchero di canna
- 30 ml di olio di mais
- 240-270 ml circa di latte di soia

Setacciate le farine con il lievito; tritate grossolanamente le mandorle e le carote lavate. Ora siete pronti a creare la torta: in una ciotola, mescolate bene le mandorle con le carote, lo zucchero, l'olio e il latte di soia. Aggiungete poi le farine con il lievito e lavorate il composto fino a ottenere un impasto omogeneo. A questo punto, trasferitelo in una tortiera del diametro di circa 25 cm foderata di carta da forno, quindi infornate per 40 minuti a 180 gradi.

Zuccotto

Per il pan di Spagna

- 170 g di farina di tipo 1
- 70 g di fecola di patate
- 80 g di zucchero di canna
- 1 cucchiaino di vaniglia in polvere
- 4 cucchiaini di lievito per dolci
- 150 ml di latte di soia
- 100 ml di olio di mais congelato (solido)
- 150 ml di succo di ananas

Per il ripieno

- 100 g di mandorle
- 80 g di zucchero di canna
- 100 g di frutta candita a vostra scelta
- la scorza di 1 limone
- 70 g di cioccolato fondente 72 per cento
- 350 g di ricotta magra
- cannella in polvere
- 50 g di cacao amaro in polvere

Per cominciare, preparate il pan di Spagna. Mischiate tutti gli ingredienti secchi, quindi aggiungete il latte di soia e cominciate a sbattere con una frusta, cercando di incorporare più aria possibile. Piano piano, incorporate anche l'olio di mais congelato, aggiungendolo a pezzetti. Quando il composto sarà amalgamato e spumoso, travasatelo in uno stampo foderato di carta da forno. Infornate per 35 minuti a 180 gradi, quindi estraete il pan di Spagna e lasciatelo riposare per circa 1 ora e mezza prima di sfornarlo. A questo punto, tagliatelo prima a metà, quindi a fette spesse circa 1 cm: vi serviranno per rivestire le coppette nelle quali servirete lo zuccotto. Occupatevi ora del ripieno. Tostate le mandorle e tritatele con un mixer fino a ridurle in polvere. Unitele ai rimanenti ingredienti del ripieno, incluso il cioccolato sciolto a bagnomaria ed eccetto la polvere di cacao amaro, in una ciotola capiente e mescolate con molta cura con una spatola. Il ripieno è pronto. Rivestite le coppette in alluminio usa e getta con il pan di Spagna tagliato in misura e facendo una leggera pressione sulle pareti e sulla base, bagnate con qualche cucchiaino di succo di ananas e quindi riempite con la farcia di ricotta. Chiudete la futura base e attuale superficie con altro pan di Spagna e quindi bagnatelo con il succo di ananas. Lo zuccotto di ricotta dovrà indurirsi in frigorifero prima di essere servito (ci vorranno circa 4 ore); in alternativa potrete optare per il freezer: 1 ora in congelatore e poi 1 ora in frigorifero. Sformate gli zuccotti e cospargeteli di cacao amaro in polvere. Per coloro che non apprezzano le monoporzioni si potrà preparare un unico grande zuccotto.

Una delle emozioni più forti del secondo trimestre è stato sentire i primi movimenti di Vivienne. Se poche settimane prima mi ero incantato nell'osservare Veru che cominciava molto timidamente ad «ascoltare» la pancia, per poi prendere l'abitudine di tenere le mani incrociate sul ventre, come a proteggerlo, poi mi sono ritrovato anch'io con le mani incollate alla pancia di mia moglie e l'orecchio ben teso, nel tentativo di cogliere qualche sussulto o gorgoglio. Per la verità Vivienne, rispetto a figli di amici e conoscenti, non si è mai fatta sentire molto: pochi gorgoglii, e solo in certi momenti ben precisi della giornata – la sera sul divano, magari dopo un bel cioccolatino fondente, e qualche volta durante lo stretching in palestra.

Ricordo benissimo la sera in cui ho pensato che tenevo tra le mani tutto il mio mondo. Veru, be', ce l'avevo tra le braccia, e Vivienne era microscopica, ma c'era quasi tutta.

Alla fine del *quarto mese*, infatti, il feto pesa circa un centinaio di grammi ed è lungo 15 centimetri. La madre comincia a percepire i suoi movimenti (o comunque una serie di segnali che arrivano dalla pancia: ogni bimbo fa storia a sé!). Il corpo è interamente rivestito di pelle, l'intestino contiene già il meconio e la tiroide comincia a funzionare. I genitali esterni si differenziano in via definitiva e nel maschio compare l'abbozzo della prostata.

Durante il *quinto mese* compaiono i primi depositi di grasso, le isole di Langerhans entrano in funzione e cominciano a produrre insulina.

Il *sesto mese* vede la definizione dei denti, la comparsa di una sottile lanugine sulla pelle e l'avvio dello sviluppo della corteccia cerebrale, che si completerà solo parecchio tempo dopo la nascita. Al termine del secondo trimestre, in media il nascituro pesa poco più di 600 grammi ed è lungo una trentina di centimetri.

Il terzo trimestre

A giugno, poco prima della fine del secondo trimestre, ho contattato Massimo Agosti, grande professionista e pediatra avanti anni luce: basti dire che promuove dagli anni Ottanta uno svezzamento senza carne e salumi – il tutto a favore della salute dei bambini! Questo medico illuminato, infatti, si prende cura dei suoi piccoli pazienti non solo con la medicina, ma anche attraverso un'alimentazione sana, varia ed equilibrata, che rispetta i ritmi della natura e di crescita dei neonati. Quello che si dice l'uomo giusto al momento giusto!

Il dottor Agosti e io ci siamo conosciuti per lavoro e tra noi è nata subito un'affinità che presto si è trasformata in amicizia: non gli avevo ancora comunicato la lieta novella... era davvero il momento di porre rimedio (e, naturalmente, di chiedergli di essere il pediatra di Vivienne). Dopo le congratulazioni, Massimo mi ha invitato ad andare nel suo studio con Veru, «per un primo appuntamento». Primo appuntamento? Quando? Come? Perché? Mi sembrava davvero prestissimo, ma lui ha insistito: «Marco, dobbiamo vederci. Dalla ventitreesima settimana trovate un giorno per passare nel mio studio». Di fronte a tanta sicurezza, non mi è rimasto che obbedire: abbiamo fissato un incontro per metà luglio. Per allora, avremmo avuto anche nuove informazioni da Silvia.

L'ecografia del terzo trimestre ci ha riservato una sorpresa: Vivienne si era girata come una piccola Buddha! Era in posizione podalica. Veru e io ci siamo chiesti se forse non avesse gradito il concerto di Jovanotti del 25 giugno allo stadio... In effetti quella notte si era mossa molto, molto più del solito (quella notte eccome se l'avevamo sentita!). La ginecologa ci ha spiegato che si tratta di un evento naturale: diversi studi hanno indagato le cause di questo fenomeno (compresa una probabile predisposizione genetica), ma non è emersa una correlazione forte con nessun fattore specifico, almeno finora. Insomma, allo stato attuale della ricerca non ci resta che concludere che può capitare, che i bambini si girino. Non è grave, nella maggioranza dei casi tornano naturalmente nella posizione migliore per la nascita.[1] Abbiamo deciso che, se non fosse accaduto anche a Vivienne, avremmo valutato insieme alla ginecologa come procedere.

Il terzo trimestre di gravidanza

Il terzo trimestre è il periodo in cui il feto inizia ad affinare gli organi sensoriali e a irrobustirsi, accumulando grasso nel sottocute. Con questo ultimo esame ecografico, che il ministero della Salute offre gratuitamente tra la ventottesima e la trentaduesima settimana di gestazione, si valutano la crescita fetale (per ipotizzare il peso alla nascita) e l'inserzione della placenta (l'organo attraverso il quale il feto trae dalla madre i nutrimenti necessari per crescere).
Se la situazione si discosta dalla normalità, i genitori e i ginecologi sono ancora in tempo per prendere decisioni, per esempio quella di anticipare la data del parto di qualche settimana. Questo avviene in particolar modo quando i parametri fetali risultano troppo grandi (ovvero il peso stimato sia eccessivo), quando sus-

1 Westgren M. et al., *Spontaneous cephalic version of breech presentation in the last trimester*, in «British Journal of Obstetrics and Gynaecology», 1985.

siste una sproporzione tra il bacino della madre e la grandezza del feto (cosa che può creare difficoltà durante il periodo espulsivo) e quando un feto tende a non crescere secondo le aspettative, a causa di patologie legate alla madre o alla placenta. Per stimare il peso, il ginecologo misura il diametro del cranio, la circonferenza dell'addome e la lunghezza del femore, e raffronta questi valori con quelli di riferimento, riassunti nelle «tabelle statistiche di crescita standard» e nelle «curve di crescita». Il ginecologo esprime questi dati utilizzando i famosi percentili: per esempio, si dice che un feto ha parametri al settantesimo percentile se, statisticamente, a parità di settimana fetale, risultano settanta feti su cento più piccoli di quello in esame e trenta su cento più grandi. Solitamente, se i parametri sono compresi tra il quinto e il novantacinquesimo percentile, siamo di fronte a una crescita fisiologica.

Silvia Maddalena, ginecologa

Silvia ci ha poi spiegato l'importanza di frequentare un corso preparto e ce ne ha suggerito uno tenuto da lei stessa e da un team di ostetriche di cui si fida al cento per cento. Come rifiutare una così ghiotta possibilità?

Naturalmente, ho accompagnato Veru a tutte le sedute. Il corso mira a fornire alle donne tutti gli strumenti per partorire consapevolmente: in pratica, le ostetriche illustrano che cosa aspettarsi nel momento del parto, dalla situazione e da se stesse; insegnano tecniche di rilassamento per imparare a controllare il respiro e, attraverso il respiro, il dolore; suggeriscono le posizioni migliori da assumere durante il travaglio e forniscono informazioni in merito al parto naturale e a quello cesareo.

Non finisco di stupirmi dell'immenso potere del corpo e della mente delle donne, il primo in grado di generare la vita, la seconda capace di controllare l'intero processo, semplicemente grazie all'istinto.

La natura ha davvero creato un meccanismo perfetto, come ci ha fatto notare Stefania Rinaldi, la capo ostetrica del San Raffaele, donna fantastica con un karma strepitoso, mai visto prima in nessun essere umano. Durante le lezioni, abbiamo scoperto che nelle ultime settimane di attesa Veru avrebbe cominciato a dormire meno: non si tratta di insonnia, ma di una diretta conseguenza dei dolori alla schiena e della minzione continua. In questo modo, la donna arriverà al momento del parto con poche forze. Chi è stanca, infatti, è facilitata nel partorire senza tensioni, rilassando l'utero; chi è troppo energica, invece, faticherà maggiormente, perché contratta e ansiosa. L'altro effetto di questa insonnia passeggera è aiutare la madre (e il futuro papà, che le dorme accanto) a tararsi sul «fuso orario» del neonato, abituandola al periodo di notti con poco sonno che dovrà affrontare.

Altro capolavoro: dopo il parto, i capezzoli della donna si scuriscono. Perché? Perché i neonati vedono in bianco e nero, e bene solo da vicino: creando un contrasto forte con la pelle circostante, i capezzoli si rendono più visibili e riconoscibili per il bambino, che così si orienterà più facilmente.

Tutte queste scoperte mi hanno fatto innamorare sempre più del periodo che Veru e io stavamo affrontando. Immerso com'ero nella meraviglia per i superpoteri della donna, avrei quasi potuto pensare che il padre, almeno per i primi mesi, fosse una figura «minore». Ebbene, non è assolutamente così, e a riportare equilibrio tra i ruoli ha pensato il dottor Agosti, che abbiamo incontrato appunto a metà luglio nel suo studio.

Era una bella serata d'estate. Massimo – due occhioni azzurri che sprigionano tutto l'amore che prova nei confronti della sua professione e un tono di voce calmo e rassicurante – ci ha tenuti con sé a lungo, parlando di endogestazione, esogestazione e dei compiti dei genitori. La mamma, certo, è fondamentale, ma anche il padre ha un ruolo importantissimo: innanzitutto, ho scoperto che con l'arrivo di Vivienne sarebbe nato in me un istinto di protezione fortissimo, ancora maggiore di quello che già provavo nei confronti di mia moglie (vero, confermo), grazie al quale mi sarei preso cura della piccola e della sua mamma stanca.

Massimo ha affrontato poi il delicato tema dell'allattamento, che per la verità avevamo già incontrato al corso preparto, dove le ostetriche ci avevano esposto i «dieci passi per il successo dell'allattamento al seno OMS-UNICEF».

Si tratta di un decalogo di misure che ogni struttura sanitaria deve dimostrare di rispettare per essere riconosciuta «ospedale amico dei bambini»:[2]

- definire un protocollo scritto per l'allattamento al seno da far conoscere a tutto il personale sanitario;
- preparare tutto il personale sanitario per attuare compiutamente questo protocollo;
- informare tutte le donne in gravidanza dei vantaggi e dei metodi di realizzazione dell'allattamento al seno;
- mettere i neonati in contatto pelle a pelle con la madre immediatamente dopo la nascita per almeno un'ora e incoraggiare le madri a comprendere quando il neonato è pronto per poppare, offrendo aiuto se necessario;
- mostrare alle madri come allattare e come mantenere la secrezione lattea anche nel caso in cui vengano separate dai neonati;
- non somministrare ai neonati alimenti o liquidi diversi dal latte materno, tranne che su precisa prescrizione medica;
- sistemare il neonato all'interno della stessa stanza della madre (rooming-in), in modo che trascorrano insieme ventiquattr'ore su ventiquattro durante la permanenza in ospedale;
- incoraggiare l'allattamento al seno a richiesta tutte le volte che il neonato sollecita nutrimento;
- non dare tettarelle artificiali o succhiotti ai neonati durante il periodo dell'allattamento;
- promuovere la collaborazione tra il personale della struttura, il territorio, i gruppi di sostegno e la comunità locale per creare reti di sostegno a cui indirizzare le madri alla dimissione dall'ospedale.

[2] Dichiarazione congiunta OMS-UNICEF, *L'allattamento al seno: protezione, incoraggiamento e sostegno. L'importanza del ruolo dei servizi per la maternità*, OMS, Ginevra 1989.

Più avanti vi racconterò come abbiamo affrontato Veru e io questo tema, qui voglio solo anticipare che, secondo la ricerca scientifica, l'allattamento al seno costituisce il metodo alimentare migliore per garantire una sana crescita e un sano sviluppo dei neonati. Esso esercita inoltre un'influenza biologica ed emotiva positiva sulla salute sia delle madri che dei bambini.

Se un certo numero di donne, per tanti motivi (malattie, mancanza di latte e così via), si trova nella condizione di non poter allattare, per tutte le altre allattare o meno costituisce una scelta. Affinché questa scelta sia consapevole, credo che sia necessario che le madri siano messe al corrente delle raccomandazioni di organismi internazionali come OMS e UNICEF, che cercano di favorire la diffusione e la continuità dell'allattamento, agendo innanzitutto su coloro che per primi fungono da filtro tra madre e bambino, ovvero il personale sanitario. In anni ancora troppo recenti, infatti, si è assistito a un progressivo declino di questa pratica, per ragioni sociali, economiche e culturali. I servizi sanitari hanno seguito questa tendenza, introducendo nel tempo metodi e procedure che ostacolano l'adozione dell'allattamento al seno (per esempio la separazione del neonato dalla madre al momento della nascita, la somministrazione di una soluzione glucosata con biberon e tettarella prima che inizi la secrezione lattea o l'usanza di incoraggiare l'impiego di surrogati del latte materno).

Per favorire l'adozione dell'allattamento al seno da parte delle madri, non è necessario solo il sostegno della loro famiglia e della comunità di riferimento, ma anche quello del personale sanitario, che oggi tende – in linea con queste raccomandazioni – a promuovere uno stile di vita più salutare per tutti, madri e neonati in primis.

Quindi, per compiere una scelta informata o per non privarsi di una possibilità, prima di scegliere l'ospedale nel quale nascerà il vostro bambino perché non dare un'occhiata al sito di UNICEF Italia,[3] nel quale è presente l'elenco delle strutture amiche dei bambini?

3 www.unicef.it/allattamento.

Una mattina di luglio ho chiesto a Veru: «Ma ti rendi conto di essere incinta? Tra pochissimo diventiamo genitori!». Lei mi ha risposto con una naturalezza, la stessa che la contraddistingue ogni giorno da quando la conosco e che mi ha spinto a desiderare di esserle accanto per sempre: «Marco, io non mi rendo conto! Fortunatamente non ho avuto particolari dolori, nessuna nausea e, soprattutto, la mia vita è la stessa: non ho dovuto stravolgere nulla, se non scegliere un'attività fisica meno intensa. Sono semplicemente più ingombrante e assonnata».

Se lei era così tranquilla e viveva tutti questi cambiamenti in modo molto pacato, io invece ero in preda all'esaltazione. Tant'è che ho deciso di fare una follia.

Una sera ho realizzato che presto avrei avuto vicino non solo Veruska ma anche un'altra «V»... Vivienne! Nella mia testa si è subito materializzato un monogramma formato dalla «M» di Marco circondata dalle loro due «V»: così affiancate, ricordano il tracciato della frequenza cardiaca. Mi è sembrato subito un simbolo stupendo della vera e propria tachicardia che ha contraddistinto i mesi di attesa di Vivienne. (Lo so, posso sembrare pazzo, ma giuro che non lo sono – o meglio, sono impazzito per la mia principessa!)

Ho voluto dunque tenere quel simbolo con me, fissarlo in qualche modo. La strada migliore mi è parsa far incidere il nostro monogramma su un anello, così ho commissionato il lavoro a una coppia di giovani artigiani di talento. Appena ho visto il risultato, bellissimo, ho subito ribattezzato l'anello «il battito»: il battito del cuore di Vivienne, che ho sentito quando era ancora nella pancia di Veru, e il battito del mio, che ogni giorno è anche per lei. Il disegno mi è piaciuto talmente tanto che a fine estate me lo sono persino tatuato sul braccio destro, affidandomi all'esperienza del grande e mitico Alle Tattoo, di Soliera (Modena).

Dal momento che era ormai agosto e che il caldo a Milano cominciava a essere insopportabile (l'estate 2015 è stata veramente torrida, avrebbe fatto perdere le forze anche a Ironman...), abbiamo deciso di prenderci una settimana di vacanza.

Dove andare? Mare o montagna?

Veru ha optato per la montagna, sperando di trovare un po' di fresco in più e di poter fare qualche bella passeggiata nel verde. Complice un impegno di lavoro in Valle d'Aosta, abbiamo deciso che la nostra meta sarebbe stata la Val Ferret, ai piedi del Monte Bianco.

Sabato 15 agosto, con la valigia pronta, ci siamo messi in macchina. Durante il viaggio abbiamo scambiato qualche messaggio con Martina e Alessandro, cari amici che sarebbero diventati genitori una settimana prima di noi: l'arrivo della nostra Vivienne era previsto il 12 ottobre, quello della loro Bianca Cecilia il 5. Martina e Alessandro erano in vacanza al mare. La sera stessa però Bianca, stufa di stare nella pancia, ha deciso a sorpresa di nascere!

Intimoriti dalla possibilità di un parto prematuro mentre ci trovavamo in vacanza, privi dei punti di riferimento che ci eravamo costruiti con tanta cura in quei mesi, abbiamo provato a rilassarci e a prendere possesso dei luoghi, sperando di non dare alcun fastidio a Vivienne. Per nostra fortuna, l'impresa si è rivelata molto più semplice del previsto... La baita della nostra amica Federica, nella quale abbiamo alloggiato, era immersa in una valle verdissima con tanto di torrente, protetta dalla catena del Monte Bianco e da un cielo specchiato: sembrava letteralmente una casetta delle favole! In quei giorni Veru si è sentita benissimo, quindi abbiamo potuto esplorare i dintorni in lungo e in largo, godendoci il sole, l'aria fresca e una quindicina di rigeneranti chilometri al giorno, passeggiando tra boschi e valli.

Al rientro, i soliti controlli hanno rivelato che Vivienne era ancora in posizione podalica variante natiche: così accovacciata, con la testa su un lato e il sederino in basso, alternava grandi scorpacciate di liquido amniotico e sonni splendidi. Tradotto: di girarsi non voleva saperne.

Silvia ci ha suggerito quindi di valutare la possibilità di un parto cesareo, decisione che è stata presa all'unanimità. Onestamente, ero un po' in ansia: in fondo, si tratta pur sempre di un intervento. Ho scelto però di concentrarmi sulla gioia per l'arrivo di Vivienne. Ormai mancava pochissimo, poco più di un mese.

La data fissata era il 25 settembre. Abbiamo dedicato le settimane che ci separavano dal «grande momento» agli ultimi monitoraggi e analisi, a una serie di colloqui con Stefania, l'ostetrica che si sarebbe presa cura di Veru e Vivienne, ma anche a qualche momento da coppietta e a una serie di sedute soft in palestra con il buon Roberto. Veru, poi, ha messo in pista tutto il suo talento nel disegno e nella grafica e ha realizzato un capolavoro, trasformando le pareti della futura cameretta di Vivienne in un bosco incantato, popolato di uccellini, coniglietti e fatine alate.

La cameretta che cresce

Molti futuri genitori iniziano a preparare la cameretta molto prima della nascita del bebè, spinti dal desiderio di ricavare in casa uno spazio tutto suo. La verità, però, è che il neonato sfrutterà davvero quello spazio a partire dai due anni circa, se non dopo, quindi c'è tutto il tempo per studiare una cameretta *ad hoc*.
Le esigenze dei bambini cambiano ogni mese, perciò una soluzione pratica (ed economica) è dotarsi inizialmente solo dello stretto necessario, per poi aggiungere man mano ciò che serve. Per esempio, invece della culla si può comprare direttamente un lettino con riduttore, che possa accogliere il neonato ma anche il bambino che diventerà. Tanto meglio se il lettino, poi, potrà essere smontato e abbassato, trasformandosi così in un letto normale!
Qualsiasi sia la vostra scelta sui mobili, però, tenete presente che la cameretta deve essere pensata per il suo abitante, ovvero un bambino. Il che, innanzitutto, significa sicurezza: i piccoli per natura sono grandi esploratori, perché solo così conoscono il mondo, ed è dunque bene non esporli a pericoli tranquillamente prevenibili. La stanza dovrà essere facilmente pulibile e arieggiata, meglio se priva di tappeti pelosi o altre superfici che possano

intrappolare la polvere; no a mobili con angoli spigolosi o graffianti e con vernici o finiture tossiche; da evitare anche le prese elettriche scoperte, prive dei dispositivi di sicurezza a norma di legge. Fasciatoio, comò e cassettoni sono molto invitanti per una veloce arrampicata: vanno fissati al muro, affinché non si ribaltino. Sopra, niente oggetti pesanti (come televisori e lampade): molto meglio appendere tutto alle pareti e lasciare quegli spazi liberi per giochi e pupazzi. Munitevi poi di blocca-cassetti, in modo che il bambino non possa aprirli e tirarseli addosso. Costruire una cameretta a misura di bambino, in secondo luogo, significa anche rispettare le misure altrui: i quadri, per esempio, andrebbero appesi all'altezza degli occhi del bimbo, perché lui possa ammirarli (naturalmente, per proteggere stampe, poster e foto scegliete materiali infrangibili e leggeri). Perché, poi, non investire in uno specchio infrangibile o in un pannello magnetico per appendere le future creazioni artistiche (a patto che i magneti siano grandi, per scongiurare il rischio soffocamento)? Il primo gli permetterà di scoprire «chi è», il secondo di tenere memoria dei suoi passi avanti.

Infine, un'impresa non facilissima: a regnare nella cameretta dovrebbe essere il bambino, non il caos... Qualche accorgimento per iniziare con il piede giusto? Eccolo! Innanzitutto, organizzate diversi «spazi»: uno morbido con cuscinoni sui quali saltare o rilassarsi; uno con libri cartonati; uno con i giochi e un tavolino per i momenti creativi (meglio lasciare fuori portata pennarelli e pastelli, per non ritrovarsi un murales in salotto!). Non importa che questi spazi siano grandi: conta invece che siano ben distinti, per esempio con un nastro adesivo colorato sul pavimento. Un confine aiuterà il bambino a separare i contenuti, mentre scatole e bidoni colorati lo aiuteranno a fare le prime categorizzazioni: la scatola blu per le macchinine, quella gialla per le figurine, quella rossa per i mattoncini e così via. Ben presto il tavolino si trasformerà in scrivania, l'angolo morbido in console e l'angolo dei giochi in toilette con i trucchi... e saremo noi grandi a rimpiangere quel bel murales in salotto che, nonostante tutte le precauzioni, non saremo stati in grado di evitare (e va bene anche così).

Tata Adriana

Le ricette del terzo trimestre rispecchiano perfettamente la nostra routine di quel periodo: nelle prossime pagine troverete alcuni dei piatti che ho cucinato con tutta la calma del mondo mentre eravamo in vacanza (come la crostata del bosco, ricchissima di antiossidanti come flavoni e tannini, oltre che di minerali e vitamine) e preparazioni espresso, adatte a giornate fitte di impegni (penso per esempio ai ravioli vegani industriali con salsa alle noci o alla pasta con pesto di anacardi e spinacini).

Tutte le ricette sono accomunate da proprietà nutrizionali ideali per le esigenze di mamma e bambino durante il terzo trimestre. I cibi che ho selezionato, infatti, sono perfetti per farsi una scorpacciata di minerali come calcio, ferro, zinco e rame: le mandorle e le noci sono medaglia d'oro per il contenuto di calcio, presente anche in pomodori secchi, salmone, broccoli e anacardi; di ferro sono ricchi noci e pomodori secchi; zinco e rame sono presenti in quantità in zenzero, noci e anacardi.

Quanto agli Omega-3? Mi sentite ripetere in continuazione che il pesce più ricco di questo acido grasso è quello azzurro, ma per la verità c'è un'eccezione, e proprio sul primo gradino del podio! Il più ricco di Omega-3 è infatti il salmone, che ne contiene ben 1,8 g ogni 100 di prodotto, una volta cotto al forno o alla piastra.

Contenuti di Omega-3 nel pesce (la quantità è in grammi rispetto a una porzione da 100 grammi)	
Salmone dell'Atlantico, di allevamento, cotto al forno/alla piastra	1,8
Acciuga europea, sottolio, sgocciolata	1,7
Sardina del Pacifico, in salsa di pomodoro, sgocciolata, con lische	1,4
Aringa dell'Atlantico, cotta al forno/alla piastra	1,2
Sgombro dell'Atlantico, cotto al forno/alla piastra	1,0
Trota arcobaleno, di allevamento, cotta al forno/alla piastra	1,0
Pescespada, cotto a secco	0,7
Tonno bianco, conservato in acqua, sgocciolato	0,7
Ippoglosso nero dell'Atlantico, cotto al forno/alla piastra	0,5
Pesci piatti (tipo sogliola/platessa), cotti al forno/alla piastra	0,4
Halibut del Pacifico e dell'Atlantico, cotto al forno/alla piastra	0,4
Eglefino, cotto al forno/alla piastra	0,2
Merluzzo dell'Atlantico, cotto al forno/alla piastra	0,1

Fonte: USDA Nutrient Database for Standard Reference

Anche le noci sono ricche di Omega-3, ma di ALA (o acido alfa linoleico), non di DHA (o acido docosaesaenoico). Diversi studi scientifici correlano proprio quest'ultimo allo sviluppo cerebrale e visivo del bambino e alla prevenzione del parto pretermine. È pur vero che le famose tre noci al giorno continuano a cacciare il medico di torno: tutti gli Omega-3 svolgono infatti una potente azione antiossidante e antitrombotica, contribuiscono a regolare l'infiammazione, la funzione renale e la risposta immunitaria, e sono in grado di prevenire il rischio cardiovascolare influendo positivamente sui livelli di colesterolo e aumentando la fluidità del sangue.

Come nei capitoli precedenti, tutte le ricette che vedrete sono per 2 persone, salvo quelle dolci (le cui dosi invece sono per 4) e la ribollita: già che la preparate, tanto vale godersela in tanti, non trovate?

Frittata senza uova con broccoli

- 200 g di farina di ceci
- 400 ml di acqua tiepida
- 150 g di broccoli
- 1 scalogno
- 4 cucchiai di olio EVO
- 1 pizzico di sale
- pepe

In una ciotola capiente sbattete la farina di ceci con 2 cucchiai di olio EVO e l'acqua tiepida, finché non si formerà una pastella omogenea e liscia. Per svolgere questa operazione potete usare una frusta da pasticciere, una forchetta o un frullatore a immersione. Quando la pastella sarà pronta, dovrete lasciarla riposare per circa 1 ora, a temperatura ambiente. Nel frattempo, pulite i broccoli, ricavate le cimette e lessatele in acqua leggermente salata per circa 7 minuti: dovrete scolarle ancora croccanti, per poi ripassarle velocemente in padella con lo scalogno tagliato fine e un cucchiaio di olio EVO. Trascorso il tempo di riposo della pastella, ungete leggermente una padella antiaderente (e nuova... mi raccomando!) con un filo di olio EVO, scaldatela e versatevi la pastella con i broccoli. Pepate appena e lasciate cuocere a fiamma dolce una decina di minuti per lato. Volendo, potete cuocere la frittata senza uova anche al forno, in una teglia rivestita con carta da forno, per 15 minuti a 180-200 gradi. Mi raccomando, dovrete partire per tempo: la frittata senza uova deve riposare per una ventina di minuti prima di essere servita.

Orecchiette integrali con cavolo nero

- 160 g di orecchiette integrali
- ½ mazzo di cavolo nero
- sale
- 150 g di ceci lessati
- 1 manciata di pinoli
- olio EVO
- pepe
- paprika dolce

Mettete sul fuoco una pentola con acqua leggermente salata, nella quale lesserete le orecchiette. Mentre la pasta cuoce, lavate bene il cavolo nero, quindi tagliatelo a listarelle sottili (una sorta di julienne). Sprecatene il meno possibile: anche la parte più dura, in cottura, si ammorbidirà. Stufatelo quindi in pochissima acqua, salandolo appena. Dopo circa 10 minuti, aggiungete i ceci lessati e risciacquati e lasciate sul fuoco fino a completa cottura. Ci vorranno altri 20 minuti circa. A parte, tostate i pinoli in padella prima di unirli al cavolo stufato con i ceci. Condite con olio EVO, pepe e paprika. Prelevate infine mezzo bicchiere di composto e frullatelo con frullatore a immersione prima di rimetterlo in pentola. Quando le orecchiette saranno pronte, scolatele e saltatele per qualche istante con il sugo prima di servirle.

Pasta con crema di pomodori secchi

- 160 g di spaghetti integrali
- 10 pomodori secchi
- 150 ml di salsa di pomodoro
- 2 cucchiai di olio EVO
- 2 cucchiaini di concentrato di pomodoro

Mettete i pomodori secchi in ammollo in acqua tiepida per circa 2 ore, cambiando l'acqua ogni 30 minuti circa. Dovranno ammorbidirsi bene, quindi l'ammollo è più lungo del solito! Una volta che i pomodori saranno reidratati, sgocciolateli e frullateli con la salsa di pomodoro, 2 cucchiai di olio EVO e 2 cucchiaini di concentrato. Condimento pronto! Non vi rimane che lessare la pasta al dente, farla raffreddare rapidamente sotto l'acqua corrente e condirla con questo prelibatissimo sughino. Se dovesse avanzarvi della salsa, sappiate che sul pane è strepitosa! Avete mai provato questa salsa come farcia per verdure al forno? Se la risposta fosse no, organizzatevi per testarla al più presto. Scegliete una verdura da riempire, per esempio delle zucchine. Svuotatene 3, frullatene la polpa insieme a un cucchiaio di ricotta e un po' di aromi (come timo fresco o menta). Riempite le zucchine con la crema ottenuta e ricopritene la superficie con la salsa di pomodori secchi. Infornate a 180 gradi per 30 minuti: sentirete che meraviglia!

Pasta con pesto di anacardi e spinacini

- 160 g di pasta integrale
- sale
- 10 foglie di spinacini
- 75 g di pomodori secchi sottolio (sgocciolati)
- 25 g di anacardi non salati
- 3 cucchiai di olio EVO

Questo pesto è un'invenzione di mia sorella, che lo usa per insaporire non solo primi piatti, ma anche verdure e legumi lessati, un po' come faccio io quando condisco ceci o cannellini lessati con del pesto di basilico, anacardi e olio EVO: una bomba di gusto e sapore!
Tornando al pesto di anacardi e spinacini, io di solito lo uso per la pasta, ed è in questa versione che ve lo propongo.
Mentre lessate la pasta, in abbondante acqua leggermente salata, lavate bene gli spinacini, quindi frullateli insieme ai pomodori secchi, agli anacardi e a 2 cucchiai di olio con un frullatore a immersione. Se il pesto dovesse risultare troppo poco fluido, per allungarlo vi basterà aggiungere acqua tiepida poco alla volta, fino a raggiungere la consistenza desiderata.
Al momento di condire la pasta, unite il cucchiaio di olio rimanente e voilà: una delizia espresso è pronta per planare sulla vostra tavola!

Ravioli industriali vegani con salsa di noci

- 250 g di ravioli vegani industriali
- 250 ml di latte di soia
- 2 cucchiai di pane integrale grattugiato
- 2 manciate di noci
- olio EVO
- sale
- pepe

Il tempo è poco ma avete voglia di un buon piatto di ravioli? Ebbene, negli scaffali dei supermercati, sempre più forniti di prodotti del benessere, cominciano a trovarsi golosità salutari come i ravioli senza uova a base di farina di grano saraceno e grano duro. Potete scegliere ovviamente il ripieno che preferite, io di solito compro quelli farciti con purea di legumi o verdure grigliate e li condisco con una favolosa salsa alle noci. Per prepararla vi basterà frullare il latte di soia con le noci e il pane grattugiato, l'olio EVO, il sale e il pepe. Cuocete i ravioli direttamente in pentola (o come riportato sulla confezione... quelli che acquisto io non hanno bisogno di cottura a bollore!) con mezzo bicchiere d'acqua e condite con la salsa.

Ribollita

- 1 cipolla
- 1 cavolo nero
- 1 cavolo verza
- 1 mazzetto di bietole
- 3 porri
- 3 patate
- 3 carote
- 2 gambi di sedano
- 2 pomodori
- 1,5 l di acqua
- sale
- 3 cucchiai di concentrato di pomodoro
- 600 g di fagioli cannellini già ammollati o lessati
- pepe

Come prima cosa, preparate le verdure: lavatele e tagliatele grossolanamente (tranne la cipolla, che dovrete affettare finemente). Mettete sul fuoco una pentola con qualche cucchiaio di acqua e fatevi stufare la cipolla. Quando si sarà ammorbidita, aggiungete via via tutte le altre verdure e fate appassire a fuoco dolce per circa 20 minuti. Trascorso questo tempo unite 1,5 litri di acqua, il sale, il concentrato di pomodoro e i cannellini (se sono in scatola dovrete risciacquarli bene). Dopo circa 20 minuti di dolce bollore, recuperate un paio di mestoli di zuppa, passatela al mixer, pepatela e unitela nuovamente alla restante in cottura. Lasciate cuocere a fuoco basso per circa 1 ora. La ribollita andrebbe servita con pane toscano raffermo o tostato al forno (o pane di segale, quello nero!), ma è buona anche senza!

Terrina di salmone con maionese senza uova allo zenzero

- 300 g di salmone in trancio
- il succo e la scorza di 2 limoni
- 2 cucchiai di olio EVO
- 1 cucchiaio di salsa di soia
- 1 manciata di semi di sesamo

Per la maionese

- 50 ml di latte di soia
- 110 ml di olio di semi di girasole
- 1 radice di zenzero fresca
- 1 cucchiaino di senape
- 1 cucchiaio di aceto di mele (o succo di limone)
- 1 pizzico di sale
- 1 spolverata di curcuma

Prima di tutto, occupatevi del salmone. Grattugiate la scorza dei limoni e spremeteli. Pulite il salmone, eliminando le lische e la pelle, quindi tagliatelo a cubotti più o meno della stessa dimensione. Ponete il pesce in una ciotola e irroratelo con il succo di limone, l'olio, la salsa di soia. Infine, cospargetelo con la scorza di limone. Mescolate per far assorbire bene tutti questi profumi da ciascun cubotto, quindi suddividete il tutto in due terrine da forno. Spolverizzate con i semi di sesamo e infornate per circa 8 minuti a 170 gradi. Il salmone è buonissimo se viene servito ancora roseo, sia esternamente sia internamente: occhio, quindi, alla cottura. Mentre il salmone cuoce, preparate la maionese senza uova: in un contenitore dai bordi alti, miscelate il latte di soia con l'olio di semi di girasole. Grattugiate lo zenzero a piacere, quindi unite tutti gli altri ingredienti e frullate con un frullatore a immersione. Valutate voi se aumentare lievemente la dose di aceto di mele a seconda di quanto acidula volete che sia la vostra salsa. Al momento di servire, scegliete se aggiungere un'ultima grattugiata di zenzero: io non resisto mai a questa tentazione!

Crostata del bosco

Per la frolla

- 380 g di farina di tipo 2
- 20 g di frumina
- 120 g di trito di mandorle
- 1 pizzico di lievito per dolci
- 2-3 cucchiai di acqua fredda
- 50 ml di olio di semi di girasole
- 1 cucchiaio di salsa thain
- 50 g di zucchero di canna

Per la farcia

- 200 g di ricotta
- 3 cucchiai di acqua
- 20 g di frumina
- 30 g di miele
- 250 g di marmellata di lamponi

Come prima cosa, preparate la frolla: riunite tutti gli ingredienti in una ciotola e lavorateli. Quando l'impasto sarà liscio e compatto, formate una palla, avvolgetela con la pellicola trasparente e mettetela a riposare in frigorifero per 20 minuti. Nel frattempo, dedicatevi al ripieno: ponete la ricotta in una ciotola capiente e, con una frusta, stemperatevi l'acqua, la frumina e il miele. Trascorso il tempo di riposo, dividete la frolla in due parti uguali, dalle quali ricaverete due dischi adatti a una tortiera del diametro di circa 22 cm, con un bordo di circa 2 (tenete da parte gli avanzi: vi serviranno per le decorazioni). Stendete il primo disco nella tortiera, bucherellatelo e farcite la crostata con la marmellata di lamponi. Disponete ora il secondo disco, bucherellatelo e aggiungete la crema di ricotta. Decorate la superficie della torta con strisce di frolla e infornate per 35 minuti a 185 gradi. Mi raccomando: una volta cotta, lasciate che la crostata si raffreddi prima di servirla.

Pan dei morti

- 40 g di zucchero di canna
- 100 g di mandorle
- 100 g di farina di tipo 2
- 1 cucchiaio di cacao amaro in polvere
- 1 cucchiaino di mix di spezie (cardamomo, cannella, chiodi di garofano, coriandolo)
- 100 g di datteri non glassati (più o meno 4)
- 30 ml di olio di mais
- 100 ml circa di latte di soia
- ½ cucchiaino di lievito per dolci
- 1 cucchiaio di zucchero a velo integrale

Ponete nella tazza del mixer zucchero e mandorle e frullate fino a ridurre tutto in polvere. A quel punto, aggiungete farina, lievito, cacao, spezie e datteri denocciolati: frullate ancora, quindi trasferite il composto ottenuto in una grossa ciotola. Cominciate a lavorarlo, quindi unite l'olio e il latte poco per volta, fino a ottenere un impasto morbido ma non liquido. Con l'aiuto di un cucchiaio, trasferite la massa su una teglia foderata di carta da forno, dandole una forma leggermente ovoidale. Infornate per 15-20 minuti a 180 gradi, quindi lasciate raffreddare e cospargete di zucchero a velo prima di servire.

Tarte Tatin di mele e noci pecan

- 4 mele
- 100 g di noci pecan
- 150 g di farina di tipo 2
- 40 g di fecola
- 50 g di zucchero di canna
- 1 bustina di lievito
- 30 ml di olio EVO
- 200 ml di latte di mandorla
- 2 cucchiai di sciroppo di acero
- 2 cucchiai di acqua

Come prima cosa, lavate bene le mele e tagliatele a fettine, che cuocerete in una padellina antiaderente. Ci vorranno circa 10 minuti. Tritate 80 grammi di noci pecan e mescolatele, in una ciotola capiente, con gli altri ingredienti secchi (farina, fecola, zucchero e lievito). Unite poi latte e olio e mescolate bene. Prendete ora una tortiera del diametro di circa 25 cm rivestita di carta da forno e disponetevi le noci pecan non tritate avanzate (20 grammi) e le fettine di mela cotte. Versate quindi sulle mele l'impasto ottenuto e infornate per circa 35 minuti a 180 gradi. Trascorso il tempo di cottura, per ribaltare la tarte Tatin dovrete attendere almeno 10 minuti, perché si raffreddi. A quel punto, sformatela e irroratela con i 2 cucchiai di sciroppo di acero miscelati a 2 di acqua.

Ebbene sì, ci siamo quasi! L'ultimo trimestre la pancia è sempre più grande, segno che il bambino è ogni giorno più vicino alla nascita.

Durante il *settimo mese* la palpebra superiore si separa da quella inferiore, mentre i padiglioni auricolari sono attaccati alla testa.

All'*ottavo mese* la pelle si fa meno grinzosa ed è ancora ricoperta di lanugine; lo scheletro si indurisce, il cervello aumenta di volume e la testa con lui; il corpo del bambino cresce quindi notevolmente di peso, anche grazie all'aumento dei depositi adiposi: in un mese, infatti, prende circa 700 grammi, e altrettanti ne accumulerà durante il *nono mese*. Al momento del parto, in media i neonati pesano 3,3 chili e sono lunghi circa 50 centimetri. Prendete queste informazioni con le pinze, però: parlare di «media» serve per dare un'indicazione di massima, ma ogni bambino ha una storia unica e caratteristiche specifiche...

Nove mesi nel mondo

Dopo nove mesi di gestazione, quel capolavoro di perfezione che è l'organismo del bambino lascia il mondo acquatico del quale ha avuto esperienza nella pancia della mamma e viene a contatto con il «nostro» mondo, atmosferico e sociale.

Con la nascita, si mettono in funzione i polmoni: l'aria entra, l'organo si gonfia e preme contro il cuore, che ruota leggermente; l'arteria che permetteva al feto di evitare la grande circolazione legata ai polmoni comincia a chiudersi, e il diaframma a contrarsi. Esperienza piacevole? Tutt'altro! Mentre tutti attorno a lui festeggiano il suo arrivo, il neonato (comprensibilmente) vorrebbe solo tornare da dove è venuto, alla sua pacifica vita precedente.

Per un tempo lunghissimo, la nostra società occidentale ha cercato di rendere il momento della nascita il più «asettico» possibile: il bambino appena nato veniva fugacemente mostrato alla madre, quindi, una volta tagliato il cordone ombelicale, portato in una nursery, dove era pesato, misurato, registrato, avvolto in una copertina e, infine, lasciato da solo in un lettino a piangere.

Oggi, invece, ci si comporta molto diversamente: tutte le linee guida suggeriscono di lasciare il cucciolo appena nato nudo tra le braccia della mamma, pelle a pelle con lei. Il contatto aiuta non solo a costituire tra i due un solido legame di attaccamento, ma fa anche sì che il corpo del neonato mantenga una temperatura adeguata (fondamentale per tutti i bambini, e in particolar modo per quelli nati molto piccoli o pretermine).[1]

Questa nuova routine fa il bene non solo dei neonati, ma anche delle mamme che, dopo tanti mesi di «convivenza» nello stesso corpo, hanno il medesimo, istintivo bisogno dei loro cuccioli di stare appiccicati, uno addosso all'altro. Tant'è che i due, per circa tre mesi dal momento della nascita, costituiranno una vera e propria «diade»: due creature fisicamente indipendenti, ma poco consapevoli della loro separazione. Il neonato, per la verità, non ha proprio coscienza di essere altro dalla mamma; la mamma invece vive l'esperienza di uno stato simbiotico, che le consente di fare fronte alle mille esigenze del nuovo arrivato.

Una delle prime? Naturalmente il cibo!

Si è visto che già nelle primissime ore di vita il piccolo è in grado di trovare da solo il seno materno e succhiare. I pediatri e i neonatologi consigliano di allattare nei primi giorni dopo il parto «a richiesta» del bambino, senza limitare il numero delle poppate e la loro durata, e provando a cogliere i segni precoci di fame (senza aspettare il pianto, quindi). La ragione è presto detta: la mamma produce latte in risposta alla suzione del bambino, e comportarsi così la aiuterà a produrne quanto serve, evitando dunque complicanze dovute a una produzione eccessiva o troppo scarsa.

Se tempo addietro si tendeva addirittura a scoraggiare l'allattamento al seno (suggerendo di introdurre subito il latte artificiale), oggi invece, sulla base di approfondite ricerche scientifiche, tutte le istituzioni – dall'OMS all'UNICEF e, in Italia, ministero della Salute, Società italiana di pediatria (SIP), Società italiana di neonatologia (SIN), Società italiana delle cure primarie pediatriche (SICUPP), Società italiana di gastroenterologia, epatologia e nutrizione pediatrica (SIGENP) – sostengono che il latte materno è l'alimento migliore possibile per il neonato. Proprio per questo, gli ope-

[1] www.salute.gov.it.

ratori sanitari (ginecologi, ostetriche, personale infermieristico e così via) vengono formati affinché siano in grado di promuovere l'allattamento al seno e sostenere attivamente la madre nella sua scelta di allattare.

Ricchissimo di nutrienti (e solo di quelli necessari per il momento di crescita che il bambino sta affrontando), il latte della mamma protegge la salute dei più piccoli riducendo il rischio di insorgenza di numerose patologie. Prima di raccontarvi tutti i suoi benefici, però, voglio guardare insieme a voi qualche interessante cifra.

La prestigiosa rivista scientifica «The Lancet» ha recentemente pubblicato i risultati di uno studio internazionale finanziato dalla Fondazione Bill e Melinda Gates e dalla Wellcome Trust britannica, che ha coinvolto migliaia di donne (e i loro figli) in 164 paesi.[2] I ricercatori sostengono che l'allattamento al seno riduce del 36 per cento le cosiddette «morti bianche» e del 58 per cento i casi di enterocolite necrotizzante, che colpisce soprattutto i nati prematuri. Queste cifre confermano le stime dell'OMS, secondo le quali grazie all'allattamento sarebbe possibile evitare circa 800.000 decessi l'anno. C'è di più, dunque, oltre al pur fondamentale rafforzamento del legame mamma-bambino: come si vede dall'ampiezza dei numeri, sostenere le madri nella scelta di allattare è (anche) una questione di politica sanitaria, che riguarda i paesi industrializzati come quelli in via di sviluppo. Nel mondo i bambini che vengono allattati al seno in modo esclusivo per i primi quattro mesi sono meno del 35 per cento: l'OMS sta lavorando per far salire questa percentuale almeno al 50 per cento entro il 2025, attraverso una serie di interventi mirati sul mercato del latte artificiale, ma anche leggi che consentano alla donna di usufruire di un congedo di maternità di sei mesi.

In base ai dati disponibili attualmente, possiamo stima-

[2] Pini V., *L'allattamento potrebbe salvare 800.000 vite l'anno*, 30 gennaio 2016 (www.repubblica.it).

re che in Italia cominci ad allattare al seno, anche se in maniera non esclusiva, il 90 per cento delle donne, percentuale che cala al 77 al momento delle dimissioni dall'ospedale e al 31 a quattro mesi di vita del neonato. A sei mesi allatta solo il 10 per cento delle madri.[3] Le ragioni per cui le mamme smettono di allattare sono le più diverse: socioeconomiche e geografiche (per esempio, allattano più difficilmente le donne impossibilitate a ottenere un'assistenza sanitaria di qualità), ma anche culturali. Non per tutte, infatti, l'allattamento è cosa buona e giusta.

Per completezza, bisogna ricordare che esistono anche donne che non possono allattare per cause di forza maggiore. Le controindicazioni all'allattamento possono essere dipendenti dalla madre o dal bambino. Alla prima categoria appartengono:

- positività per HIV o HTLV;
- herpes alla mammella (solo finché dura l'infezione);
- assunzione di chemioterapici citotossici e di alcuni altri farmaci;[4]
- assunzione di droghe (con l'eccezione del metadone per le mamme che si stanno disintossicando: passando nel latte materno, è in grado di ridurre la sintomatologia da astinenza neonatale);[5]
- alcolismo.

[3] *Allattamento al seno e uso del latte materno/umano*, Position Statement 2015 di Società italiana di pediatria (SIP), Società italiana di neonatologia (SIN), Società italiana delle cure primarie pediatriche (SICUPP), Società italiana di gastroenterologia, epatologia e nutrizione pediatrica (SIGENP), documento condiviso dal TAS (Tavolo tecnico operativo interdisciplinare sulla promozione dell'allattamento al seno) istituito presso il ministero della Salute nella riunione del 15 settembre 2015.

[4] Piuttosto che indicarne un elenco generico, peraltro continuamente suscettibile di variazioni, il TAS suggerisce di fare una valutazione aggiornata del rischio connesso a ogni singolo farmaco, in particolare dei farmaci psicotropi e cardioattivi. Come? Naturalmente consultando il medico e il pediatra.

[5] Welle-Strand G.K., Skurtveit S., Jansson L.M., Bakstad B., Bjarkø L., Ravndal E., *Breastfeeding reduces the need for withdrawal treatment in opioid-exposed infants*, in «Acta Paediatrica», novembre 2013.

Tra le cause dipendenti dal bambino, invece, possiamo annoverare galattosemia classica, malattia delle urine a sciroppo d'acero (MSUD) e fenilchetonuria: ai neonati con queste patologie bisogna somministrare formule lattee speciali, pensate appositamente per loro.

Per tutte le altre madri, dunque, allattare o meno è una scelta.

Certo, farlo non è sempre semplice come dirlo: può capitare che la mamma incappi in una serie di ostacoli transitori che le impediscono per un periodo di attaccare al seno il suo bambino (per esempio l'avere le ragadi al seno e l'ingorgo mammario; l'aver contratto l'influenza, la diarrea, la sepsi puerperale, l'eclampsia o aver subito un'emorragia al parto). Allattare è un'esperienza intima, potente: non è detto che tutte le donne, dopo un'eventuale complicazione alla nascita, si sentano di farlo.

Non vivo su Marte: mi rendo conto perfettamente delle mille implicazioni connesse all'allattamento e della portata non solo psicologica di questa scelta: si tratta di un impegno enorme, se non altro in termini di tempo (è provato, per esempio, che le madri che allattano si dedicano alla nutrizione del piccolo per cinque ore la settimana in più rispetto alle madri che ricorrono al latte artificiale).[6] Anche qualora la mamma decida di conservare il latte, questo rimane sicuro per una durata non superiore alle 24 ore, refrigerato: abbastanza, certo, per organizzarsi in caso di brevi spostamenti, ma non esattamente la durata di una sostenuta routine di lavoro. Le linee guida raccomandano l'allattamento per almeno 6 mesi, ma spesso la mamma – nello stesso periodo – è costretta a riprendere in fretta e furia le fila della vita che conduceva prima della gravidanza. Per allattare, dunque, la donna deve essere sostenuta almeno dal suo cerchio più stretto, che spesso, nella nostra società

[6] Smith J.P., Forrester R., *Who pays for the health benefits of exclusive breastfeeding? An analysis of maternal time costs*, in «Journal of Human Lactation», novembre 2013.

mononucleare, è composto solo dal papà del neonato. Non è facile, lo so bene.

Dal momento che mi occupo di alimentazione, prevenzione e benessere, però, non posso non farmi ambasciatore dei benefici a breve, medio e lungo termine che l'allattamento esercita sulla salute della mamma e del bambino, ed è di questi che vi parlerò nelle prossime pagine.

L'esogestazione

La gravidanza crea tra mamma e neonato un rapporto molto stretto, che farà da prologo alla strutturazione del legame successivo. Le modificazioni fisiche, emozionali e relazionali che avvengono in una donna lungo l'arco dei nove mesi di gravidanza (endogestazione) si «specchiano» nei nove mesi successivi alla nascita (la cosiddetta esogestazione). Possiamo descrivere questo periodo come una sorta di altra gravidanza che prosegue al di fuori del grembo materno e che completa la fase di sviluppo endouterina, portando madre e figlio a raggiungere un grado di autonomia adeguato l'uno dall'altro. Se i primi tre mesi di esogestazione sono contraddistinti dall'unione simbiotica di mamma e bambino, nei seguenti sei la dipendenza relazionale reciproca si allenta progressivamente, in parallelo al progredire dell'attività motoria del piccolo, che prima scopre la posizione seduta, quindi comincia ad andare carponi. Con tempistiche variabili, durante tale periodo il piccolo struttura legami e interessi con l'ambiente, persone e oggetti: è ora che il ruolo del papà – con il quale il neonato crea un rapporto privilegiato – diventa centrale. La fine dell'esogestazione coincide con lo stadio in cui il bimbo comincia a gattonare; se non lo fa (succede circa a un bimbo su quattro), quando inizia ad alzarsi in posizione bipede. Nel primo anno il cucciolo d'uomo triplica il suo peso e cresce in altezza di un buon 50 per cento. L'allattamento al seno esclusivo è la forma ideale di alimentazione per tutti i neonati sani sino al sesto mese di vita, perché fornisce un apporto nutrizionale ottimale per crescita e sviluppo, è ricco di sostanze antinfettive, è a basso contenuto di proteine, ma tutte di qualità, con acidi grassi preziosi per cervello e retina e carboidrati ricchi di pronta energia. Nel caso in cui la mamma non possa o riesca ad allattare solo parzialmente al seno, Unione europea e OMS suggeriscono di utilizzare un sostituto del latte materno (il latte adattato), che cerca di riprodurre il più possibile composizione e funzione di quello materno. Dal sesto mese circa, quando cioè un bimbo è prossimo a mettere i primi dentini e a stare seduto, gli si proporranno i cibi solidi complementari.

Massimo Agosti, pediatra

PIACERE, SONO IL LATTE MATERNO

Nelle prime ore dopo il parto, appena attaccato al seno, il bambino non succhia il vero e proprio latte materno, ma il colostro, un liquido denso e giallognolo ricco di sostanze nutritive. Rispetto al latte vero e proprio, contiene maggiori quantità di proteine e sali minerali e meno zuccheri e grassi per fare fronte alla disidratazione cui il piccolo andrà incontro: alla nascita, infatti, egli perde circa un 5 per cento del peso corporeo in liquidi, e ha bisogno di integrare sali minerali. Le proteine contenute nel colostro, inoltre, gli forniscono particolari anticorpi (come le immunoglobuline A o IgA) che vanno a rivestire le pareti intestinali, proteggendolo sia dall'aggressione di germi e virus sia dalla penetrazione di sostanze estranee che potrebbero causare reazioni allergiche.

Verso il terzo giorno il colostro cambia aspetto: si schiarisce e diventa grasso e cremoso. È un «latte di transizione», utile ad abituare il palato del neonato al latte definitivo, che arriverà a breve. La composizione del liquido cambia con il tempo: le proteine diminuiscono mentre aumentano gli zuccheri, indispensabili per la crescita dei tessuti cerebrali, e i grassi, che apportano energia.

La montata lattea sopraggiunge nel giro di una decina di giorni: a quel punto, il neonato potrà poppare un latte fluido, di colore quasi azzurrognolo e dal sapore dolce. Questa sostanza non è solo «specie specifica» (ovvero diversa da tutti i latti prodotti da altre specie), ma anche «individuo-specifica»: la composizione esatta è differente da individuo a individuo.

Nei mesi successivi il latte materno continuerà a modificare la sua composizione per rispondere meglio alle esigenze del bambino che cresce. In media, comunque, possiamo dire che esso sarà composto per l'1-2 per cento da proteine, per il 3-5 per cento da grassi, per il 6,5-10 per cento da carboidrati e per il 2 per cento da sali minerali, oltre a vitamine e molecole bioattive in quantità (per esempio ormoni, immunoglobuline, citochine, chemochine, oligosaccaridi e mucine: i più significativi li ho sintetizzati nella tabella qua sotto). Il resto è acqua.[7]

Principali fattori bioattivi presenti nel latte umano[8]

Componente	Funzione	Fonte
Macrofagi	Proteggono dalle infezioni	Jarvinen, 2002; Yagi, 2010, Ichikawa, 2003
TGFß	Azione antinfiammatoria	Penttila, 2010; Kalliomäki, 1999; Saito, 1993; Nakamura, 2009; Letterio, 1994; Ando, 2007; Ozawa, 2009; Donnet-Hughes, 2000; Verhasselt, 2008; Verhasselt, 2010; Penttila, 2003; Mosconi, 2010; Okamoto, 2005; Penttila, 2006; Peroni, 2009; McPherson, 2001; Ewaschuk, 2011; Castellote, 2011
VEGF	Partecipa alla formazione di nuovi vasi sanguigni e alla riparazione dei tessuti	Loui, 2012; Ozgurtas, 2011

7 Ballard O., Morrow A.L., *Human milk composition: Nutrients and bioactive factors*, in «Pediatric Clinics of North America», febbraio 2013.
8 Ballard O., Morrow A.L., *Human milk composition: Nutrients and bioactive factors*, in «Pediatric Clinics of North America», febbraio 2013.

Componente	Funzione	Fonte
Eritropoietina	Formazione globuli rossi e sviluppo intestino	Carbonell-Estrany 2000; Juul, 2003; Kling, 2008; Miller-Gilbert, 2001; Pasha, 2008; Soubasi, 1995; Shiou, 2011; Arsenault, 2010; Miller, 2002; Untalan, 2009
Adiponectina	Riduzione indice massa corporea e azione antinfiammatoria	Martin, 2006; Newburg, 2010; Woo, 2009; Woo, 2012; Ley, 2011; Dundar, 2010; Ozarda, 2012; Savino, 2008; Weyermann, 2006
Leptina	Regolazione dell'appetito	Savino, 2008; Savino, 2012a; Savino 2012b; Palou, 2009; Weyermann, 2006
MUC1 e MUC4	Blocco infezione da virus e batteri	Ruvoen-Clouet, 2006; Liu, 2012; Sando, 2009; Saeland, 2009; Yolken, 1992
HMOS	Prebiotico e antinfiammatorio	Newburg, 2005; Morrow, 2005; DeLeoz, 2012; Marcoba, 2012; Kunz, 2012; Ruhaak, 2012; Bode, 2012

I BENEFICI PER IL NEONATO, IL BAMBINO E L'ADULTO CHE SARÀ

Il primo beneficio che il latte materno esercita sulla salute del bambino ha a che fare con l'apporto proteico: come abbiamo visto, le proteine compongono questo alimento solo per l'1-2 per cento, diversamente dai latti prodotti da altri animali. Il buon Massimo Agosti mi viene in aiuto nel confrontarne diversi, grazie a una tabella che ha realizzato:

Mammifero	Contenuto proteico nel latte	
Ratti	11 g/dl	raddoppiano a 4 giorni dalla nascita
Cani e gatti	8-9 g/dl	raddoppiano a 10 giorni dalla nascita
Bovini	3,5 g/dl	raddoppiano a 40 giorni dalla nascita
Umani	1,2 g/dl	raddoppiano a 5-6 mesi dalla nascita

Come vedete, è evidente che il contenuto proteico del latte materno sia correlato con la velocità di crescita dei nostri cuccioli: sappiamo che quelli umani hanno bisogno di molto più tempo rispetto a quelli di altre specie per svilupparsi compiutamente, ed è dunque rispettoso dei ritmi della natura non imporre alimenti con un contenuto proteico eccessivo.

In sostanza: il latte materno contiene esattamente le proteine di cui i piccoli hanno bisogno, non una di più né una di meno. La ricerca scientifica attribuisce proprio a questa caratteristica l'effetto protettivo che esso ha nei confronti del rischio metabolico a lungo termine.

Nella prima parte del libro (pp. 12 sgg.), abbiamo accennato al perché valga la pena combattere il sovrappeso sin dalla vita intrauterina (e dei benefici che questa scelta apporta a madre e bambino). Breve ripasso: studi epidemiologici dimostrano senza ombra di dubbio la correlazione tra fattori ambientali cui si viene esposti durante la gravidanza e sin dalla più tenera età e la predisposizione a sviluppare la sindrome metabolica, che riunisce tutti i principali fattori di rischio per il cuore e per il corretto funzionamento del metabolismo (obesità, dislipidemia, ovvero l'aumento dei grassi che circolano nel sangue, alterazione del metabolismo degli zuccheri e ipertensione). Meglio, dunque, prevenire da subito: è dimostrato che i bambini obesi rischiano di rimanere tali in età adulta da 2 a 6,5 volte più dei coetanei non obesi; mentre il 70 per cento degli adolescenti obesi sarà un adulto obeso.[9]

Mi «accanisco» sull'obesità non per antipatia o per mancanza di rispetto nei confronti di chi lotta contro questa patologia, ma perché è una vera e propria emergenza nei paesi occidentali, tant'è che costituisce uno dei maggiori problemi della sanità pubblica del XXI secolo. L'Italia, come abbiamo più volte ripetuto, non fa eccezione: la già cita-

[9] Banderali G., Farina F., *Alimentazione e attività fisica perno di buona crescita anche negli anni dell'adolescenza*, in «AP&P», ottobre 2015.

ta indagine «OKkio alla salute» (pp. 4-5) stima che sia sovrappeso il 20,9 per cento dei bambini in età scolare, mentre il 9,8 per cento è già obeso. L'obesità infantile è associata a una maggiore probabilità di obesità (come accade a ben il 70 per cento degli adolescenti obesi), morte prematura e disabilità in età adulta. Oltre a questo, i bambini obesi devono fare i conti con difficoltà di respirazione, un aumento del rischio di fratture, ipertensione, marcatori precoci di malattie cardiovascolari, insulino-resistenza ed effetti psicologici non piacevoli.

Nel prevenire sovrappeso e obesità, l'allattamento al seno gioca un ruolo chiave.

Una serie di studi scientifici ha comparato la composizione corporea di bambini allattati al seno con quella di neonati nutriti con formule lattee, ed evidenziato come, nei primi quattro mesi di vita, l'allattato al seno abbia una massa adiposa maggiore, mentre successivamente risulti più grasso l'alimentato con formula. Questa massa adiposa tende poi a persistere e a favorire la comparsa di sovrappeso e obesità.[10] A contare pare essere anche la durata dell'allattamento al seno esclusivo: lo studio IDEFICS,[11] condotto in otto paesi europei, ha evidenziato come nutrire i bambini solo con latte materno fino a sei mesi di vita li protegga dallo sviluppare l'obesità fra i due e i nove anni. Questo beneficio vale anche per i bimbi le cui mamme abbiano sviluppato durante la gravidanza diabete gestazionale, che presentano un rischio di obesità elevato: uno studio che ha coinvolto 324 bambini tra i due e gli otto anni nati da mamme

[10] *Allattamento al seno e uso del latte materno/umano*, Position Statement 2015 di Società italiana di pediatria (SIP), Società italiana di neonatologia (SIN), Società italiana delle cure primarie pediatriche (SICUPP), Società italiana di gastroenterologia, epatologia e nutrizione pediatrica (SIGENP), documento condiviso dal TAS istituito presso il ministero della Salute nella riunione del 15 settembre 2015; Gale C. et al., *Effect of breastfeeding compared with formula feeding on infant body composition: a systematic review and meta-analysis*, in «American Journal of Clinical Nutrition», 2012; Weng S.F. et al., *Systematic review and meta-analysis of risk factors for childhood overweight identifiable during infancy*, in «Archives of Diseases in Childhood», 2012.

[11] Hunsberger M. et al., *Infant feeding practices and prevalence of obesity in eight European countries*, The Idefics Study, in «Public Health Nutrition», febbraio 2013.

con diabete gestazionale ha mostrato come l'allattamento al seno per un periodo superiore ai tre mesi permetta di scongiurare tale rischio addirittura del 50 per cento.[12] L'entità di questi effetti protettivi, per forza di cose, si riduce con la crescita, dato che nel tempo tendono ad accumularsi altri fattori di rischio.[13]

Per fortuna, l'equazione tra condizione nella prima infanzia e stato fisico dell'adulto non è matematica: non è certo che un bambino sovrappeso diventi un adulto obeso, ma la correlazione esiste eccome, ed è dunque una scelta responsabile tenerne conto. Le cause, secondo la SIP, sono in parte da attribuire a un'alimentazione iperproteica nei primi anni di vita. Esiste a tale proposito uno studio europeo (il CHOP, o Childhood Obesity Project), che coinvolge oltre all'Italia anche Belgio, Germania, Polonia e Spagna. I dati confermano il confronto appena esposto tra bambini allattati al seno o nutriti con formule a più basso contenuto proteico (1,2 g/dl) e neonati nutriti con formule lattee a più alto contenuto proteico (1,9 g/dl):[14] i primi mostrano nei due anni di vita iniziali un peso e un indice di massa corporea minori rispetto ai secondi. Non sono state invece riscontrate differenze di lunghezza in nessuna età. Morale: non si cresce di più, si ingrassa soltanto. E i risultati preliminari della seconda fase dello studio, ancora in corso e di prossima pubblicazione, confermano tale trend anche a sei anni: i piccoli che nel primo anno di vita hanno assunto formule con maggiore concentrazione di proteine risultano più cicciottelli rispetto ai loro coetanei alimentati con formule a minor apporto di proteine.

Consumare latte materno, dunque, riduce il rischio di obesità in età scolare del 16-28 per cento rispetto all'ali-

[12] Schaefer-Graf U.M. et al., *Association of breast-feeding and early childhood overweight in children from mothers with gestational diabetes mellitus*, in «Diabetes Care», maggio 2006 (www.nutrition-foundation.it).

[13] Casazza K. et al., *Myths, presumptions, and facts about obesity*, in «The New England Journal of Medicine», gennaio 2013.

[14] 1,2 e 1,9 g/dl rappresentano il limite minimo e massimo del range di composizione proteica per le formule per l'infanzia raccomandato dalla Comunità europea.

mentazione con latti formulati. Perché? Marcello Giovannini, presidente della Società italiana di nutrizione pediatrica e coordinatore per l'Italia dello studio CHOP, afferma che «l'effetto protettivo del latte materno può essere spiegato almeno in parte con il minor contenuto proteico. [...] L'elevato contenuto proteico delle formule e del latte vaccino stimola la secrezione insulinica e attiva la trasformazione delle cellule preadipocitarie in adipociti, innescando così il pericoloso processo di accumulo del grasso».[15] Altri studi,[16] poi, attribuiscono un ruolo in questo processo anche a una serie di ormoni contenuti nel latte materno (come leptina, insulina, GLP-1, PYY e adiponectina), poiché coinvolti nei meccanismi di regolazione metabolica e di equilibrio fame-sazietà.

Poi, certo, a contribuire alla prevenzione è anche lo stile di vita: basti pensare che dopo i dodici mesi il rischio di sovrappeso aumenta del 3 per cento per ogni mese di uso del biberon, che (diversamente dalla mammella) non favorisce la corretta regolazione del senso di sazietà. I pediatri consigliano anche di non risparmiare ogni «fatica» al bambino, anzi: a tre anni sarebbe bene abbandonare del tutto il passeggino, limitare l'abitudine di sederlo sul carrello della spesa e, al contrario, privilegiare quella di recarsi a piedi a scuola o all'asilo.[17]

Lo so, mi sono dilungato molto sull'effetto protettivo da sovrappeso e obesità che il latte materno svolge sui nostri cuccioli, ma ci tenevo a essere il più completo possibile e a fornirvi tutti i dati e le informazioni del caso, perché

[15] *Stop all'iperalimentazione dei bambini* (www.sip.it).
[16] Fields D.A., Demerath E.W., *Relationship of insulin, glucose, leptin, IL-6 and tnf-α in human breast milk with infant growth and body composition*, in «Pediatric Obesity», agosto 2012; Schueler J.L. et al., *Presence and dynamics of leptin, GLP-1, and PYY in human breast milk at early postpartum*, in «Obesity», luglio 2013; Newburg D.S. et al., *Characteristics and potential functions of human milk adiponectin*, in «Journal of Pediatrics», febbraio 2010.
[17] Banfi D., *Sovrappeso: la prevenzione inizia nella culla*, 1° novembre 2013 (www.fondazioneveronesi.it).

sono strenuamente convinto che questo tipo di prevenzione possa davvero fare la differenza nella qualità della vita dei futuri adulti.

Voglio rassicurarvi, però: non ho perso il filo... I benefici dell'allattamento al seno, infatti, non finiscono certo qui! Vediamo gli altri.

Innanzitutto, il latte materno si prende cura dell'intestino del neonato e delle sue difese immunitarie, e in mille modi. Permette la costruzione del microbiota intestinale, previene le infezioni e favorisce lo sviluppo di ceppi batterici immunomodulanti (capaci, cioè, di regolare le difese dell'organismo). Uno studio tutto *made in Italy*, realizzato in seno all'Università politecnica delle Marche,[18] ha scoperto la molecola responsabile di queste funzioni: si tratta dei cosiddetti «GAG», gli zuccheri glicosamminoglicani, il cui contenuto è maggiore di ben dieci volte nel latte materno rispetto a quello vaccino. Giunti a livello dell'intestino tenue, i GAG resistono alla presenza degli enzimi digestivi e formano legami con la superficie di eventuali agenti patogeni; nel colon, invece, agiscono come carburante naturale per la crescita della flora intestinale. Riassumendo: latte materno fa rima con intestino sano e difese immunitarie agguerritissime!

Essendo inoltre composto per una piccola frazione da glutine (che proviene dalla dieta materna, qualora la madre lo consumi), esso favorisce anche lo sviluppo di una tolleranza immunologica nei confronti di questa sostanza.[19]

E quanto alle cosiddette «coliche»? Ho chiesto lumi al dottor Agosti, il quale mi ha detto che il latte materno aiuta anche nella prevenzione di questi passeggeri mal di pancia. «Il piccolo alimentato con latte al biberon» mi ha spie-

[18] Banfi D., *Scoperta italiana: individuata nel latte materno la molecola che previene le infezioni intestinali nel neonato*, 1° novembre 2013 (www.fondazioneveronesi.it).
[19] *Allattamento al seno e uso del latte materno/umano*, Position Statement 2015 di Società italiana di pediatria (SIP), Società italiana di neonatologia (SIN), Società italiana delle cure primarie pediatriche (SICUPP), Società italiana di gastroenterologia, epatologia e nutrizione pediatrica (SIGENP), documento condiviso dal TAS istituito presso il ministero della Salute nella riunione del 15 settembre 2015.

gato il dottore «può presentare più facilmente, rispetto a quello allattato al seno, problematiche legate a disturbi di digestione come rigurgiti o vomitini con qualche mal di pancia (le coliche) rispetto a quello allattato con latte materno, ma niente paura: se cresce bene sono tutti sintomi lievi e passeggeri».

Tornando agli effetti benefici del latte materno... non riguardano solo l'apparato digerente: alcuni studi hanno dimostrato infatti che il latte della mamma protegge anche il cuore. Secondo una ricerca britannica, i bambini allattati al seno avranno, nel corso della vita, meno problemi di cuore di quelli cresciuti poppando dal biberon, perché questo alimento ha la capacità di ridurre in modo durevole il rischio d'ipertensione.[20]

Secondo altri studi, poi, pare che esso svolga anche una funzione efficace nel combattere la probabilità che il bambino sviluppi allergie. Se l'esclusione dalla dieta materna durante gravidanza e allattamento di alimenti altamente allergenici come noccioline o crostacei non risulta avere alcuna efficacia sulla prevenzione delle allergie correlate,[21] sembra invece che il latte – liquido immunologicamente attivo – sia in grado di influire positivamente sulla risposta allergica. Se i fattori di sviluppo o meno di allergie sono però molteplici (e infatti i ricercatori sono ancora al lavoro per poter dare risposte certe), uno studio olandese ha invece già provato la correlazione inversa tra allattamento materno e rischio di asma nei primi quattro anni di vita del bambino: è più probabile, infatti, che i piccoli alimentati con latte ar-

[20] Banfi D., *Sovrappeso: la prevenzione inizia nella culla*, 1° novembre 2013 (www.fondazioneveronesi.it).

[21] Fleischer D.M., Spergel J.M., Assa'ad A.H., Pongracic J.A., *Primary prevention of allergic disease through nutritional interventions*, in «Journal of Allergy and Clinical Immunology», gennaio 2013; Greer F.R., Sicherer S.H., Burks A.W.; American Academy of Pediatrics Committee on Nutrition; American Academy of Pediatrics Section on Allergy and Immunology, *Effects of early nutritional interventions on the development of atopic disease in infants and children: the role of maternal dietary restriction, breastfeeding, timing of introduction of complementary foods, and hydrolyzed formulas*, in «Pediatrics», gennaio 2008.

tificiale incorrano in episodi di dispnea, respiro affannoso, tosse secca e catarro persistente.[22]

Per il prossimo punto a favore del latte materno dobbiamo ringraziare uno dei nostri valenti Omega-3, ovvero l'acido docosaesaenoico. Il DHA, come abbiamo imparato a chiamarlo nella prima parte del libro, è importante già durante la gravidanza, perché gioca un ruolo fondamentale nello sviluppo di occhi e cervello, oltre ad aiutare la prevenzione del parto pretermine. Una volta che il bambino è venuto al mondo – e in particolare nei suoi primi giorni di vita – è ancora fondamentale: costituente importante di retina e membrane neuronali, è un nutriente irrinunciabile per garantire al piccolo una crescita corretta. Indovinate? Il latte materno lo contiene, e proprio nelle dosi giuste, mentre il latte vaccino ne è privo. Uno studio svolto dal Baylor College of Medicine di Houston ha evidenziato come un'integrazione di 200 mg di DHA al giorno nella dieta materna durante il periodo dell'allattamento sia correlata con un'ottimizzazione dell'apporto di questo acido grasso al neonato e, di conseguenza, con benefici sul grado di attenzione (maggiore all'età di cinque anni) e sullo sviluppo psicomotorio (migliore, a trenta mesi).[23]

L'altro ambito di indagine nel quale i ricercatori hanno ravvisato un ruolo positivo del latte materno è l'insorgenza del diabete di tipo 2, quello cosiddetto «alimentare», che impedisce all'organismo di regolare autonomamente la quantità di zuccheri nel sangue. Secondo una review pubblicata sull'«American Journal of Clinical Nutrition», i bambini allattati al seno hanno il 39 per cento di probabi-

[22] Sonnenschein-van der Voort A.M., Jaddoe V.V., van der Valk R.J., Willemsen S.P., Hofman A., Moll H.A., de Jongste J.C., Duijts L., *Allattamento al seno e asma nel bambino*, in «European Respiratory Society Journal», 20 luglio 2011 (www.nutrition-foundation.it).

[23] Jensen C.L., Voigt R.G., Llorente A.M., Peters S.U., Prager T.C., Zou Y.L., Rozelle J.C., Turcich M.R., Fraley J.K., Anderson R.E., Heird W.C., *Effects of early maternal docosahexaenoic acid intake on neuropsychological status and visual acuity at five years of age of breast-fed term infants*, in «The Journal of Pediatrics», dicembre 2010 (www.ncbi.nlm.nih.gov).

lità in meno di sviluppare questa forma di diabete rispetto a quelli allattati con il biberon.[24]

Un altro studio[25] evidenzia anche l'influenza positiva del latte materno sul rischio che il bambino nasca con il diabete di tipo 1 e sottolinea come questi benefici si estendano anche alle madri, accompagnandoci così nel prossimo paragrafo, subito dopo il box...

Pesare e praticare il lavaggio nasale: necessità oppure ossessioni?

Il bimbo nasce, sembra pronto a crescere... invece nei primi giorni cala! Durante i primi quattro-cinque giorni di vita, infatti, il neonato perde peso: si tratta del calo ponderale fisiologico, che può arrivare anche fino al 10-12 per cento del peso alla nascita (che verrà recuperato entro i primi venti giorni). Tranquilli, è un fenomeno normale legato ai tempi della lattazione (più nota come «montata lattea»), che avviene a qualche giorno dalla nascita – tanto prima quanto presto il piccolo si attaccherà al seno (meglio se in sala parto!) e tanto a lungo durerà l'allattamento. Durante i primi dieci-quindici giorni di vita è facile che il neonato richieda di attaccarsi al seno molto spesso, anche otto-dieci volte al giorno, promuovendo così la produzione di latte. Tale produzione, però, varia, anche durante la stessa giornata: di solito è maggiore nelle prime ore del mattino e del pomeriggio, e minore negli altri momenti. Di conseguenza, controllare la crescita del bimbo pesandolo ogni giorno o, addirittura, prima e dopo la poppata, è fuorviante e controproducente. In una parola: negativo! Da questa sequenza di dati non ricaverete una tendenza attendibile, ma aumenterete semplicemente l'«ansia da pre-

[24] Owen C.G., Martin R.M., Whincup P.H., Smith G.D., Cook D.G., *Does breastfeeding influence risk of type 2 diabetes in later life? A quantitative analysis of published evidence*, in «American Journal of Clinical Nutrition», novembre 2006 (www.nutrition-foundation.it).

[25] Kalra B., Gupta Y., Kalra S., *Breast feeding: preventive therapy for type 2 diabetes*, in «Journal of Pakistan Medical Association», ottobre 2015.

stazione» della mamma, che si sentirà giudicata nel suo ruolo di nutrice. Mi rivolgo soprattutto ai papà, spesso alle prese con la bilancia: non pesate spesso i neonati! È sufficiente una pesata la settimana, con il bambino nudo, nello stesso giorno, alla stessa ora e con la stessa bilancia (quella del consultorio, oppure una presa in prestito), meglio ancora se a casa e con entrambi i genitori presenti. La crescita settimanale attesa è di almeno 130 grammi. Se il bimbo è allattato esclusivamente al seno e la crescita è molto maggiore (può essere anche il doppio!) non c'è problema; se invece fosse cresciuto meno di 130 grammi e avete l'impressione che prenda abbastanza latte, prima di integrare con il latte adattato provate ad attaccarlo più spesso al seno, aumentando il numero di poppate e facilitando il contatto pelle a pelle, sotto la guida dell'ostetrica e/o del pediatra.
È utile ricordare che il neonato allattato al seno non ha bisogno di altri liquidi, perché il latte materno funge da pasto completo. No a tisane e camomille, specie se zuccherate o addolcite: non servono a nulla, e anzi possono indurre aumenti di peso sbagliati o favorire la comparsa nella bocca di una flora batterica non fisiologica, promuovendo la futura carie. Meglio evitare anche tettarelle e biberon, che interferiscono con il delicato meccanismo domanda-offerta che regola la produzione di latte, rischiando di provocare una riduzione.
Per quanto riguarda il lavaggio nasale: si tratta di una pratica con la quale si instilla una soluzione fisiologica nelle narici del piccolo al fine di liberargli il nasino e garantirgli una poppata perfetta e un sonno tranquillo. Una meraviglia, ma solo apparentemente. In realtà, i bambini non amano il lavaggio nasale, peggio ancora se seguito dalla manovra di aspirazione. Avete mai provato in prima persona? Sono certo che ne fareste volentieri a meno. Dato che non vi è alcuna evidenza scientifica plausibile che tale manovra abbia valore di prevenzione, possiamo consigliare di effettuarla solo su prescrizione pediatrica. Se volete proteggere il vostro neonato, molto meglio assicurarvi che in casa la temperatura sia tra i 19 e i 21 °C, con un'umidità intorno al 50 per cento, ed evitare assolutamente di fumare in sua presenza o negli ambienti a lui dedicati.

Massimo Agosti, pediatra

ALLATTARE FA BENE, ANCHE ALLA MAMMA

Allattare aiuta le madri a prevenire la sindrome metabolica e il diabete di tipo 2 – che abbiano sofferto oppure no di diabete gestazionale durante la gravidanza. Una metanalisi condotta su sei ampi studi svolti in USA, Australia, Cina e Germania, tra cui il Nurses' Health Study e una ricerca del 2012 su donne con diabete gestazionale, ha permesso di appurare che, per le donne, il rischio relativo di sviluppare diabete di tipo 2 si riduce del 9 per cento ogni dodici mesi di allattamento al seno (anche in caso di maternità successive). Di più: le donne che nel corso della loro vita hanno allattato per il maggior numero di mesi sono protette del 32 per cento in più dal rischio di diabete rispetto alle madri che non hanno mai allattato.[26]

Questi risultati sono facilmente spiegabili: allattando, la madre si garantisce un minore aumento ponderale postpartum e una riduzione dell'adiposità addominale (oltre a un beneficio nel processo di involuzione dell'utero); inoltre, nel suo organismo la sensibilità all'insulina aumenta, la tolleranza al glucosio migliora e crescono i livelli di adipochine, molecole che di per sé riducono il rischio di diabete e di obesità.

È poi dimostrato che allattare riduce nella donna il rischio di cancro al seno (del 4 per cento per ogni anno di lattazione, anche se accumulati nel corso di maternità successive)[27] e di cancro all'ovaio (del 24 per cento).[28] Il già citato studio finanziato dalla Fondazione Bill e Melinda Gates si spinge

[26] Aune D., Norat T., Romundstad P., Vatten L.J., *Si riduce il rischio di sviluppare in futuro diabete di tipo 2 per la mamma che allatta, anche se ha sofferto di diabete in gravidanza*, in «Nutrition, Metabolism and Cardiovascular Diseases», novembre 2013 (www.nutrition-foundation.it).

[27] Collaborative Group on Hormonal Factors in Breast Cancer, *Breast cancer and breastfeeding: collaborative reanalysis of individual data from 47 epidemiological studies in 30 countries, including 50.302 women with breast cancer and 96.973 women without the disease*, in «The Lancet», luglio 2002.

[28] Luan N.N., Wu Q.J., Gong T.T., Vogtmann E., Wang Y.L., Lin B., *Breastfeeding and ovarian cancer risk: a meta-analysis of epidemiologic studies*, in «American Journal of Clinical Nutrition», ottobre 2013.

a quantificare le morti per tumore alla mammella che si potrebbero evitare grazie all'allattamento: sono ben 20.000.[29]

Gli effetti positivi non finiscono qui: ne sono stati dimostrati altri di natura psicologica. Allattare, infatti, compresa la semplice fornitura iniziale di piccole quantità di colostro, rinforza la relazione madre-bambino e attribuisce alla prima un rilevante ruolo assistenziale nella vita del figlio, favorendo così il suo *empowerment*.[30] Al di fuori del linguaggio degli psicologi, ciò significa che la mamma sente di essere pronta e all'altezza del suo compito genitoriale, e questo le permetterà di sentirsi più sicura e di realizzare più facilmente il suo potenziale negli anni a venire.

Una doula per amica

Nella tradizione, parto e puerperio sono «roba da donne»: insieme a medici e ostetriche, ad assistere la novella madre c'erano mamme, sorelle, nonne o zie. Erano loro a incoraggiare durante il parto, a rimettere in ordine la casa e a prendersi cura della donna e del suo bambino. Purtroppo, nei nuclei familiari di oggi, così diversi da quelli di un tempo, capita di frequente che questa forma di sostegno venga meno e che la donna finisca per sentirsi spaesata e sola. Al suo bisogno di sostegno, e a tanti altri, può rispondere la doula – professionista che svolge una funzione di aiuto psicologico e pratico a una puerpera durante la gravidanza e il parto e nei primi mesi di vita del bambino. La doula non è un medico né un'ostetrica (quindi non è autorizzata a eseguire nessuna pratica né a fornire consulenze di questo tipo), ma un'accompagnatrice alla nascita. Nel momen-

[29] Pini V., *L'allattamento potrebbe salvare 800.000 vite l'anno*, 30 gennaio 2016 (www.repubblica.it).

[30] *Allattamento al seno e uso del latte materno/umano*, Position Statement 2015 di Società italiana di pediatria (SIP), Società italiana di neonatologia (SIN), Società italiana delle cure primarie pediatriche (SICUPP), Società italiana di gastroenterologia, epatologia e nutrizione pediatrica (SIGENP), documento condiviso dal TAS istituito presso il ministero della Salute nella riunione del 15 settembre 2015.

to del parto può aiutare ad alleviare la stanchezza fisica con il massaggio, incoraggiare mamma e papà, ma anche mediare la comunicazione con lo staff medico-ostetrico. Dopo la nascita, a seconda dei casi, contribuisce all'organizzazione (assicurandosi che la mamma sia riposata, che mangi, che beva e che si senta comoda) e fornisce supporto emotivo (aiutando la madre a sentirsi appoggiata, capita e capace nel suo nuovo ruolo). A volte funge da facilitatrice per l'allattamento al seno o si fa carico della nutrizione notturna del bambino, altre programma incontri tra neomamme o interagisce con gli altri membri della famiglia perché sappiano come essere d'aiuto.
Benché l'introduzione della doula negli ospedali sia raccomandata dall'OMS[31] come presenza continua a fianco della donna durante il travaglio, questa professione purtroppo non è ancora riconosciuta dallo Stato italiano. In altri paesi, invece, Inghilterra e Olanda in testa, ostetriche e doule lavorano fianco a fianco da decenni. Questa scelta è dovuta agli effetti positivi che la presenza di una doula può esercitare sulla madre durante l'esperienza di ricovero. È stato infatti provato che le donne seguite durante la gravidanza da una doula comunicano meglio con il personale medico e si sentono più sicure e positive rispetto al loro ruolo di partorienti, finendo con l'essere più soddisfatte dell'intera esperienza rispetto a quelle assistite solo da medici.[32]

Tata Adriana

[31] *Care in Normal Birth: a practical guide,* Department of Reproductive Health & Research, World Health Organization, 1996.
[32] Harvey S., Rach D., Stainton M., Jarrell J., Brant R. *Evaluation of satisfaction with midwifery care,* in «Midwifery», dicembre 2002; Campero L., Garcia C., Diaz C., Ortiz O., Reynoso S., Langer A., *«Alone, I wouldn't have known what to do»: A qualitative study on social support during labor and delivery in Mexico,* in «Social Sciences & Medicine», agosto 1998.

NUTRIRE LA MAMMA CHE NUTRE

Allattare è un'attività dispendiosa non solo in termini di tempo, ma anche in termini energetici: i LARN indicano, per la madre che allatta in via esclusiva, un fabbisogno aggiuntivo pari a 330 kcal/die. Come vedete, niente di esagerato: si tratta più o meno delle stesse calorie che andrebbero aggiunte all'alimentazione quotidiana durante il secondo trimestre di gravidanza. (Per farvi un'idea di quante siano, tornate a p. 26: lì troverete una serie di esempi pratici.)

Vale la pena chiedersi, però, se i bisogni dei due periodi coincidano, e la risposta è no. Quanto meno, non esattamente. Durante il periodo dell'allattamento la mamma ha bisogno di qualche vitamina in più (in particolare la C, il cui fabbisogno aumenta fino a 130 mg/die rispetto agli 85 consigliati nella dieta della donna adulta), qualche minerale in più e una manciata di proteine: i LARN ne raccomandano 19 mg/die in più nel primo trimestre e 13 mg/die nel secondo. L'unica sostanza di cui la mamma che allatta ha un aumentato fabbisogno notevole è – qualcuno avrà già indovinato – l'acqua: i LARN ne raccomandano ben 700 ml in più al giorno, possibilmente ricordandosi di reintegrarla dopo ogni poppata. Già che ci siamo: no, non esistono alimenti che «fanno venire» il latte e no, la mamma non deve seguire una dieta speciale, ma un'alimentazione sana, varia ed equilibrata, come quella descritta all'inizio del libro.

Le stesse indicazioni valgono per le mamme vegetariane o vegane che però, a parte seguire come sempre un'alimentazione varia e bilanciata, dovranno prestare particolare attenzione a un paio di micronutrienti: vitamina B12 e vitamina D. Per quanto riguarda la B12, dato che nessun alimento di origine vegetale ne contiene quantità significative attive, la SIP consiglia alle donne vegetariane di assumerne quotidianamente una fonte affidabile, come latticini, uova o alimenti fortificati; mentre alle vegane suggerisce, oltre a questo, di ricorrere a una supplementazione. Per quanto riguarda la vitamina D, invece, i fattori in gioco sono molteplici (luce solare e pigmentazione della pelle compresa), quindi sarà opportuno verificare con il proprio medico l'efficacia della sintesi di questa vitamina e decidere se assumere un integratore o dei cibi fortificati.[33]

Riassumendo, a parte questi piccoli aggiustamenti (quando e se necessari), durante il periodo dell'allattamento tanta acqua, un'arancia e una decina di mandorle saranno più che sufficienti a permettere alla mamma di fare fronte alle esigenze sue e del bambino, cui farà avere attraverso il suo latte tutti i nutrienti di cui ha bisogno.

Come vedete, le proteine davvero, ma davvero necessarie sono pochissime: pochi grammi, che il neonato utilizza tutti. Nulla va sprecato. Dato che non ci sono eccessi, l'organismo del bambino non è costretto a smaltirli né ad accumularli, quindi non si verificano gli effetti negativi sulla predisposizione alla sindrome metabolica e al sovrappeso di cui abbiamo parlato nelle pagine precedenti.

Sono tornato a parlare di proteine per sottolineare una delle raccomandazioni della SIP, rivolta alle mamme che non possono o non intendono allattare: mi raccomando, utilizzate il latte adattato, non quello vaccino. Il primo, infatti, che trovate in commercio, cerca di riprodurre per quanto possibile la composizione di quello materno ed è dunque l'alternativa migliore all'allattamento al seno.

Quanto al latte vaccino, la SIP consiglia di introdurlo nell'alimentazione dei piccoli non prima dei dodici o, ancor meglio, ventiquattro mesi. Perché? Sempre a causa loro, delle proteine: questo latte, infatti, ne contiene ben il 400 per cento in più rispetto a quello umano. Di queste, l'80 per cento è caseina. Ora, anche il latte materno contiene caseina (per il 4 per cento delle proteine totali), ma certo non così tanta! Se è vero che la composizione del latte materno è il termine di paragone ideale per «prendere le misure» degli alimenti che siamo soliti consumare, è evidente che il latte vaccino è inadatto a rispondere alle esigenze dei neonati prima

33 Verduci E., *Le diete vegetariane nella donna durante l'allattamento*, 1° febbraio 2016, www.sip.it.

dei dodici-ventiquattro mesi. Tant'è che una simile quantità di caseina, semplicemente, non viene tollerata dal nostro corpo: ecco perché il nostro sistema digerente spesso deve ingaggiare con il latte una lotta all'ultimo enzima...

Ci tengo a essere molto chiaro sull'importanza di evitare di somministrare alimenti troppo proteici ai neonati perché la tradizione è dura a morire. Non c'è studio scientifico che tenga: i numeri ci dicono che sono ancora troppi i genitori che ignorano le raccomandazioni della SIP e danno ai figli latte vaccino troppo presto. Il già citato studio CHOP, per esempio, ha mostrato come siano altissime le percentuali di bambini europei che lo consumano già a sei mesi. Il primato spetta proprio all'Italia: a sei mesi assumono latte vaccino il 77 per cento dei bambini allattati al seno e l'87 per cento di quelli alimentati con formula. A nove mesi bevono questo latte praticamente tutti i bambini italiani (il 97 per cento).

Allattamento: fino a quando è normale

Il latte della mamma è l'alimento di cui si nutrono i mammiferi fin dalle prime fasi della vita: fornisce tutti i nutrienti di cui il neonato ha bisogno (dagli acidi grassi polinsaturi alle proteine, dal ferro immediatamente assimilabile fino a una serie di sostanze bioattive e immunologiche non riproducibili perfettamente nei sostituti artificiali) ed è l'unico in grado di raddoppiare il peso di un cucciolo in tempi variabili per ogni specie (per l'umano sono necessari cinque mesi, per un cagnolino bastano dieci giorni). Per ragioni fisiologiche, ma anche per le implicazioni psicologiche ed emozionali dell'atto dell'allattare, l'OMS, l'Unione europea e il nostro ministero della Salute raccomandano l'assunzione esclusiva del latte materno almeno per i primi sei mesi di vita. I vantaggi sono innumerevoli: il latte della mamma è sempre «pronto all'uso», igienicamente adeguato e alla giusta temperatura; inoltre è un alimento su misura, che si adatta ai bisogni delle fasi di crescita, modificando la propria formula. Dal sesto mese in avanti, l'allattamento può protrarsi in base ai desideri, alle esigenze e alle possibilità di mamma e bambino, anche sino a due anni (per qualche coppia mamma-bambino anche oltre). Allattare senza restrizioni spesso non è compatibile con lo stile di vita moderno e nella nostra cultura non è comune allattare per più di un anno: le tendenze attuali nell'allevamento dei figli hanno aspettative di sviluppo precoce e di indipendenza anticipata, quindi la maggior parte delle persone suppone che la mamma di un bimbo di un anno desideri smettere di allattare. Non esiste però un motivo per raccomandare a una madre di allattare al seno sino a un certo mese piuttosto che a un altro, quindi qualsiasi forzatura finisce per creare inutili sensi di colpa (che sorgeranno sia nel caso che la mamma continui ad allattare, sia che smetta). Al contrario, è opportuno supportare mamma e papà nel gestire un eventuale allattamento protratto, dato che si tratta di una decisione spesso socialmente poco accettata.

Massimo Agosti, pediatra

SCOPRIRE I SAPORI, E IMPARARE A SCEGLIERLI

Bimbo grasso = bimbo bello? No, se la ciccia è troppa. Parlo con cognizione di causa perché è un problema che ben conosco. Non ho mai fatto mistero della mia infanzia «morbida». È uno dei motivi per cui ho scelto di dedicarmi allo studio dei cibi funzionali (quelli, cioè, che esercitano effetti benefici sul nostro corpo) e dell'interazione tra alimentazione e DNA umano: mi è sempre interessato scoprire quali alimenti ci aiutano a mantenerci sani e a prevenire il rischio di ammalarci, e quali si comportano esattamente al contrario e sarebbero, dunque, da evitare.

Ho studiato nutraceutica e nutrigenomica perché ci permettono di distinguere i «cibi sì» dai «cibi no», e lungo quel percorso ho scoperto un'infinità di altri insegnamenti che la scienza è in grado di darci in campo alimentare: per avere un'idea basta ripercorrere questo libro... A influenzare il benessere del nostro organismo sono infatti anche la quantità di cibo ingerito, le combinazioni di alimenti, la mancanza o l'eccesso di nutrienti specifici, ma anche – naturalmente – lo stile di vita.

Ed eccomi al punto dolente. Da ex «morbido», so bene che è molto, ma molto più facile diventare adulti con uno stile di vita corretto se quel modo di vivere si è già sperimentato da bambini e da adolescenti. È più facile ed è più sano. Sono certo che tanti di voi avranno già capito dove voglio andare a parare... Non siate impazienti: prima di arrivare al punto, voglio aprire una parentesi che riguarda il senso del gusto.

Il gusto – come tutti i nostri sensi – è una risposta evolutiva a un bisogno fondamentale: sopravvivere in un ambiente ostile. La sua funzione, infatti, è stata a lungo quella di permetterci di analizzare il contenuto di un determinato alimento, riconoscendo le sostanze chimiche di cui è costituito, e di distinguere un «buon cibo», ricco di nutrienti indispensabili per il nostro sostentamento, da un «cattivo cibo», ovvero potenzialmente tossico o avariato.[34] Il disgusto ci induce quindi a stare alla larga da cibi che il nostro organismo ritiene pericolosi, mentre il piacere che proviamo nell'introdurre un buon alimento ci conferma che abbiamo fatto la scelta giusta e che possiamo continuare a mangiare. Che cosa ci piace? Data la scarsità di cibo che minacciava la nostra specie fino a pochissimo tempo fa, il nostro apparato gustativo si è evoluto in modo da attirarci verso quanto è ricco di calorie, di aminoacidi, di sali e di altri nutrienti essenziali, e ci consente dunque di «accumulare scorte» per i tempi bui. Non siamo però condannati a grassi saturi e bombe di zuccheri: uno studio a cura dell'European Laboratory for Food Induced Diseases (ELFID) spiega che, per fortuna, l'uomo non è particolarmente legato alla componente genetica delle scelte alimentari,

[34] Saper C.B., Chou T.C., Elmquist J.K., *The need to feed: homeostatic and hedonic control of eating*, in «Neuron», ottobre 2002.

e le preferenze innate e le tendenze comportamentali vengono modificate dall'esperienza.

Un esempio? Dario Bressanini ne porta uno splendido, ricostruendo la storia del consumo di latte animale, che è stato reso possibile solo diecimila anni fa, all'inizio del Neolitico, con il passaggio alla vita stanziale legata ad allevamento e agricoltura. «In quel periodo» scrive Bressanini, «pecore, capre e bovini vennero per la prima volta domesticati in Anatolia e nel Vicino Oriente [...] Studi archeologici confermano che in Anatolia ottomila anni fa il latte era sfruttato a scopo alimentare. [...] È molto probabile che inizialmente il latte venisse solo trasformato per produrre yogurt e formaggi, fornendo in questo modo un mezzo di conservazione, facilitandone il trasporto e riducendo il contenuto di lattosio.»[35] La citazione del lattosio non è casuale: i nostri antenati neolitici non disponevano dell'enzima necessario alla digestione del lattosio, la lattasi, che è stato introdotto con una mutazione genetica meno di diecimila anni fa in alcune popolazioni dedite alla pastorizia solo dopo l'abitudine, culturalmente trasmessa, di nutrirsi con il latte munto. Ora, come osserva Bressanini, «le mutazioni genetiche avvengono in modo completamente casuale»: l'introduzione di quell'enzima non è stata causata dal consumo di latte, ma certo è stata selezionata e si è diffusa in breve tempo perché donava un vantaggio evolutivo a chi la possedeva e ai suoi discendenti. Quindi, il DNA ci spinge in una direzione piuttosto che nell'altra (e infatti alcune popolazioni che non producono lattasi hanno evoluto una microflora intestinale che consente loro di alleviare i disturbi connessi alla digestione del latte), ma è la cultura a determinare le scelte che facciamo a tavola. Altrimenti non berremmo latte.

Non ci sono scuse, quindi: la genetica non ci costringe a selezionare in un supermercato gli stessi alimenti che com-

[35] Bressanini D., *Darwin e l'innaturalità di bere latte*, in «Scienza in cucina» (bressanini-lescienze.blogautore.espresso.repubblica.it).

prerebbe l'uomo primitivo; quello che ci guida è la nostra educazione, in altre parole quell'insieme dinamico e ricchissimo di cultura e – indovinate? – stile di vita.

«Lo svezzamento» scrivono gli autori dello studio «è il momento dell'incontro del patrimonio gustativo genetico del bambino con un quadro di preferenze dell'adulto. Questo incontro sarà fondamentale, in quanto è dimostrato che i comportamenti alimentari acquisiti nei primissimi anni di vita vengono mantenuti anche nell'età adulta, sottolineando l'importanza di investire in questo periodo per migliorare la qualità di vita degli adulti di domani».[36]

Ad aiutare il bambino ad apprezzare tutti i sapori – e dunque a provare piacere nella scelta di un'arancia o una mela piuttosto che di un pacchetto di patatine o una merendina con una lista di cinquanta ingredienti – sono i genitori, mamma in testa. I nostri cuccioli percepiscono i sapori anche mentre sono nella pancia: è stato dimostrato che persino l'aglio risulterà più gradito, se mangiato dalla mamma durante la gravidanza.[37] Allo stesso modo, il bambino farà esperienza di una varietà di sapori anche attraverso il latte materno (cosa che non capita a chi viene alimentato con il latte artificiale, che ovviamente avrà sempre lo stesso sapore).[38] È però al momento dello svezzamento che avviene l'incontro determinante con il dolce e il salato (che il neonato riconosce per primi), quindi con l'amaro, l'acido e l'umami.[39] Le scelte che i genitori compiono per lui – e si tratta in primo luogo di scelte culturali, che influenzeranno la sua «educazione alimentare» – sono fondamentali, perché determineranno la sua memoria dei sapori, modifi-

[36] Greco L., Morini G., *Taste development in children*, in «Medico e Bambino», ottobre 2010.

[37] Mennella J.A., Jagnow C.P., Beauchamp G.K., *Prenatal and postnatal flavor learning by human infants*, in «Pediatrics», giugno 2001.

[38] Mennella J.A., Beauchamp G.K., *Maternal diet alters the sensory qualities of human milk and the nursling's behavior*, in «Pediatrics», ottobre 1991.

[39] Dalla parola giapponese «*umami*» (che possiamo tradurre con «delizioso»), è il sapore associato all'aminoacido L-glutammato, contenuto negli estratti di carne e nei prodotti fermentati.

cando la sua congenita percezione del gusto, programmata geneticamente per garantire sopravvivenza e piacere.[40]

Secondo lo studio appena citato, quindi, «non v'è dubbio che le preferenze stabilite nei primi due-tre anni di vita sono mantenute fino all'età adulta».

Morale della favola: è ovviamente più semplice amare i cereali integrali, frutta e verdura in quantità, la frutta secca, i legumi e il pesce azzurro (per non parlare delle erbe aromatiche e delle spezie, come accade in culture differenti dalla nostra), se la nostra dieta li prevede sia quando siamo nella pancia della mamma, sia quando la mamma ci allatta, sia quando veniamo svezzati e – finalmente! – facciamo la conoscenza anche di forme, colori e consistenze dei vari cibi.

La ragione scientifica che mi induce a suggerire uno svezzamento in gran parte vegetale, con l'introduzione delle prime proteine animali (provenienti dai nostri mari e da formaggi magri) dopo l'anno, parallelamente con lo sviluppo dentale, è legata ancora una volta alla prevenzione di malattie croniche e degenerative come diabete, ipertensione e, ebbene sì, sempre loro: sovrappeso e obesità.

Si punta spesso il dito contro gli eccessi di zuccheri e grassi, che abbondano in cibi confezionati e soft drink: è vero, si tratta di due dei maggiori indiziati in questi casi, ma recenti studi hanno dimostrato che anche le proteine non sono un nutriente da prendere sotto gamba.

Nella nostra cultura l'adagio «grasso è bello» è davvero duro a morire, soprattutto quando si parla di neonati. Tant'è che il nostro paese – patria della dieta mediterranea – detiene anche quest'anno il triste primato per numero di bambini colpiti da obesità infantile.[41] Somministrare troppe proteine a un bambino di sei-nove mesi, infatti, significa sovraccaricare il sistema di smaltimento del suo organi-

[40] Wardle J., Cooke L., *Genetic and environmental determinants of children's food preferences*, in «British Journal of Nutrition», febbraio 2008; Greco L., Morini G., *Taste development in children*, in «Medico e Bambino», ottobre 2010.

[41] Agostoni C., Scaglioni S., Ghisleni D., Verduci E., Giovannini M., Riva E., *How much protein is safe?*, in «Internation Journal of Obesity», 2005.

smo, provocare un accumulo di adipociti e un incremento dell'indice di massa corporea.[42]

Ma cosa si intende con «troppe»? Quantifichiamo. Uno studio italiano pubblicato sull'«International Journal of Obesity» mostra percentuali precise: le proteine dovrebbero costituire il 7-8 per cento della dieta di un neonato fino a quattro mesi, per arrivare al 14 per cento, il massimo livello accettabile per un bambino dai dodici ai ventiquattro mesi. Questo fabbisogno sale nel tempo: a quattro-sei anni, i piccoli hanno un fabbisogno di 20 grammi di proteine al giorno, che sale a 30 tra i sette e i dieci anni. Sembra tanto, ma per superare queste quantità basta davvero poco. Per esempio, sono sufficienti una tazza di latte a colazione e uno yogurt a merenda («menu» ovviamente più sano rispetto a una colazione con snack o merendine!) per arrivare facilmente a 13 grammi di proteine: aggiungiamo la fettina di carne tutte le sere e il ragù tutti i mezzogiorni... e la frittata è fatta.

Studi specifici dimostrano che durante la tarda infanzia molti neonati hanno un apporto di proteine di ben tre volte superiore alla necessità fisiologica,[43] il che comporta un aumento delle cellule di grasso e un precoce *adiposity rebound*, ovvero quell'incremento dell'indice di massa corporea che deve avvenire a cinque-sei anni. Invece, a due anni questi piccoli si ritrovano già con un BMI (Body Mass Index) superiore alla norma. Questo indice viene calcolato a partire da peso e altezza e viene comunemente utilizzato per individuare sovrappeso e classificare il livello di obesità. Secondo la World Health Organization, se troppo alto costituisce un fattore di rischio per malattie non trasmissibili come quelle cardiovascolari, il diabete, disturbi musco-

[42] Agostoni C., Scaglioni S., Ghisleni D., Verduci E., Giovannini M., Riva E., *How much protein is safe?*, in «Internation Journal of Obesity», 2005.
[43] Michaelsen K.F., Larnkjær A., Mølgaard C., *Amount and quality of dietary proteins during the first two years of life in relation to NCD risk in adulthood*, in «Nutrition, Metabolism and Cardiovascular Diseases», ottobre 2012.

loscheletrici come l'artrosi e alcuni tipi di cancro (all'endometrio, alla mammella e al colon).[44]

Uno studio dell'EFSA[45] chiarisce che gli europei, italiani in testa, sono invece abituati ad abusare delle proteine: a fronte di un consumo raccomandato di 0,83 grammi per chilo di peso al giorno, di origine sia vegetale che animale (una donna di 50 chili, quindi, dovrebbe ingerirne 41,5 grammi), l'EFSA stima che le donne ne assumano da 59 a 102 grammi al giorno, mentre gli uomini ben 67-114 grammi al giorno. Cifre alla mano, si coglie immediatamente l'importanza del cambiamento culturale che dobbiamo fronteggiare, ma anche la sua importanza per le future generazioni.

LO SVEZZAMENTO

Prima di tutto, quando svezzare? La SIP consiglia di procedere dopo il compimento del sesto mese. In ogni caso, meglio non avere fretta: studi scientifici suggeriscono infatti che uno svezzamento troppo precoce sia a sua volta correlato con un aumento del rischio di obesità.[46]

Ma che cosa si intende esattamente con «svezzamento» (o «divezzamento»)? Dal punto di vista etimologico, «svezzare» (o «divezzare») hanno lo stesso significato, cioè distogliere qualcuno da un «vezzo». Il latte materno non è certo un capriccio, come abbiamo visto (ed è questa la ragione per cui il consesso dei pediatri preferisce utilizzare l'espressione «introduzione di cibi complementari», dall'inglese «*introduction of complementary foods*»), ma insomma il senso è chiaro: dal sesto mese in avanti i genitori saranno alle prese con il passaggio da un'alimentazione basata

44 *Obesity and overweight*, gennaio 2015 (www.who.int).
45 L'EFSA stabilisce i quantitativi di assunzione proteica di riferimento per la popolazione (www.efsa.europa.eu).
46 Pearce J., Taylor M.A., Langley-Evans S.C., *Il divezzamento precoce può aumentare il rischio di obesità infantile*, in «International Journal of Obesity», 27 maggio 2013 (www.nutrition-foundation.it).

esclusivamente sul latte materno (o latte adattato) a quella che sarà l'alimentazione del resto della vita. Il latte in questa fase rimane importante: come ha sottolineato il dottor Agosti alle pp. 123-124, non esistono raccomandazioni sul momento specifico in cui smettere di allattare. Allo scadere del sesto mese, la donna non smette improvvisamente di produrre latte. Quindi, è assai probabile che, per un certo periodo, latte della mamma e prime pappe conviveranno nella dieta del bambino. Vi dirò di più: è talmente probabile che nelle prime settimane i cibi che noi siamo abituati a considerare «principali» saranno, invece, «complementari», cioè aggiuntivi rispetto al latte materno, che continuerà a essere presente.

Ora, come tutti i neogenitori, anch'io confesso di essermi trovato un po' spaesato quando è stato il momento di cominciare a svezzare Vivienne: un conto è occuparsi di alimentazione per adulti consapevoli, che sanno di che cosa si sta parlando; diverso (ma anche molto affascinante!) è educare un neonato a mangiare da zero. Come mi sono comportato? Innanzitutto – deformazione professionale – ho approfondito l'argomento a modo mio, quindi studiando tutto lo scibile sulle più attendibili riviste scientifiche; poi, dato che nessun articolo può rivaleggiare con l'esperienza pluridecennale di un vero esperto, ho chiamato il dottor Agosti. Massimo, molto divertito dalle mie titubanze, ha sorriso (l'ho avvertito chiaramente, benché fossimo al telefono), e ha preso a spiegarmi quanto credo che ripeta almeno cento volte al giorno a decine di papà ansiosi: «Marco, non devi preoccuparti. I bambini vengono svezzati da millenni, quindi niente angosce. Vivienne deve cominciare a mangiare come te, quindi la sua dovrà essere una dieta sana, varia ed equilibrata; semplicemente, tieni presente che dovrà scoprire i sapori e le consistenze piano piano».

Il modo migliore per svezzare, quindi, è agire nel rispetto dei bisogni e dei gusti del bambino. Le linee guida dell'OMS in merito lo confermano: suggeriscono infatti di praticare il cosiddetto *responsive feeding* (nutrire sulla base della risposta del bambino). In particolare, il documento congiunto prodotto da OMS, UNICEF e Pan American Health Organization[47] sostiene che sia opportuno:

- nutrire direttamente i neonati e limitarsi ad assistere i bambini più grandi al momento del pasto, rispettando i loro stimoli di fame e sazietà;
- nutrire lentamente e con pazienza; incoraggiare i bambini a mangiare, ma senza forzarli;
- se i bambini rifiutano tanti cibi, sperimentare diverse combinazioni, sapori e consistenze;
- ridurre al minimo le distrazioni durante i pasti;
- ricordare che il tempo dedicato all'alimentazione è un tempo di apprendimento e di scambio d'amore: parlate ai bambini mentre li nutrite e guardateli negli occhi.

La morale della favola è che ogni neonato ha un suo modo di adattarsi all'introduzione dei cibi: alcuni sono curiosi e sperimentano senza problemi, altri hanno difficoltà a lasciar andare il latte materno; alcuni accettano solo creme e pappe, altri amano ingaggiare presto lotte all'ultimo boccone con cibi più solidi. Noi genitori dobbiamo rispettare le loro esigenze e cercare di sostenerli in questa scoperta del mondo, ricordando sempre che sta a noi educarli a scegliere ciò che è buono per loro. Questo perché, come abbiamo visto, il periodo che va dalla nascita ai due anni di età è una «finestra critica» per la promozione della crescita ottimale, della salute e dello sviluppo comportamentale dei bambini. L'abbiamo detto poche pagine fa: tutti gli studi scientifici sull'argomento concordano nel ritenere questa l'età entro la quale è possibile fornire ai piccoli una sorta di «imprinting alimentare», che sia positivo o negativo sta a noi determinarlo.[48]

[47] *Guiding principles for complementary feeding of the breastfed child*, Pan American Health Organization, Washington (DC), 2003.

[48] Martorell R., Kettel Khan L., Schroeder D.G., *Reversibility of stunting: epidemiological findings in children from developing countries*, in «European Journal of Clinical Nutrition», febbraio 1994.

Voglio darvi ancora qualche indicazione generale, prima di addentrarci nel meraviglioso mondo dei nutrienti.

La prima riguarda il *come trattare il cibo*. Le linee guida[49] ci consigliano di aumentare consistenza e varietà dei cibi gradualmente, in armonia con la crescita del bambino (e dei suoi dentini), con le sue esigenze e le sue abilità.

A sei mesi i neonati possono mangiare passati e puree di ogni tipo, per poi iniziare lentamente con i cibi semisolidi. Tutto dovrà essere privato di semi, bucce o di altri elementi di difficile masticazione o digestione.

A otto mesi la maggior parte dei bambini comincia a sgranocchiare qualche bocconcino in parziale autonomia, per esempio un bastoncino di carota.

Si suppone che il bambino dall'anno arrivi a mangiare gli stessi tipi di alimenti consumati dal resto della famiglia (che, *repetita iuvant*, dovrebbe seguire una dieta sana, varia ed equilibrata). Naturalmente vanno evitati i cibi che possono causare soffocamento (quelli, cioè, che hanno una forma o una consistenza che ne permette il blocco nella trachea: sto parlando per esempio di noci intere, uva o rondelle di carote crude).

Proviamo ora a quantificare: *quanto cibo* dare al nuovo arrivato? Quante proteine? Quanti grassi? Quanti grammi? Quanto tutto? A mio parere, la regina delle indicazioni su questo tema è quella fornita dal dottor Agosti, ovvero «valutare le quantità secondo l'istinto del sano e buono». In altre parole: basta avere buonsenso e, soprattutto, adeguarsi ai bisogni del bambino. I nostri piccoli sanno quando è troppo, quindi non forziamoli.

Stesso concetto, ma detto in un altro modo, emerge dalle linee guida dell'OMS, secondo le quali «il fabbisogno energetico di alimenti complementari all'assunzione di latte materno nei paesi industrializzati è di circa 130 kcal al giorno a 6-8 mesi, 310 kcal al giorno a 9-11 mesi e 580 kcal al gior-

[49] *Guiding principles for complementary feeding of the breastfed child*, Pan American Health Organization, Washington (DC), 2003.

no a 12-23 mesi».[50] Questi numeri sono stati ottenuti sottraendo dal fabbisogno energetico totale di un bambino di quell'età l'apporto energetico medio di latte materno: se il bambino sta consumando più o meno latte rispetto alla media, di conseguenza, la quantità necessaria di alimenti complementari sarà diversa. In conclusione, l'OMS ribadisce nuovamente l'importanza del *responsive feeding*. Il motivo è semplice: non stiamo parlando di adulti già formati, ma di bambini in piena crescita; ciascuno è un caso a sé e, dunque, non esistono (non possono esistere) regole universali valide per tutti. Il *responsive feeding* appare davvero come l'unico metodo valido per orientarsi riguardo alle quantità di cibo da sottoporre ai nostri cuccioli.

A questo discorso bisogna aggiungere una postilla più che necessaria: diverso è il caso di chi sta cercando di svezzare un bambino inappetente o che presenta difficoltà nell'accettare i vari cibi. In questo frangente, l'unico consiglio sensato che posso darvi è quello di rivolgervi al vostro pediatra, che certamente saprà suggerirvi al meglio come comportarvi.

Chiarito questo, sono finalmente pronto per tuffarmi nel mio mare, nel quale nuotano macro e micronutrienti! Pronti a seguirmi? Bene, cominciamo allora a passare in rassegna gli alimenti principali che andranno introdotti durante lo svezzamento.

INTRODURRE I CEREALI

I cereali andranno introdotti da subito: come per gli adulti, infatti, anche per i bambini i cereali costituiscono una preziosa fonte di energia e dovrebbero essere la base dell'alimentazione. Ovviamente, meglio se integrali!

Una regola non scritta vuole che venga introdotto un nuovo tipo di cibo per volta (aggiungendo magari un in-

50 *Guiding principles for complementary feeding of the breastfed child*, Pan American Health Organization, Washington (DC), 2003.

grediente a una pappa già «testata»), anche per rilevare eventuali allergie o intolleranze. Per quanto concerne i cereali, il mio suggerimento è quello di introdurne uno nuovo ogni tre giorni. I primi a venire somministrati saranno senza glutine (riso integrale, riso basmati, mais, miglio, quinoa, amaranto, grano saraceno) e solo dopo seguiranno quelli con glutine, quindi avena, farro, segale, kamut e grano. Una volta che il bambino li mangerà tutti, sarà opportuno alternare cereali con e senza glutine (principio che vale anche per mamma e papà!).

Come prepariamo i cereali? La pasta, come il pane, potrà essere proposta solo quando il bimbo avrà cominciato a masticare, quindi per cominciare meglio orientarsi sui chicchi (dovrete farli stracuocere, quando saranno morbidissimi potrete frullarli o passarli per ridurli in pappa) e sui fiocchi (basterà farli bollire per ottenere una pappa della giusta consistenza). Piano piano aumenterete la consistenza, introducendo chicchi stracotti ma non ridotti in crema, per arrivare intorno all'anno ai chicchi di cereali semplicemente cotti.

LA PRIMA FONTE PROTEICA: I VEGETALI

I neonati nel primo anno di vita non sono carnivori, ma «edentuli»: non hanno i denti. I primi a spuntare sono gli incisivi inferiori, seguiti dai superiori, che arrivano molti mesi dopo la nascita. Di conseguenza, secondo il dottor Agosti (e anche secondo me) nel primo anno di vita il bambino può tranquillamente vivere con quanto ci viene gentilmente offerto dal mondo vegetale. Per introdurre le proteine animali è possibile aspettare almeno il dodicesimo mese. A quel punto, il nostro suggerimento è quello di somministrare come fonte proteica animale il pesce, in particolare quello azzurro, e formaggi magri, per esempio ricotta e caprino.

Il perché è presto detto. Come anticipato a pp. 128 sgg., nei paesi sviluppati uno degli squilibri nutrizionali più gravi è la malnutrizione nei primi due anni di vita per eccesso di proteine che, oltre a causare un sovraccarico del sistema renale,[51] può aumentare con il tempo il rischio di sviluppare sovrappeso e obesità. Questo squilibrio è dovuto non solo alla somministrazione in tempi troppo rapidi di latte vaccino (o di formule lattee con un contenuto proteico non bilanciato), ma anche alla scelta di introdurre il prima possibile la carne come fonte proteica durante il periodo dello svezzamento. Altri elementi a parte, in questo momento mi interessa concentrarmi sulla leucina, un aminoacido essenziale a catena ramificata importante per la crescita, la sintesi proteica e il metabolismo, che è riccamente presente nel latte vaccino e nelle carni. Questo aminoacido, insieme ad alcuni colleghi (isoleucina e acido glutammico), stimola la produzione di insulina, che a sua volta stimola la crescita del neonato (anche quella degli adipociti!), e influisce sul segnale mTORC1, attività che gioca un ruolo determinante nella maturazione degli adipociti e nella regolazione dei linfociti T. L'European Childhood Obesity Project,[52] trial che ha coinvolto più di milleseicento bambini in cinque paesi, ha dimostrato che la leucina è un aminoacido «pro-obesogeno». Tradotto: troppa leucina significa troppa crescita, e di conseguenza un maggiore rischio di sovrappeso e obesità. Ancora: due studi del 2012 rincarano la dose, spiegando che uno stimolo esagerato sul segnale mTORC1 in un periodo vulnerabile (quello del cosiddetto *postnatal programming*, durante il quale il neonato costruisce la «memoria alimentare» alla quale attingerà per tutto il resto della vita) può concorrere a sviluppare a distanza malattie come obesità e allergie.[53]

51 Escribano J. et al., *Increased protein intake augments kidney volume and function in healthy infants*, in «Kidney International», 2011; Koletzko B., von Kries R., Closa R. et al., *Lower protein in infant formula is associated with lower weight up to age 2 y: A randomized clinical trial*, in «American Journal of Clinical Nutrition», 2009.

52 *European Childhood Obesity Trial Study Group*, in «American Journal of Clinical Nutrition», settembre 2011.

53 Melnik B.C., *Leucine signaling in the pathogenesis of type 2 diabetes and obesity*, in «World Journal of Diabetes», 15 marzo 2012; Michaelsen K.F., Larnkjær A., Mølgaard C., *Amount and quality of dietary proteins during the first two years of life in relation to NCD risk in adulthood*, in «Nutrition, Metabolism & Cardiovascular Diseases», ottobre 2012.

Quindi, riassumendo... Secondo il dottor Agosti e secondo me, i passi da fare riguardo alle proteine sono questi:

- introdurre dal sesto mese fino all'anno di età proteine esclusivamente vegetali;
- dal dodicesimo-tredicesimo mese, offrire al bambino le proteine animali del pesce (meglio se azzurro) e dei formaggi magri (come ricotta e caprino).

In questo modo si evitano i problemi connessi agli eccessi proteici nella prima infanzia, nonché di somministrare – magari nemmeno volendolo – grassi saturi e colesterolo, che sono correlati con un aumento del rischio cardiovascolare e con un sovraccarico del sistema renale, ma anche troppo sale. Di questo ultimo tema, però, parlaremo più avanti.

Ora è il momento di parlare di proteine vegetali, e voglio farlo cominciando da una di quelle che amo di più, ovvero i legumi. Cominciamo con un'ineludibile riflessione, che riguarda gli aminoacidi essenziali. Il nostro corpo non li produce, quindi dobbiamo introdurli con l'alimentazione. Come fare, se l'alimento proteico che abbiamo scelto non li contiene tutti? La risposta sta nel principio della complementarietà, in base al quale legumi e cereali, insieme, sono in grado di fornire tutti e otto gli aminoacidi essenziali. Lo dice anche uno studio pubblicato sul «Journal of Agricultural and Food Chemistry»: «I componenti nutrizionali dei legumi, abbinati a quelli naturalmente presenti nei cereali integrali, assicurano un effetto sinergico benefico per la salute».[54]

Se avete dubbi sulle combinazioni, consultate questa tabella: troverete sicuramente qualche idea per ricette ottimamente bilanciate, ideali per voi ma anche per i vostri piccoli, durante il loro percorso di svezzamento.

[54] *Cereali integrali e legumi: ecco il piatto completo per la salute*, 10 settembre 2014 (www.fondazioneveronesi.it).

ASSOCIAZIONI PROTEICHE			
ALIMENTO VEGETALE	AMINOACIDO LIMITANTE	ALIMENTO COMPLEMENTARE	ESEMPIO DI COMBINAZIONE
FRUMENTO	Lisina, treonina	LEGUMI	Pasta e fagioli
SOIA E ALTRI LEGUMI	Metionina	FRUTTA SECCA E SEMI, CEREALI	Insalata di ceci e noci, riso e piselli
SEITAN	Lisina	LEGUMI	Seitan e piselli
MAIS	Triptofano, Lisina	LEGUMI	Tortillas e fagioli

Ok, le ricette le conosciamo, starete pensando voi, ma come possiamo proporre i legumi all'inizio dello svezzamento? Veniamo al dunque: la scelta migliore è realizzare una crema a partire da legumi secchi e freschi, meglio se decorticati, o dai fiocchi.

Se avete legumi secchi, dovrete naturalmente lasciarli in ammollo (meglio se prolungato a 12-24 ore), cambiando l'acqua almeno una volta. Prima di cucinarli sciacquateli bene, quindi cuoceteli a lungo in una pentola con abbondante acqua. Mi raccomando: non salate l'acqua perché il sale (che nel cibo dei bambini non andrebbe aggiunto prima dei due anni) andrebbe a indurire la pellicina che riveste i legumi, rendendola indigesta. I tempi di cottura variano a seconda del legume; se volete abbreviarli, utilizzate una pentola a pressione. Infine, non vi rimarrà che frullarli o passarli, per ottenere una morbida crema da mescolare alla pappa a base di cereali.

Chi si stesse chiedendo se c'è un modo per evitare che i bambini si misurino con il fastidioso gonfiore che spesso si accompagna all'ingestione di legumi sappia che sì, un modo c'è. Basta «abituare» l'intestino al consumo di legumi, introducendo per prime le digeribilissime farine (meglio quella di ceci), per poi passare a lenticchie rosse decorticate, piselli spezzati e ceci spezzati. Ok anche ai fiocchi di azuki, dai sette mesi. Un trucco ulteriore per alleviare il problema consiste nell'aggiungere all'acqua di cottura un pizzico di bicarbonato, che ammorbidirà la buccia dei legumi, facilitando il lavoro alla nostra flora batterica intestinale.

In alternativa ai legumi, potete ricorrere ad altre forme di proteine vegetali, come il tofu, il tempeh o il seitan.

I primi due sono derivati della soia, che è davvero un superalimento: ricca di calcio che più di così non si può (ne contiene ben 257 mg ogni 100 g di prodotto; per capirci, la medesima quantità di latte ne contiene meno della metà, 120 mg), ha un bassissimo indice glicemico (20) e contiene isoflavoni in quantità, grassi insaturi e polinsaturi «buoni» (tra i quali gli Omega-3), oltre a proteine di alto valore biologico. Tradotto in termini di prevenzione, protegge le nostre cellule dall'invecchiamento e dal rischio cardiovascolare, per non parlare di malattie come diversi tipi di tumore, obesità e diabete. Il tofu (o «formaggio di soia») assomiglia al formaggio nell'aspetto ma non nelle caratteristiche nutrizionali: a basso contenuto calorico, contiene proteine ad alto valore biologico, grassi insaturi e polinsaturi, minerali come calcio e ferro. Anche il tempeh è un «non formaggio», ma a pasta gialla, preparato a partire dai fagioli cotti, che vengono privati della buccia e mescolati con una particolare muffa che, nell'arco di 24 ore, a una temperatura costante di 31 °C, li trasforma in questo prodotto dolce e saporito. Schiacciati oppure passati, entrambi questi derivati della soia possono essere proposti in combinazione con un cereale. Un'altra idea a base di soia? Lo yogurt (a patto che sia bianco, le altre versioni di solito presentano un'aggiunta di zuccheri): semplice, delizioso e, soprattutto, già pronto, quindi la soluzione ideale per pappe espresso!

Le dottoresse Luciana Baroni e Ilaria Fasan[55] lo propongono in una serie di versioni aromatizzate: mi sembrano tutte talmente invitanti che non posso fare a meno di citarle. Eccole:

- con malto di riso oppure frutta secca reidratata, cotta e passata (per esempio uvetta, albicocche secche, datteri o prugne);

[55] Baroni L., Fasan I., *L'alimentazione vegan nei bambini*, AgireOra Edizioni, 2013.

- con un cucchiaio di frutta fresca cotta e passata oppure di confettura senza zucchero;
- con un cucchiaino di semi macinati finemente (come mandorle, nocciole, pinoli, noci brasiliane eccetera);
- con un cucchiaio di fiocchi di cereali (avena, riso o farro) lasciati ammorbidire nello yogurt stesso;
- con un cucchiaino di crema di frutta secca (crema di mandorle, di nocciole, thain).

Veniamo al seitan, l'ultima fonte di proteine vegetali di cui parleremo: è un concentrato proteico a base di glutine, che si ottiene a partire dalla farina del grano tenero, del farro o del kamut, aromatizzato con una miscela di diversi ingredienti. Ricco di proteine, povero di carboidrati e privo di colesterolo, è fonte di minerali (tra gli altri, ferro, zinco, potassio, calcio e magnesio) e presenta un bassissimo contenuto di grassi (solo lo 0,8 per cento, tra l'altro di origine vegetale, quindi salutari). È digeribilissimo, ma per evitare un sovraccarico di glutine consiglio di mescolarlo con un cereale che ne è privo, come il grano saraceno o la quinoa. Per tutte le ricette, comunque, vi do appuntamento alle prossime pagine, dove troverete i piatti che sto preparando per la mia Vivienne.

LE PROTEINE ANIMALI: PESCE AZZURRO E FORMAGGI MAGRI E FRESCHI

Come abbiamo visto, dal tredicesimo mese in avanti possiamo cominciare a introdurre nella dieta dei nostri piccoli le proteine animali. Il mio consiglio è quello di privilegiare quelle provenienti dai nostri mari, e cioè del pesce. Questo perché il pesce, in particolare quello azzurro, oltre a fornire proteine animali di eccellente qualità, sali minerali preziosi (come fosforo, magnesio, potassio, selenio, calcio e iodio fra gli altri), è povero di colesterolo e presenta un contenuto davvero notevole di Omega-3 e Omega-6.

Uno studio pubblicato nel 2013 sull'«American Journal of

Clinical Nutrition» ne correla il regolare consumo (tre volte al mese o più) dal primo anno di età a una diminuzione dal 20 al 25 per cento del rischio di contrarre fino a dodici anni rinite ed eczema e, in minor misura, asma. Gli studiosi hanno poi osservato che i bambini che consumavano il pesce in misura maggiore (una volta la settimana o più) beneficiavano di una riduzione del rischio di sviluppare malattie allergiche che raggiungeva il 50 per cento.[56] Pare che questo effetto sia dovuto ai nostri amici Omega-3 e Omega-6, che esercitano anche un'azione protettiva su cuore e sistema circolatorio, ossa e sistema nervoso.

Tanta ricchezza, salute e bontà, messe a confronto con le proteine della carne, non possono che stravincere: uno studio pubblicato su «Diabetes» dimostra che i grassi saturi (quelli tipici degli alimenti di origine animale) favoriscono l'accumulo di grasso a livello addominale e intorno agli organi, mentre quelli polinsaturi (abbondanti nel pesce) sono associati a un aumento della massa muscolare e a una riduzione della massa grassa. Questa scoperta ha risvolti importanti in termini di prevenzione del diabete e di malattie cardiovascolari, patologie il cui sviluppo è correlato più alla localizzazione del grasso corporeo che alla sua quantità. «Il grasso epatico e quello viscerale sembrano contribuire a una serie di disturbi del metabolismo» ha spiegato Ulf Risérus, coordinatore dello studio. Per questo una giusta composizione della dieta in termini di grassi potrebbe aiutare a ridurre il rischio di sviluppare queste patologie.[57]

L'altra fonte proteica cui ho accennato sono i formaggi. Okay a patto che siano:

[56] Magnusson J., Kull I., Rosenlund H., Håkansson N., Wolk A., Melén E., Wickman M., Bergström A., *Il consumo regolare di pesce dal primo anno di vita riduce significativamente incidenza e prevalenza delle malattie allergiche nei primi 12 anni di vita*, in «American Journal of Clinical Nutrition», 10 aprile 2013 (www.nutrition-foundation.it).

[57] *Alimentazione, contro la pancetta largo a salmone e noci*, 4 marzo 2014 (salute24.ilsole24ore.com).

- magri: al momento dell'acquisto, guardate con cura la tabella nutrizionale. I formaggi vengono considerati «magri» quando i grassi sono inferiori al 25 per cento (quindi 25 grammi su 100 di prodotto);
- freschi, e dunque con un minor contenuto di sale e un maggior contenuto d'acqua rispetto ai formaggi stagionati (che presentano al contrario parecchi grassi saturi);
- con liste di ingredienti di tre sole voci, ovvero latte, caglio e sale: niente additivi di alcun tipo!

Traducendo, i formaggi più indicati per la dieta dei nostri piccoli sono ricotta e caprino (feta e quartirolo, gli altri due formaggi che solitamente consiglio, sono troppo saporiti per essere adatti ai primi mesi di svezzamento).

Tutti questi alimenti, naturalmente, andranno frullati oppure schiacciati – insomma, trasformati in cibi a misura di neonato!

FRUTTA E VERDURA

Eccole, le regine della tavola! Dal momento che non esistono verdure o frutti sconsigliati per i bambini piccoli, posso limitarmi a qualche suggerimento.

Il primo, come tanti immagineranno, è di seguire la stagionalità: consumare prodotti freschi, locali, che maturano nel momento dell'anno che stiamo vivendo significa più sapore per il nostro palato, risparmio per il nostro portafogli, ma anche più salute. La maturazione naturale al sole, infatti, garantisce agli alimenti uno sviluppo vitaminico più integro: tutto benessere per il nostro corpo! L'altro, enorme vantaggio di consumare frutta e verdura di stagione è garantirsi un apporto dei nutrienti di cui l'organismo ha bisogno in quello specifico momento dell'anno: i vegetali autunnali e invernali sono energetici, ci aiutano a prevenire la disidratazione e stimolano il nostro sistema immunitario, mentre quelli primaverili ed estivi hanno proprietà depurative, disintossicanti, diuretiche e rivitalizzanti, oltre a essere una fonte imbattibile di acqua, antiossidanti e sali minerali, che ci aiutano a fronteggiare il caldo.

Via libera dunque alla verdura lessata o al vapore (meglio privilegiare le cotture leggere, per evitare di perdere nutrienti), quindi passata o ridotta in crema. Nel momento in cui il piccolo comincia a masticare, bene anche offrirgli qualche cubetto di verdura (a patto che sia reso morbido da una precente cottura).

Un'idea è sicuramente anche quella di preparare in casa il brodo vegetale, di cui fare ampia scorta per poi utilizzarlo come base per tutte le pappe. Io preparo quello di Vivienne così:

- 1 l di acqua calcica
- 2 carote
- 1 zucchina
- 5 foglie di spinaci (o bietole)
- 1 foglia di lattuga
- 1 fetta di zucca
- 1/4 di finocchio
- 1 pezzetto di zenzero (piccolo piccolo)

Lavo e pulisco le verdure, quindi le taglio in grossi tocchetti (o striscioline) e le faccio bollire con la dose indicata d'acqua per 30 minuti. Filtro, e voilà: il brodo vegetale è fatto. A quel punto lo divido in porzioni e lo congelo: dura per 1 mese.

Naturalmente, si può prepararlo con le verdure di stagione e, man mano che i piccoli crescono, arricchirlo anche con sedano, aglio e cipolla.

Per quanto riguarda la frutta, meglio introdurla solo dopo le pappe salate, onde evitare che il piccolo se ne innamori e dei cereali non voglia nemmeno sentir parlare. Ciò detto, è la merenda perfetta, di metà mattina o di pomeriggio: matura, di stagione, è ideale se proposta sotto forma di purea al naturale. Il fruttosio la rende zuccherina senza bisogno di aggiunte di alcun tipo, e salutare: si tratta infatti di uno zucchero che viene assorbito lentamente dall'intestino e trattato velocemente dal fegato. Ha inoltre un basso indice glicemico e un impatto modesto sulla secrezione di insulina – caratteristica che, come abbiamo visto, è positiva non solo per chi ha problemi di glicemia alta, ma anche per i bambini in piena crescita.

Ottimi anche i succhi di frutta oppure i centrifugati preparati al momento, cercando di non esagerare: come sempre, affidatevi al buonsenso. Pensate a voi: che effetti avrebbero tre centrifugati al giorno sul vostro intestino... Chiaro, no?

FRUTTA SECCA E SEMI

Buonissimi e davvero generosi in termini di proprietà nutritive, frutta secca e semi sono una ricca fonte di proteine, vitamine, sali minerali, fibre, zuccheri, grassi insaturi e polinsaturi. Ci aiutano ad abbassare i livelli di colesterolo presente nel sangue, favoriscono il transito intestinale, e prevengono il rischio di sindrome metabolica, cardiopatie e aterosclerosi. Vere e proprie delizie, non trovate? Non esiste quindi ragione per non introdurre i semi e la frutta secca nella dieta dei nostri piccoli! Certo, dovrete tenere d'occhio l'apporto calorico (che è notevole): l'INRAN consiglia agli adulti di non consumarne più di 30 grammi al giorno, per i neonati è dunque il caso di fermarsi a qualche semino...

Come possiamo inserirli nell'alimentazione dei bambini? In attesa che il piccolo abbia imparato a masticare e possa deglutire in sicurezza cibi duri, per somministrargli i semi dovrete polverizzarli o ridurli in crema: prendete quindi noci, pistacchi, mandorle, nocciole, pinoli, semi di sesamo, di girasole o di zucca e pestateli vigorosamente (oppure passateli con un macinino da caffè); le creme invece si trovano direttamente in commercio.

CONDIRE LE PAPPE

Sarò rapido come un pistolero del West: l'unico grasso da condimento ammesso nelle pappe salate è l'olio extravergine di oliva spremuto a freddo. Ne basta un cucchiaino a pasto (5 ml circa). In alternativa o in aggiunta vi proporrò spesso anche il thain, la salsa di sesamo!

COMBINARE I CIBI

Facciamo ordine. Abbiamo detto che l'alimentazione dei nostri neonati dal sesto mese in avanti dovrà presentare un'aggiunta crescente di cibi complementari al latte della mamma. Il principio di gradualità che guida la «presentazione» dei cibi (uno per volta, e il successivo solo quando i precedenti sono stati acquisiti) dovrà valere anche per le consistenze, procedendo su una scala ideale dalla più morbida alla più solida. Nel frattempo, infatti, il bambino avrà imparato a masticare e cominciato a mettere i denti, quindi sarà in grado di deglutire anche alimenti via via più duri.

Salvo quanto detto a proposito delle proteine (per gli smemorati: solo vegetali fino all'anno, poi anche animali, meglio se provenienti da pesce e formaggi magri), non esiste un ordine di introduzione dei cibi ideale. Come il dottor Agosti non si stanca di ripetere, le parole d'ordine sono calma ed empatia. Calma perché, come avete visto, le indicazioni riguardo agli alimenti da somministrare durante lo svezzamento sono al 90 per cento le stesse che ci coinvolgono direttamente come adulti attenti a salute, prevenzione e benessere. Empatia perché l'interazione con nostro figlio è l'unico strumento che abbiamo per capire se gli abbiamo dato troppo, troppo poco, se stiamo correndo, o se lui è già pronto per ben altro mentre noi continuiamo ad ammannirgli il riso stracotto.

Di conseguenza, non troverete in questo libro uno schema preciso di cosa introdurre e quando, ma una serie di consigli, questi:

1. introdurre un nuovo cibo per volta, ogni tre giorni, per «scovare» possibili allergie o intolleranze;
2. i cereali devono *sempre* costituire la base della pappa, questo perché il bimbo deve crescere, e per crescere ha bisogno di energia rapidamente utilizzabile. Per la medesima ragione, le verdure passate non possono costituire «la pappa» intera: dare un passato a un neonato non è come portare in tavola un minestrone per un adulto; quindi, andranno aggiunte alle pappe in piccola quantità oppure introdotte sotto forma di brodo vegetale;
3. gli unici grassi da condimento, come anticipato, sono rappresentati da salsa thain e olio extravergine di oliva spremuto a freddo (1 cucchiaino a pasto, circa 5 ml);
4. introdurre prima i cereali senza glutine, come riso integrale, riso basmati, mais, miglio, quinoa, amaranto, grano saraceno, e solo dopo avena, farro, segale, kamut e grano;
5. variate: una dieta troppo monotona non consente di introdurre tutti i nutrienti necessari, quindi, con calma, ma introducete tutti i cereali, tutti i legumi, le altre fonti di proteine vegetali, tutte le verdure e la frutta, oltre ai semi;
6. prolungate l'ammollo di legumi e, volendo, dei cereali: li renderà più digeribili;
7. ricordate che i semi e la frutta secca sono fonte di Omega-3, del cui ruolo abbiamo già parlato altrove: dal momento che il pesce verrà introdotto dopo l'anno, è una buona idea aggiungere alle pappe qualche grammo di una fonte vegetale di questo nutriente fondamentale. Sto parlando dei semi di lino (che contengono 21,2 g di acidi grassi polinsaturi ogni 100 g di prodotto, e sono ricchi anche di calcio: 20 g ne presentano ben 50 mg) o, in alternativa, delle noci (che, per la stessa quantità, ne contengono ben 34,5 g se fresche e 40,66 g secche):[58] polverizzateli con un macinino da caffè e spargeteli sul-

[58] www.bda-ieo.it.

le pappe. Dei primi ne basta un cucchiaino raso a ogni pasto, delle seconde la polvere di 1,5 noci fino all'anno, quindi di due;[59]

8. altro nutriente chiave è il ferro: per evitare carenze, dopo il primo mese di svezzamento introducete nelle pappe un cucchiaino di germe di grano (contiene 1 g di ferro ogni 10) e privilegiate i cibi che ne sono naturalmente ricchi (come i legumi). Inoltre, aggiungete a ogni pappa qualche goccia di limone o un'altra fonte di vitamina C, che permetterà una migliore assimilazione di questo elemento;
9. per garantire al piccolo un adeguato apporto di calcio, utilizzate acqua del rubinetto o acqua calcica (che ne contengono in quantità) e «addizionate» ogni pappa con un cucchiaino di thain (5 g) o di mandorle frullate (5 g). Sono entrambi ricchissimi di calcio: un cucchiaino di tahin ne contiene 41 mg, mentre la stessa dose di crema di mandorle 12 mg. A tal proposito, ottimo anche utilizzare il tofu (30 g contengono 48 mg di calcio) o l'amaranto (48 mg per 30 g);
10. bandite o miei prodi il sale dalle vostre tavole! Non andrebbe introdotto prima dei due anni, quindi dimenticatevelo, cercando di ricordarvi però che è contenuto (e in grandi quantità) in tanti degli alimenti che siamo abituati a pensare siano «adatti ai bambini» (il parmigiano e il prosciutto cotto, per esempio, sono «subdole» fonti di sale, e in abbondanza).

Come vedete, svezzare è un'impresa, ma affrontabile. Le regole generali non sono più di dieci, e riassumono tutto ciò che avete letto nelle pagine precedenti.

È tutto semplice e fattibile, ma vale la pena non prendere la questione sotto gamba: ho anticipato tutte le ragioni per cui è davvero importante che i bambini vengano cresciuti sin da piccoli in una cultura del benessere e della prevenzione, sperimentando il più possibile la ricchezza del

[59] Baroni L., Fasan I., *L'alimentazione vegan nei bambini*, AgireOra Edizioni, 2013.

mondo vegetale e scoprendo tutti i sapori (non solo quelli «esplosivi» di merendine o snack). Ora ne vedremo un'altra, e cioè che tutto questo vostro lavoro, che potrà sembrarvi noioso o faticoso, alla fine vi porterà a tagliare un traguardo niente male, ovvero qui:

PIRAMIDE ALIMENTARE TRANSCULTURALE DELLA SOCIETÀ ITALIANA DI PEDIATRIA

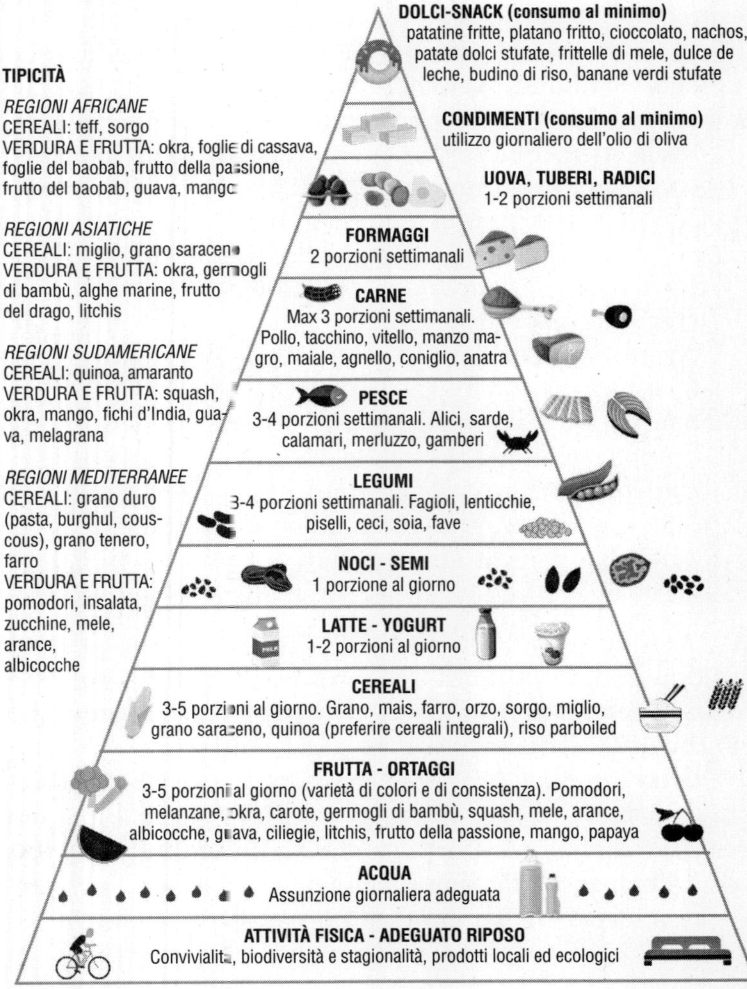

Questa è la piramide alimentare transculturale della SIP, che indica come i bambini dovrebbero mangiare dall'età prescolare. È «transculturale» perché tiene conto della presenza, nel nostro paese, di tradizioni alimentari diverse da quella italiana. In coppia con la piramide dell'attività motoria (che mostra chiaramente come le occasioni di movimento debbano essere pluriquotidiane e di almeno un'ora al giorno), costituisce la base per una vita lunga, sana e, secondo me, anche felice.

La SIP la propone in combinazione con un «decalogo antiobesità»,[60] che ho adattato leggermente insieme al dottor Agosti e che voglio condividere con voi perché traduce in indicazioni pratiche tutti i concetti di cui abbiamo parlato finora:

1. allattamento: allattare al seno almeno sei mesi, se possibile fino ai dodici mesi. L'allattamento materno è la prima occasione per realizzare una corretta educazione alimentare;
2. svezzamento: introdurre alimenti e bevande complementari al latte materno dopo i sei mesi compiuti;
3. apporto proteico limitato: controllare l'introito di proteine per i primi due anni di vita. Evitare il formaggio grattugiato nelle pappe fino a un anno (apporterebbe troppo sodio, grassi e proteine rispetto alla pappa);
4. bevande caloriche: evitare da zero a sei anni tè istantaneo, tè deteinato, tisane zuccherate, succhi di frutta industriali, soft drink, acqua zuccherata;
5. biberon: sospendere il suo utilizzo entro i dodici-ventiquattro mesi. Dopo i dodici mesi il rischio di sovrappeso aumenta del 3 per cento per ogni mese di uso del biberon. Il biberon non favorisce una corretta regolazione del senso di sazietà. A rischio la salute dentale;
6. mezzi di trasporto: a tre anni abbandonare l'uso del passeggino. Limitare l'abitudine di portare il bambino sul carrello della spesa. Privilegiare l'abitudine di andare a scuola a piedi;

60 www.sip.it.

7. controllo del BMI: a partire dai due anni controllare a ogni visita dal pediatra la curva del Body Mass Index (BMI o Indice di Massa Corporea, IMC). Tenere d'occhio l'EAR, «*early adiposity rebound*», indicatore del precoce aumento dell'adiposità e quindi di sovrappeso futuro;
8. sedentarietà: far muovere il bambino il più possibile sin dai primi mesi di vita. Evitare di tenerlo troppo seduto, non mettere il bambino davanti alla televisione prima dei due anni, dopo i due anni non superare le otto ore a settimana di tv / videogiochi, quando mangia o compie altre attività spegnere la televisione;
9. giochi: regolare e incentivare i giochi di movimento adatti alle varie età del bambino;
10. porzioni corrette: preparare il piatto con la «taglia» di alimento idonea all'età del bambino. La porzione giusta è riportata nell'*Atlante fotografico delle porzioni degli alimenti*,[61] che indica tre porzioni crescenti: «small», «medium», «large».

In conclusione, quindi, uno stile di vita sano, ma soprattutto un'alimentazione varia, equilibrata e bilanciata come quella illustrata nella piramide – che prevede tanta verdura, tanta frutta, cereali integrali, semi, legumi, poche proteine animali e una quantità minima di condimenti – non possono essere introdotti dall'oggi al domani, se non a costo di immensi sforzi da parte di tutti. Molto meglio vedere tutto questo come un percorso, di cui è possibile gettare le fondamenta dalla gravidanza: mangiare bene durante la gestazione, allattare il bimbo per sei mesi, quindi svezzarlo nel rispetto di determinate regole sono tutti passi che vi aiuteranno a raggiungere questo risultato con gioia, invece che con fatica. Ci vuole impegno? Sì, certo, ma credo che poche cose, più di questa, possano essere davvero considerate «nell'interesse del bambino».

[61] *Atlante fotografico delle porzioni degli alimenti*, Istituto Scotti Bassani per la ricerca scientifica e nutrizionale, Milano, liberamente scaricabile dal sito (www.scottibassani.it).

Il primo trimestre

Il mio «giorno dei giorni» è il 25 settembre 2015, quando mi sono ritrovato a camminare avanti e indietro in un corridoio d'ospedale, esattamente (e non è un eufemismo) come nei film. Alle 11.15 l'attesa è finita e sono diventato papà: improvvisamente, tutto ciò che Veru e io avevamo solo immaginato nei mesi precedenti è diventato vero. Vivienne è nata, ho sentito la sua voce, il suo respiro. Dopo tanti mesi di rapporto esclusivo con la sua mamma, ho potuto toccarla, guardarla, accarezzarla e piangerle addosso!

È stata un'emozione travolgente. Mi sono commosso, mi tremavano persino le ginocchia! Non riuscivo a tenere in mano lo smartphone – e sì che, come tutti i neopapà del XXI secolo, ero tecnologicamente attrezzatissimo... Per fortuna sono riuscito a riprendermi quel tanto che bastava per essere accanto alla pediatra neonatale durante la prima visita: ho seguito il primo bagnetto, la prima pesata, tutto... e ovviamente ho cominciato a scattare, filmare, registrare ogni cosa possibile. L'emozione, però, era talmente grande e nuova e meravigliosa che sono saltati tutti gli argini. Mi sono sciolto in un pianto impossibile da interrompere e, come se fossi a casa mia, in tutta serenità ho cominciato a «parlare» (questo, invece, sì che è un eufemismo) con Veru, che si trovava nella stanza accanto: «Stai bene tesoro? Tutto ok? Hai visto che bella?». Sembra niente ma anche adesso, mentre scrivo queste poche righe, i miei occhi riempiono i serbatoi.

Finita la visita, sono diventato tutt'uno con la culla che ha accolto Vivienne finché mamma Veru non fosse stata pronta per il cosiddetto *skin-to-skin*, il contatto pelle a pelle tra madre e figlia, che ci è stato caldamente suggerito dal reparto di Ostetricia e ginecologia. Quando la nostra amica e ostetrica del cuore Stefania ci ha accennato i suoi benefici, non abbiamo potuto che esserne entusiasti: il contatto pelle a pelle aiuta il bambino nell'avvio della respirazione, e fa sì che si attivi più velocemente nel compiere la «scalata» al seno materno, basandosi unicamente sui suoi sensi (in particolare vista e olfatto). Insomma, fa tutto da solo! Onestamente? La prima volta che me l'hanno raccontato ho sgranato gli occhi: okay, la natura crea capolavori, ma un bambino di nemmeno un'ora che si orienta in autonomia, per quanto in uno spazio limitato... Poi ho visto la mia Vivienne – lunga meno del mio avambraccio – che, dopo i primi cinque minuti di contatto, ha scalato l'impossibile per raggiungere il seno e guadagnarsi le prime goccioline di colostro. Indovinate? Ebbene sì, a costo di perdere la faccia definitivamente ve lo voglio confessare: mi sono commosso ancora!

Tornando al contatto pelle a pelle durante le prime ore di vita, sembra che i bambini che l'hanno vissuto nei giorni successivi piangano meno, godano di una temperatura corporea più stabile e abbiano meno ormoni dello stress circolanti nel sangue: essendo Vivienne la nostra prima figlia non saprei fare confronti con altri bambini, ma a mio parere questi sono tutti eccellenti motivi per non privarsi di questa pratica che, tra l'altro, come anticipato alle pp. 81 e 100-101, risponde a un bisogno fisiologico ben preciso di mamma e cucciolo.

Veru e io siamo stati lasciati in sala parto con Vivienne per circa tre ore, immersi in un'intimità speciale. La piccola dormiva e ciucciava dal seno della mamma. Noi genitori eravamo superemozionati: Veru (come sempre) più tranquilla, ancora incredula di ciò che teneva tra le braccia; io in preda a un mix faticosissimo di commozione/esaltazione dal quale, lo giuro, sono uscito nel giro di qualche giorno. Ricorderò questo spazio solo nostro per sempre: io e il mio amore a guardare la nostra bambina che dormiva beata, tutta rosa, bellissima e con tanti, tanti capelli!

I neonati, creature «hi-touch»

Le primissime ore dopo il parto costituiscono il periodo più sensibile per lo stabilirsi di un dialogo intimo e profondo tra madre e figlio. È stato dimostrato che la conoscenza di mamma e bambino è facilitata dal rimanere nelle prime ore dopo il parto a contatto pelle a pelle: questa pratica consente infatti ai due di *ri-conoscersi* e *ri-trovarsi* al di fuori dell'utero, costruendo così un senso di appartenenza reciproca.
Al momento della nascita madre e neonato si trovano infatti in uno stato emozionale e ormonale completamente aperto, definito come «periodo sensitivo», durante il quale fanno conoscenza attraverso i loro canali sensoriali, primi fra tutti il tatto e l'olfatto. A differenza di quel che ancora qualcuno pensa, i neonati comunicano eccome! Solo, non verbalmente, ma attraverso la comunicazione non verbale, e in particolare attraverso il tatto. Sono, anzi, creature «hi-touch», ad alto contatto fisico: stanno bene se sentono la presenza fisica della madre vicina; la donna, a sua volta, amplifica i medesimi canali di comunicazione non verbale e trae dalla presenza del piccolo la stessa sicurezza. Tutto questo è molto logico, se pensiamo che l'embrione prima e il feto poi stanno per nove lunghi mesi «dentro» la mamma, con la quale condividono praticamente tutto. Alla nascita, e per molti mesi a seguire, il cucciolo d'uomo non sarà indipendente dal proprio referente adulto, ma avrà bisogno di essere accudito e protetto, per sopravvivere. È intuitivo comprendere come il contatto diretto con la mamma (ma anche con il papà!) rappresenti per il neonato il mezzo privilegiato per ritrovare quella sensazione di abbraccio vissuta nei nove mesi precedenti e persa improvvisamen-

te: in un certo senso, si tratta di ritrovare lo stato rassicurante che ha preceduto la nascita. Il contatto fisico precoce con il proprio bambino, pertanto, aiuta a ricostruire quei fili relazionali interrotti dall'esperienza del parto, favorendo un senso di continuità rispetto alla vita intrauterina e l'emergere delle innate competenze materne.

Massimo Agosti, pediatra

Naturalmente, le prime ad arrivare per fare la conoscenza di Vivienne sono state le nonne, Mirca e Cristina, arrivate intorno alle cinque del pomeriggio. Le prime e le ultime, per quella giornata: in quel momento avrei voluto condividere la mia gioia con il mondo intero, mi sentivo un leone, quindi inutile dire che sarei stato disposto a un *tour de force* potenzialmente letale di «presentazioni»... Sono stato salvato dalla saggezza di Veru con la quale, prima del parto, avevo deciso di centellinare le visite per goderci gli incontri uno per uno, senza stress. È stata un'idea davvero lungimirante: diventare genitori e nonni non è un'esperienza che si vive tutti i giorni, ed è stato davvero splendido poter dedicare alla conoscenza di Vivienne con Mirca e Cristina tutto il tempo di cui abbiamo sentito il bisogno. Per quel giorno, quindi, stop ai nuovi incontri!

Inutile entrare nel dettaglio dei giorni successivi: controlli, primi cambi di pannolino, prelievi ematici per screening neonatali (bastano un paio di goccioline di sangue per verificare la presenza di più di settanta patologie!).

La vera avventura è iniziata tre giorni dopo, quando siamo usciti dall'ospedale e approdati a casa, con il nostro fagottino in braccio e una montagna di conoscenze sull'allattamento al seno (per le quali dobbiamo ringraziare Graziosa, puericultrice specializzata) e il massaggio infantile. Si tratta di un insieme di tecniche tradizionali indiane che, adattate in una specifica sequenza, costituiscono uno strumento attraverso il quale è possibile rafforzare la relazione con il bambino. Numerose evidenze scientifiche attestano poi gli effetti positivi del massaggio non solo a livello psicologico ed emotivo, ma anche sullo sviluppo fisico del piccolo, con benefici per diversi sistemi (circolatorio, nervoso, digerente, immunitario e respiratorio). Potevamo forse tirarci indietro di fronte alla possibilità di frequentare un corso, appena ci fossimo ambientati nella nostra nuova routine con Vivienne?

Bonding e massaggio infantile

Come mai i genitori scattano quando il bambino piange? Questo comportamento (insieme a mille altri atteggiamenti che hanno a che fare con la cura dell'altro) deriva dal legame che li unisce al figlio. È noto come *bonding*, dal verbo inglese *to bond*, che significa proprio «unire». Il *bonding* inizia già durante la gravidanza, ben prima che la madre, quindi, possa interagire volontariamente con il figlio, ma si sviluppa anche dopo la nascita, in un processo che coinvolge entrambi in maniera reciproca. Nelle prime ore dopo il parto, alcuni genitori sono euforici alla semplice vista del loro bambino, mentre altri non si sentono così coinvolti emotivamente. Entrambi questi sentimenti sono normali: il *bonding* non dipende esclusivamente dal bambino, ma anche dal genitore, e quindi dalle condizioni del parto e del periodo perinatale, dagli ormoni della madre, dalla situazione familiare, dallo stress, dalla stanchezza postparto e chi più ne ha più ne metta. Il contatto pelle a pelle tra mamma e bambino lo favorisce; se per qualche ragione però non è possibile, niente panico: diversi studi dimostrano che il *bonding* si verifica comunque, nel tempo, grazie a cure e interazioni.
Quali sono gli elementi che «nutrono» il *bonding* e lo facilitano? Certamente i sensi: toccarsi reciprocamente, annusarsi, guardarsi, ascoltarsi (sia che si parli, sia che si pianga), sorridersi, allattare (sia al seno sia con il biberon), ma anche condividere gli stessi ritmi e bioritmi. Non è casuale che la prima voce dell'elenco sia «toccarsi»: la pelle è l'organo più esteso del corpo e il tatto è il primo senso che il neonato sviluppa nell'utero, già nel primo trimestre di gravidanza. Il contatto pelle a pelle tra mam-

ma e bambino causa in entrambi la secrezione di endorfine e serotonina (che ci fanno sentire bene) e l'abbassamento dei livelli di cortisolo (un ormone dello stress); la donna, inoltre, produce più ossitocina e prolattina (che favoriscono la produzione di latte): tutte condizioni che favoriscono il *bonding*. Secondo uno studio condotto dalle Università di Haifa e Tel Aviv, inoltre, il massaggio infantile aiuta i bambini nel rispettare i ritmi circadiani, migliorando così il ciclo di sonno loro e, di conseguenza, dei genitori.[1] Quindi, se volete:

- migliorare il rapporto con il vostro bambino (anche se è già fantastico!), costruendo con lui una comunicazione non verbale basata sul contatto;
- abbassare i livelli di stress (vostri e del bambino);
- rilassare lui e voi;
- imparare a capire i segnali del vostro bambino (pianto incluso)...

allora il massaggio neonatale fa per voi. Potete rivolgervi alla International Association of Infant Massage (IAIM),[2] che forma insegnanti specializzati.

Tata Adriana

Gli obiettivi dei primi giorni in tre erano chiari: fare in modo che Arturo, il bassotto di casa, conoscesse Vivienne e imparasse a rispettarla, e capire come gestire il nostro tempo. Per essere presente e godermi la mia famiglia in pieno ho preso un periodo di paternità: mi sono organizzato in modo da poter limitare appuntamenti di lavoro, trasferte e ore al telefono per un paio di mesi. L'unica eccezione è stata il mio spazio settimanale di «cucina della salute» alla *Prova del cuoco*, per il quale ho continuato a spostarmi a Roma un giorno la settimana, a partire dal mese di vita di Vivienne. Un sincero grazie ad Antonella, che ha proprio un cuore di mamma!

[1] Ferber S.G., Laudon M., Kuint J., Weller A., Zisapel N., *Massage therapy by mother enhances the adjustment of circadian rhythms to the nocturnal period in full-term infants*, in «Journal of Developmental and Behavioral Pediatrics», dicembre 2002.
[2] www.iaim.net.

Tempo qualche giorno, con Vivienne in fascia, eravamo pronti per la prima uscita. Meta: lo studio del nostro pediatra di fiducia, Massimo Agosti! Peso, lunghezza, visita generale e una serie di raccomandazioni legate all'allattamento a richiesta: arruolati per crescere Vivienne. Ci saremmo riusciti!

Per la verità, entrambi gli obiettivi che ci eravamo posti si sono rivelati molto più «abbordabili» del previsto.

Temevano l'incontro con Arturo perché ha una serie di problematiche comportamentali dovute al suo passato avventuroso ma complicato di cane importato dall'estero: è diffidente con le persone, lascia avvicinare solo chi considera un amico (e conquistarlo, vi assicuro, non è scontato), è «mordace» al punto giusto. Costruire un equilibrio non è stato immediato, ma oggi di lui ci fidiamo: lo portiamo con noi a fare lunghe passeggiate, anche in luoghi frequentati, e durante il percorso possiamo fermarci senza problemi per chiacchierare con altre persone. Avevamo qualche titubanza legata al fatto che Vivienne era per lui a tutti gli effetti un'estranea, e con gli sconosciuti non sempre lega al primo sguardo. In questa occasione, però, devo proprio dire che Arturo ci ha lasciati senza parole. Affermare che sono orgoglioso di lui è poco. Dal primissimo momento che ha conosciuto Vivienne è stato con lei affettuoso e premuroso. È capace di fissarla per ore, che sia nella carrozzina o nel suo lettino, e di avvisarci con un abbaio al primo movimento: quel che si dice un ottimo baby-sitter! Tanti consigli li devo al mio amico Angelo Vaira che, con i suoi tutorial sul web e qualche messaggino al telefono, ci ha saputo indirizzare correttamente.

Con il secondo obiettivo, non lo nego, non è andata così liscia, ma sicuramente meglio di quanto potevo immaginare prima dell'arrivo della Vivienne «reale». Subito, come tutti i neogenitori, ci siamo trovati spiazzati nel dover armonizzare i nostri ritmi con quelli di un neonato. Allattare al seno a richiesta per Veru è stato un grande piacere ma anche una grande fatica, specie nel primo mese, quando Vivienne voleva poppare ogni ora... È stata dura riuscire a ricavare spazi per altro, ma per fortuna esiste la tecnologia, che permette di rimanere sempre in contatto con il mondo esterno! In quel primo mese ho visto Veru un po' stanca, ma finché è la felicità a fare da padrona e si è in due a gestire la quotidianità, tutto si supera.

Per nostra fortuna, Vivienne si è rivelata presto amante della fascia e delle lunghe passeggiate e, come niente, alternando momenti di tranquillità a dubbi atroci, ci siamo ritrovati a Natale, il primo in tre!

Nei tre mesi precedenti non avevamo introdotto in casa nessuna bilancia pesa-bambini, per evitare di cadere nel tunnel delle paranoie legate al peso. Agosti ci ha molto rassicurati in tal senso: «Ragazzi» ci aveva detto, «se sta bene, cresce, riempie pannolini e chiede di mangiare, allora tutto procede bene». Ed è proprio così che è andata: a ogni visita di controllo ci siamo ritrovati con centinaia di grammi in più. Brava Vivienne e brava Veru, come ama ripetere Massimo.

Il primo trimestre e il rapporto con la mamma

Nonostante il parto rappresenti una frattura rispetto al periodo uterino, nei mesi successivi alla nascita l'unità madre-bambino continua a esistere, modificando ed evolvendo nel tempo il proprio equilibrio relazionale, in termini di vicinanza e distanza fisica e affettiva. Il taglio del cordone sancisce la prima separazione fisica, ma occorreranno mesi prima che possa maturare quella mentale e affettiva, che consentirà a entrambi di percepire gli esatti confini che li separano. Madre e figlio hanno infatti bisogno di tempo per portare a compimento la propria maturazione e raggiungere la propria indipendenza: la donna deve abituarsi a essere anche madre (oltre che figlia e partner), consolidando così le proprie capacità genitoriali, mentre il piccolo deve imparare ad affrontare il mondo esterno. Subito dopo la nascita, il neonato dipende comple-

tamente dalla madre e continua a percepirla come un prolungamento di sé: non distingue cosa è fuori e cosa è dentro di sé. La mamma, d'altro canto, tende a vivere in simbiosi con il piccolo, quasi egli fosse ancora una parte del proprio corpo. Siamo abituati a pensare a mamma e neonato come a due presenze distinte, con necessità differenti, ma – se questo può essere vero per qualche specifica patologia di uno dei due – dal punto di vista pratico e comportamentale nei primi tre mesi di vita del bambino non esistono due persone, ma la diade madre-neonato. La diade è un'esperienza fisica, emozionale, ormonale e relazionale tra madre e neonato, un percorso articolato e complesso che inizia nel periodo prenatale, in gravidanza, si consolida alla nascita e continua nei primi mesi di vita. Molteplici variabili influiscono sul suo divenire: l'ambiente familiare, il rapporto con il partner, il tipo di parto e lo stato di salute di mamma e neonato. Numerose ricerche hanno messo in evidenza come sia possibile favorire il legame della diade attraverso il contatto pelle a pelle durante le prime ore dopo la nascita, di cui abbiamo già parlato. Numerosi studi dimostrano inoltre che il precoce e, poi, continuato contatto diretto influenza positivamente l'adattamento del neonato all'ambiente extrauterino e l'avvio e il mantenimento dell'allattamento al seno. Ecco perché nei primi tre mesi di vita il cucciolo d'uomo ama essere preso in braccio: non è un vizio o un capriccio, ma un semplice bisogno di accudimento. Tale processo di attaccamento (il cosiddetto *bonding*) favorisce anche un vissuto materno positivo, prevenendo sintomi ansiosi/depressivi nella donna, che possono avere un impatto negativo sulla relazione della madre con il proprio neonato e poi, successivamente, con il bambino.
A proposito dei papà, il loro «ingaggio» (che ormai di regola avviene sin dalla gravidanza) fa sì che la diade si trasformi in triade, per permettere il passaggio nel genitore di sesso maschile da essere figlio e partner a essere anche padre, entrando in gioco e in relazione con le proprie capacità genitoriali.

Massimo Agosti, pediatra

A fine dicembre, poco prima del suo terzo complimese, abbiamo vaccinato Vivienne, per fornirle tutti gli strumenti – che altrimenti le sarebbe impossibile possedere – per fare fronte in sicurezza a gravissime patologie.

Come funzionano i vaccini? Attraverso un meccanismo molto semplice: un preparato contenente una versione «depotenziata» del virus o del batterio, somministrato, stimola l'organismo a produrre anticorpi che neutralizzano il virus o il batterio stessi. In questo modo, il corpo acquisisce un'immunità prolungata nel tempo.

È grazie a questo se l'umanità è riuscita a eradicare malattie pericolosissime, come il vaiolo, ed è sempre grazie a questo se non si rilevano più da anni casi di patologie di estrema gravità, potenzialmente mortali e, di sicuro, invalidanti, come difterite o poliomielite.

Qualcuno di voi si starà chiedendo quali e quanti rischi corre un bambino prima di venire vaccinato... Ebbene, prima di allora, il bimbo viene protetto dagli anticorpi che la madre gli ha trasferito durante la gravidanza, attraverso la placenta. In sostanza, alla nascita, egli ha lo stesso repertorio anticorpale della madre. Da quel momento, però, gli anticorpi materni cominciano a diminuire, dimezzandosi circa ogni trenta giorni e scomparendo completamente intorno ai sei-otto mesi. Come osserva Roberto Burioni, professore di Microbiologia e Virologia dell'Università San Raffaele di Milano, questo ci induce a due considerazioni.

«La prima è che, come dicevano i latini, *nemo potest quod non habet dare*. In altre parole, la mamma trasferisce al bimbo gli anticorpi che ha, non quelli che non ha. Se per esempio non ha avuto la varicella e neppure è stata vaccinata, non potrà trasferire al bambino gli anticorpi contro la varicella e quindi il bambino, fin dal primo giorno di vita, non avrà alcuna protezione e potrà contrarre la malattia, che in età neonatale ha spesso conseguenze catastrofiche. Lo stesso vale per tutte le altre malattie (morbillo, pertosse, parotite, tetano e via dicendo). [...] Questo spiega perché è importante vaccinarsi e, prima di considerare una gravidanza, valutare se si è immuni contro i più importanti patogeni e, se necessario, sottoporsi alla vaccinazione o fare un richiamo.

«La seconda importante considerazione è che [...] per alcuni virus (morbillo, parotite, rosolia) non si può vaccinare il bimbo prima dei 13-15 mesi. Questo lascia purtroppo aperta una pericolosa «finestra» di alcuni mesi in cui il bimbo non è più protetto dagli anticorpi della mamma e non è ancora coperto dal vaccino. L'unico modo che abbiamo per proteggere questi bimbi è vaccinare tutti, in modo che, grazie all'immunità di gregge, il virus non circoli e non possa infettarli in questo periodo di inevitabile vulnerabilità.

«Chi non vaccina consente al virus di circolare e quindi mette in pericolo tutti i bambini, anche i figli di quelli che li vorranno vaccinare. Questo è bene saperlo, in quanto un bambino (e in generale un individuo) non vaccinato è oggettivamente un pericolo non solo per se stesso, ma anche per tutta la società.»[3]

Vivienne il 21 dicembre è stata vaccinata con la prima dose antidifterica, antitetanica, antipertossica, antipoliomielitica, antiepatite B, antihaemophilus I.B e antipneumococcica coniugata. Alla ASL ci hanno fornito una documentazione chiarissima su vaccini e richiami, che voglio riportare almeno in parte. Questa tabella spiega bene quali vaccinazioni vanno fatte e quando. Ovviamente, è valida per l'Italia, perché paese che vai... virus che trovi! Avrete probabilmente sentito di alcuni casi di meningococco in Toscana: per prevenire la diffusione del virus, la Regione ha approntato un'apposita campagna di vaccinazione, giustissima perché le vaccinazioni sono una risposta di difesa a pericoli reali, non immaginari.

[3] *Maternal immunization as a strategy to decrease susceptibility to infection in newborn infants*, in «Current Opinion in Infectious Disease», giugno 2013.

Vaccinazione	3° mese	5° mese	11° mese	12-15 mesi	5-6 anni	11 anni	15-16 anni	Ogni 10 anni
Tetano, difterite, pertosse	DTPa	DTPa	DTPa		DTPa		DTPa	DT
Polio	IPV	IPV	IPV		IPV			
Epatite B	HBV	HBV	HBV					
Haemophilus B	HiB	HiB	HiB					
Morbillo, parotite, rosolia				MPR	MPR			
Pneumococco	PCV	PCV	PCV					
Meningococco B				MEN B				
Meningococco C				MEN C				
Papilloma virus						HPV (2 dosi)		

Gli unici bambini che, nelle parole della ASL, non possono essere vaccinati sono quelli che hanno la febbre (nel qual caso basterà prendere un nuovo appuntamento), quelli che hanno avuto gravi allergie o che hanno malattie importanti: in ogni caso, sarà il pediatra a suggerirvi come comportarvi.

E quanto ai temuti effetti collaterali? A parte un po' di gonfiore nel punto dell'iniezione o un po' di malessere generale (che sicuramente ricordate di aver sperimentato in prima persona), non ce ne sono. O meglio, le reazioni gravi sono rarissime, come per ogni tipo di farmaco – e questo non lo dico io, Bianchi Marco, ma lo afferma compatta l'intera comunità scientifica mondiale.

Dato che non sono un medico, però, su questo argomento voglio lasciare la parola a Massimo Agosti, che sfaterà con la consueta chiarezza tutti i falsi miti che circolano in giro. Io vi aspetto al prossimo trimestre!

Perché dobbiamo vaccinare i nostri figli?

Le vaccinazioni rappresentano il più efficace strumento di prevenzione nei confronti delle malattie infettive che, anche se drasticamente ridotte nel nostro paese, costituiscono sempre un potenziale e grave pericolo per i nuovi nati.
Vaccinare è uno degli interventi medici con maggiore impatto nella storia dell'umanità: malattie infettive che ogni anno erano causa di morte o portavano a disabilità milioni di persone (come, per esempio, difterite, tetano, vaiolo o poliomielite) nel corso dell'ultimo secolo sono state debellate. Come? Grazie ai progressi della scienza nel comprendere la struttura di batteri e virus e come essi interagiscono con il sistema immunitario. In questo modo è stato possibile sviluppare vaccini sempre più sicuri e proteggersi così da un numero sempre maggiore di malattie (parlo, per esempio, delle vaccinazioni contro i vari tipi di meningite da meningococco). Oggi la ricerca sta lavorando per debellare anche malattie come tubercolosi, malaria e HIV.
I vaccini attualmente a disposizione garantiscono una protezione sempre più efficace contro una serie di malattie infettive e, al tempo stesso, presentano rischi sempre più ridotti di effetti collaterali. Non ci pensiamo mai perché non siamo abituati a sentirne parlare, ma le malattie dalle quali i vaccini proteggono sono molto pericolose. Basterebbe un caso di morbillo complicato per togliersi tale errata convinzione.
I vaccini comunemente usati per l'infanzia non sovraccaricano il sistema immunitario, al contrario lo rinforzano nella logica più naturale possibile e non sono pericolosi: non presentano effetti collaterali di rilievo. Si può perciò vaccinare in assoluta tranquillità, l'unica precauzione consigliabile è di farlo quando il piccolo è in salute e sta bene.
Ritengo importante invitarvi a riflettere su quanto avete appena letto perché, nonostante l'intera comunità scientifica mondiale ripeta che i vaccini sono utili e sicuri, alcuni gruppi di persone sostengono che essi sono inutili e/o pericolosi. Non ci sono evidenze scientifiche plausibili a riguardo. Non vaccinando, oltre a esporre a un rischio grave e ingiustificato i piccoli, si metterà a

rischio anche la salute di chi non si può vaccinare, per esempio perché l'avere contratto una malattia grave glielo impedisce. È perciò importante la scelta consapevole da parte dei genitori di proteggere i propri figli nei confronti di malattie potenzialmente mortali o gravemente invalidanti: vaccinare è un'opportunità irrinunciabile offerta per contribuire a rendere più sicura la vita dei vostri figli.

Massimo Agosti, pediatra

Il secondo trimestre

Il secondo trimestre di Vivienne si è aperto con il suo primo sorriso. Inutile dire che ho finalmente capito come si sentiva Dante Alighieri di fronte a Beatrice... Se prima ero innamorato di mia figlia, da quel momento sono stato completamente perso, ammaliato, bollito, conquistato (per non dire la schietta verità, cioè rincretinito!).

È successo a gennaio 2016, nel pomeriggio. Veru e io la osservavamo mentre dormiva: era come se si stesse «esercitando» a sorridere perché spostava con dolcezza gli angolini delle labbra, per poi ritornare con le labbra a cuore. Al suo risveglio, dopo aver realizzato dove fosse, ecco che ci ha illuminati entrambi con questi occhi ridenti e la bocca all'insù! Lì per lì me lo sono proprio goduto, poi, il giorno dopo, da bravo scienziato, ho pensato di verificare: non è che forse si trattava di un riflesso in risposta a qualcosa che avevamo fatto? Non è che aveva sorriso «per sbaglio»? Per fortuna avevamo una visita fissata con il dottor Agosti, che mi ha rasserenato esplodendo in una bella risata e in un indimenticabile: «Ma quale sbaglio! No no, ti giuro: i neonati associano davvero il piacere al sorriso!». Felici come non mai, ce ne siamo tornati a casa sentendoci i più fortunati del mondo: per quanto piccola, Vivienne non sorrideva certo a caso, ma proprio a noi due!

Tutta questa storia dei sorrisi, nelle settimane seguenti, è diventata sempre più coinvolgente. Il fatto è che Vivienne aveva capito come funzionava il gioco e, essendo molto socievole, sorrideva continuamente, a chiunque mostrasse di voler comunicare con lei. Fuori casa, magari al parco o semplicemente per strada, se qualcuno si fermava a guardarla e le diceva: «Che bella che sei!», lei, vezzosa, rispondeva così, illuminandosi tutta. A quel punto si avviava una sorta di circolo vizioso, perché la persona rincarava la dose di complimenti, Vivenne quella di sorrisi... e Veru e io rimanevamo bloccati per interi, divertentissimi quarti d'ora sulla strada per il fruttivendolo!

Io, chiaramente, di questa sua predisposizione approfittavo (e approfitto) più che posso. Tuttora di mattina, quando mia figlia è appena sveglia e si sta guardando in giro, mi avvicino, le dico «buongiorno!», e poi rimango a contemplarla mentre mi spara un sorriso spaziale. La bacio, la accarezzo, canticchio, le faccio grattini e massaggini di ogni tipo appositamente per vederla sorridere con quelle belle gengive rosee che ha.

Il secondo trimestre

Verso il quarto mese il lattante comincia a uscire dalla simbiosi con la mamma, arrivando gradualmente a uno stato di percezione del proprio corpo come distinto da quello di lei. Durante questo periodo i comportamenti riflessi lasciano via via il posto a quelli volontari: verso il quinto mese il bebè è in grado di guardare ciò che vuole vedere, di afferrare ciò che vuole prendere, di rispondere con suoni specifici agli stimoli esterni, alla voce e alla presenza degli altri. È ora che impara a rotolare su se stesso e che gli oggetti diventano importanti. Essendo ancora limitata la possibilità di raggiungere quelli (moltissimi) che vede intorno a sé, è un'ottima idea appagare la sua curiosità portando gli oggetti da lui. Mettendolo a pancia in giù e a pancia in su, ma anche tenendolo seduto, verso il quinto mese e con un adulto dietro che lo aiuta, possiamo offrirgli oggetti comunemente usati in casa, innocui e non dannosi, di varia consistenza e forma. Abbiamo creato così il «cestino dei tesori», formidabile mezzo di transizione verso l'indipendenza dalla mamma e verso l'identificazione del proprio sé (oltre che per sviluppare e affinare la prensione manuale): consiste in un cesto di vimini o altro materiale naturale riempito con oggetti vari a patto che siano «non strutturati», ovvero semplici, esclusivamente di materiali naturali come legno, metallo, gomma, carta, tessuto, pelle, cartone eccetera... In questo modo, offriremo al bambino la massima varietà di stimoli per tutti i cinque sensi. Ai piccoli, seduti di fronte al cesto, viene lasciata massima libertà di esplorare gli oggetti che preferiscono, afferrandoli, toccandoli, passandoli da una mano all'altra e portandoli alla bocca. Esaurita l'esplorazione di un certo oggetto, il bambino ne sceglierà un altro. Il ruolo dell'adulto è quello solo di osservare e garantire serenità: non deve intervenire. I bimbi vi sorprenderanno per la loro capacità di concentrazione: questo gioco riesce a coinvolgerli per intervalli di tempo che, considerata l'età, sono sorprendenti.

Dottor Agosti, pediatra

La sera è quasi una sfida smettere per andare a dormire. Vivienne ha dormito con noi per tutto il periodo dell'allattamento, alternando lettino e lettone. Arturo stazionava ai piedi del letto, vigile e allerta per proteggerla anche durante la notte.

Devo confessare che siamo stati davvero fortunati: il sonno non è mai stato un problema. La cosa mi ha stupito tantissimo perché, quando eravamo in attesa, Veru e io ci siamo sentiti ventilare scenari apocalittici: chi ha passato le notti insonni per mesi (chi addirittura per anni), chi non ha più avuto nemmeno il tempo di fare una doccia, chi non è riuscito a mettere la testa fuori casa neanche per un secondo... Vivienne ha sempre dormito, alternando notti in cui si svegliava una volta intorno alle 3-3.30 per la poppata, ad altre in cui invece apriva gli occhi direttamente dopo sei o sette ore. Veru e io abbiamo continuato ad andare a dormire verso mezzanotte/l'una e a svegliarci presto: insomma, sembra quasi che Vivienne «ci segua» e si sia adattata istintivamente ai ritmi della casa. Certo, al contrario di noi fa dei gran bei sonnellini di giorno, durante i quali cerchiamo di non disturbarla per nessuna ragione al mondo, ma è il bello dell'essere neonati, no? Come dico sempre: «È da contratto»!

L'unica cosa che davvero è cambiata nella nostra vita con il suo arrivo è l'attività fisica: durante il primo trimestre abbiamo dovuto dire addio al nostro amato functional training, che praticavamo quotidianamente. In compenso abbiamo passeggiato, questo sì, e tanto.

Camminare ci piace, ci è sempre piaciuto, ma nel secondo trimestre abbiamo aumentato il ritmo e quelle che inizialmente erano semplici passeggiate sono diventate sessioni di walking a velocità sostenuta, per almeno 12 chilometri. Vivienne è sempre venuta con noi, in carrozzina o, ancora meglio, in fascia. Le scuse per uscire? Mille! Portare fuori Arturo, arrivare dall'ortolano del paese vicino e tornare con sporte piene di verdure di stagione, ma anche sostenere Veru nel suo sacrosanto desiderio di cominciare a rientrare nel suo peso forma.

A questo proposito... in tante, sui social o dal vivo, alle presentazioni dei libri o durante altri eventi, mi avete domandato se Veru abbia seguito un'alimentazione particolare durante l'allattamento. La risposta è no: essendo abituata a nutrirsi in modo vario ed equilibrato, ha mangiato come sempre. Ha solo bevuto di più, come raccomandano i LARN. Che cosa? Be', acqua, ma anche succhi da estrattore, infusi e tisane. Non posso non citare i centrifugati, una delle sue passioni! I suoi preferiti durante il primo inverno di Vivienne erano due, entrambi dai benefici drenanti: ecco le ricette!

Succo estratto di ananas, finocchio, mela, sedano e zenzero

- 2 fette di ananas
- ¼ di finocchio
- ½ gambo di sedano
- 1 mela
- zenzero (circa 1 cm)

Lavate, mondate e tagliate frutta e verdura a pezzetti. Estraete il succo e servite. Questo delizioso mix di frutta e verdura, oltre a un sapore indimenticabile, vi stupirà con i suoi superpoteri drenanti ma anche rimineralizzanti, grazie alla gran quantità di potassio, magnesio, rame, ferro, vitamine A, C, B e bromelina, molecola ad azione antinfiammatoria e lipolitica.

Se potete, scegliete un estrattore a lenti giri: solo così il succo sarà ricco di vitamine (se ne conserverà ben il 95 per cento), di fibra solubile e conterrà anche parte di fibra insolubile.

Se vi state domandando come poter utilizzare gli scarti, ecco qua: sbriciolateli nella prima insalatona della giornata oppure conditeli con olio EVO, aceto balsamico, un pizzico di sale e pepe e serviteli come se fossero una tartare.

Succo estratto di ananas, mango, barbabietola e menta

- ¼ di barbabietola (meglio cruda, ma anche lessata va bene)
- 3 fette di ananas
- ¼ di mango
- qualche foglia di menta

Lavate, mondate e tagliate frutta e verdura a pezzetti. Estraete il succo e... se volete coccolarvi, «condite» il tutto con un cucchiaino di olio extravergine di oliva, oppure con qualche mandorla o nocciola: sentirete che bontà!
All'azione drenante, questa ricetta unisce un'azione antinfiammatoria, per la quale dobbiamo ringraziare betaina e bromelina, e protettiva delle mucose, dovuta ai carotenoidi. È anche ricca di minerali come ferro e calcio e di vitamine, in particolare del gruppo A, B e C.

Vivenne in questi tre mesi è cresciuta tantissimo. Non parlo di sviluppo fisico, ma proprio di capacità di interagire con l'ambiente. Mi sono reso conto che il gioco si faceva serio quando ho realizzato che aveva cominciato a riconoscere volti e voci, anche di persone che vedeva meno di me e Veru, come le nonne, i nonni e alcuni amici. Nonna Mirca ne è andata così fiera che ha cominciato a ricambiarla dando sfogo alla sua passione per il lavoro a maglia: a dicembre, gennaio e febbraio si è presentata ogni settimana con un nuovo maglioncino di lana, tutti modelli che facevano concorrenza a quelli delle grandi boutique per l'infanzia! Siamo arrivati alla quota record di quindici maglioncini – a mantellina, con cappuccio, senza cappuccio, maniche lunghe, smanicati, con bottoni, senza bottoni, aperti oppure chiusi, con il punto così e quello cosà (non chiedetemi maggiori informazioni: posso solo dire che sono bellissimi).

Spesso dico che Vivenne ha preso da Veru dal punto di vista sportivo... Non sta ferma un secondo: già allora muoveva la gamba destra, poi quella sinistra; nei mesi successivi ha cominciato a cercare di mettersi su un fianco, per poi finire sulla pancia. A quattro mesi faceva già di tutto per reggersi per bene e scrutare il mondo, ruotando quella testolina di 34 centimetri di circonferenza! Adoro vederla così impegnata a curiosare e non vi nego che mi diverte un sacco spostarmi a destra e a sinistra richiamando la sua attenzione. Mi sento un po' come un giullare di corte, ma quanto è bello esserlo!

Il secondo trimestre insomma, nella nostra personalissima storia di famiglia, sarà ricordato come un periodo davvero magico: quello nel quale abbiamo scoperto tanti aspetti del carattere di nostra figlia – il suo essere socievole, curiosa, intelligente – e intravisto quella che spero sia la sua vocazione alla felicità.

Il sonno dei bambini

Pochi altri argomenti dividono la gente quanto il luogo dove dovrebbero dormire i bambini: c'è chi crede fermamente che, per crescere sicuri e autonomi, debbano stare da subito in camera da soli; altri invece ritengono che, per crescere sicuri e autonomi, debbano dormire con i genitori. C'è chi pensa che la soluzione migliore sia stare in tre nel lettone, altri che lasciano il lettone a mamma e figlio ed «esiliano» il padre in cameretta o sul divano... Le possibilità sono davvero tante, proprio perché non esiste una formula magica valida per tutti. La verità è che, ovunque il neonato dormirà, il genitore ne condividerà il sonno, perché dovrà essere attento ai suoi bisogni. A tutti i neogenitori consiglio di non fustigarsi per apparenti «passi indietro», qualsiasi sia la decisione presa: i bambini crescono, le esigenze cambiano... sarà quasi inevitabile per i più ardenti sostenitori della cameretta trovarsi ad accogliere il bimbo nel lettone, perché ha fatto un brutto sogno o perché in albergo non è disponibile il lettino, così come capiterà al più convinto dei *co-sleepers* di mettere il bimbo altrove perché si soffoca dal caldo o perché si è dovuta prendere una medicina che causa sonnolenza (assolutamente *vietato* se si pratica il *co-sleeping*, qualsiasi sia l'età del bambino).
Chiarito che i genitori condivideranno comunque il sonno del bambino, possiamo concentrarci sul luogo nel quale il piccolo dormirà. L'abitudine di dormire separati è relativamente recente e molto occidentale; è più praticata negli Stati Uniti che in Europa. Nella maggior parte del mondo genitori e bambini praticano una qualche forma di *co-sleeping*, cioè dormono insieme – il che non significa per forza nello stesso letto, anche perché in tante parti del mondo il letto è molto diverso da come lo intendiamo noi. I !Kung del Botswana, per esempio, dormono per terra con i bambini accanto. Non hanno materassi in memory foam né lenzuola, cuscini, coperte o piumoni, quindi i loro neonati rischiano molto meno dei nostri di finire soffocati dalle comodità del letto occidentale. Gli Efe dello Zaire dormono nelle loro minuscole capanne su un letto di foglie, tipicamente due adulti, un neonato, un bambino più grande, un anziano, un cane e, nel caso, un even-

tuale ospite. Alcuni popoli autoctoni del Nord (gli Inuit del Canada e della Groenlandia) per combattere il freddo dormono tutti insieme, ma donne e bambini da una parte e uomini da un'altra. Certe culture del Centroamerica intendono il *co-sleeping* come «a ciascuno un'amaca»: ognuno è avvolto nella sua, bebè compresi, e dormono come tanti bozzoli appesi tra le foglie.
Senza cambiare troppo le nostre abitudini, possiamo trovare un modello di sonno condiviso che si adatti alle esigenze del bambino senza metterne a repentaglio la sicurezza. Il *co-sleeping* è la soluzione che permette al bimbo di addormentarsi sereno, non sentendosi abbandonato, e che più rispetta i suoi ritmi di sonno e veglia, facilitando la madre nell'allattamento al seno. Per farlo in totale sicurezza bisogna solo seguire alcuni accorgimenti:

- scegliere un lettino apposito (in grado di accogliere bambini fino ai due anni): di solito, hanno tre lati fissi e una sponda laterale. Il materasso del lettone rimane leggermente al di sopra di quello del bambino, creando una sorta di «microsponda» che lo protegge ma che facilita il contatto con l'adulto. Il lettino deve essere omologato, no al fai da te;
- scegliere un lettino con le sponde in rete, così che nessuna parte del bambino possa rimanere incastrata;
- scegliere un materasso non troppo soffice;
- prediligere l'uso di un sacco nanna alle coperte per evitare il rischio di soffocamento;
- evitare di tenere nel lettino peluche o altri oggetti;
- mettere a dormire il bebè in posizione supina, meglio se senza cuscino;
- mantenere la temperatura della camera intorno ai 18-20 gradi;
- evitare di assumere qualsiasi sostanza che possa alterare la percezione o indurre sonnolenza;
- evitare di appoggiare il bambino nel suo lettino quando l'adulto accanto a lui è già addormentato: è infatti fondamentale che l'adulto di fianco al bambino sia a conoscenza della presenza del neonato. Questo perché la microsponda creata dal materasso del lettone protegge sì i piccoli, ma non impedisce loro di tirarsi su da soli, di lasciare il loro spazio e di andare in giro.

Tata Adriana

Il terzo trimestre

Sembra impossibile ma siamo già arrivati al terzo trimestre! Quando il libro andrà in stampa, Vivienne avrà sette mesi. Mentre scrivo ne ha sei e mezzo. Ormai chiacchiera: lo fa da diverso tempo, ma ora imbastisce discorsi fatti di un'infinità di vocali, gridolini e qualche consonante. Si produce in meravigliose lallazioni nelle quali Veru e io (come tutti al primo figlio, presumo) cerchiamo di decrittare la sua prima parola. Ogni giorno io sento «papà», lei «mamma». Le nonne ovviamente propendono per «nonna» oppure «nanna». Vai a sapere... Non vediamo l'ora che si stufi di tenerci sulla corda e si pronunci chiaramente!

Le piace la musica, moltissimo. La ascolta proprio: quando collego l'iPod alle casse, sta zitta e si predispone a godersela nota per nota. I suoi gusti? Adora l'intero album di *Masha e Orso* (che prontamente ho scaricato sul telefono di nonne e Veru!) e l'intera produzione di Heather Parisi. Come immaginerete, per quanto Veru e io potessimo amare tutto ciò prima che lei lo scoprisse, ora come ora *Esprimi un desiderio* e *Disco Bambina* sono incubi che ci tengono svegli di notte e, quando non è così, il primo pensiero del mattino... Ci stiamo impegnando molto per proporle nuove canzoni. Ho provato a propinarle anche quelle che ascoltavo io da bambino: ricordo per esempio *La casa* oppure *Ci vuole un fiore* di Sergio Endrigo, ma niente regge per ora il confronto con Heather e la piccola Masha. Ci consola il fatto che, con il tempo, si affezionerà ad altri tormentoni, permettendoci di scordare i precedenti!

In parallelo con la maggiore autonomia di Vivienne, Veru e io abbiamo potuto varcare di nuovo la soglia della palestra per allenarci – e questa sì, è stata proprio una gioia immensa! Ci siamo scoperti un po' «arrugginiti», ma tutto sommato in buona forma, nonostante lo stop forzato. Intediamoci: io sarei potuto andare in palestra fino dalla seconda settimana di vita di Vivienne, ma ho preferito stare sempre accanto a Veru, condividendo tutto il bello ma anche le piccole rinunce che il diventare genitori impone. Roberto ha elaborato un programma di functional training di ritmo un po' meno sostenuto del precedente, che dovrebbe ricondurci in breve tempo a poter sostenere le stesse prestazioni cui eravamo abituati prima dell'arrivo di nostra figlia.

Per me, come papà ma anche come professionista e curiosone nato, l'aspetto più bello dell'arrivo del terzo trimestre è chiaramente l'inizio dello svezzamento. Non vedevo l'ora, sono mesi che studio per prepararmi. Tutto ciò che avete letto nelle pagine precedenti è frutto dell'approfondimento cui mi sono dedicato in vista di questo momento.

Fonti scientifiche a parte, ho voluto anche andare all'esplorazione di altre culture, per capire come svezzano altri popoli, anche molto lontani da noi. Mi si è aperto un mondo pazzesco: ogni paese sull'alimentazione complementare ha tradizioni differenti (alcune da tramandare, come l'usanza giapponese di introdurre nello svezzamento alghe e tofu, altre da dimenticare, come la scelta americana di dare la carne anche a tre mesi).

Innanzitutto, ho scoperto che lo svezzamento, nella forma in cui veniva inteso fino a pochi anni fa, semplicemente non esiste. Tutti i bisogni che nella seconda metà del Novecento ci è stato insegnato che i bambini hanno (farine precotte, creme arricchite, omogeneizzati, formaggini, biscotti speciali e così via) semplicemente non esistono. Sono indotti, figli del boom economico. Certo, i nostri genitori hanno cercato di fare il meglio per noi, ma è probabile che anche loro fossero vittime di un'idea dell'infanzia che prima non c'era e che altrove nel mondo (Occidente a parte) non c'è mai stata.

In tanti altri paesi, lo svezzamento dura pochissimo: «Dopo un po' di mela grattugiata con il cucchiaino o qualche verdura bollita (carote, zucca, patata) e ben schiacciata con la forchetta, i bambini iniziano ad assaggiare il piatto base dell'alimentazione familiare: una pallina di riso, un boccone di polenta bianca, un po' di cous-cous, un cucchiaio di crema di avena, pane bagnato nel latte o nel brodo» scrive Sara Honegger.[1] Perché sia possibile comportarsi così occorre naturalmente che l'alimentazione di tutto il resto della famiglia sia semplice e adatta anche ai bambini, come per esempio in Togo, dove i piccoli assaggiano prima un bocconcino di polenta di mais bianco, che poi arrivano a intingere in un sugo di verdura tolto dal fuoco prima di aggiungere le spezie (zenzero, peperoncino, sale e pepe).

Allo stesso modo, il primo cibo che i bambini scoprono in Cina è il riso, in Brasile è l'avena, nel Maghreb il cous-cous. In alcune zone del Mediterraneo (Albania e Sud della nostra penisola, almeno fino agli anni Cinquanta), era il pane vecchio inumidito, molto più digeribile di quello fresco. A Capo Verde si dà per prima la frutta (intorno ai tre-quattro mesi); seguono zuppe a base di riso e pesce o di verdura e pappe preparate con farina di riso, manioca e latte. In India nessuno si fa problemi per l'uso delle spezie o l'alimentazione al 100 per cento vegetariana, con tutti i benefici nutrizionali che queste scelte comportano. In Olanda si usano soprattutto frutta e verdura, cui vengono aggiunti, gradualmente, prima una pappa lattea e un pasto proteico (a base di uova, pesce o carne), poi pane con formaggio spalmabile. Negli Stati Uniti si svezza prima di quanto consigli l'OMS, ovvero intorno al quarto o quinto mese, con farine di riso e altri cereali. Piano piano si aggiungono frutta e verdura, e presto arriva anche la carne. In Giappone il primo cibo che i neonati assaggiano dopo il latte è il succo di frutta (a cinque mesi). Il primo pasto è a

[1] Honegger S., *Un mondo di pappe*, Torino, Il leone verde, 2008.

base di zuppa di miso, brodo di alghe e una crema di riso e acqua. Gli alimenti che vengono introdotti successivamente sono il tofu, il pesce, lo yogurt e tanta verdura. La carne e il formaggio arrivano a sette-otto mesi, il latte vaccino a dodici.

Alcune persone, poi, preferiscono lasciare che siano i piccoli a svezzarsi in autonomia: si tratta di una pratica chiamata «autosvezzamento», che consiste nel lasciare che i bambini scelgano da soli i primi cibi da assaporare, sulla base del loro gusto. A partire dai sei mesi, il neonato mangia a tavola insieme agli altri, scegliendo sul tavolo quanto lo incuriosisce.

Ogni cultura, come vedete, ha risolto il problema dell'educazione alimentare dei neonati con ciò che aveva a disposizione. È chiaro che, quanto meno spazio viene lasciato all'approccio «sanitario» alla questione, tanto meno prodotti industriali i bambini assaggeranno e tanto più facile sarà socializzarli ai gusti pieni e prelibati dei cibi della salute.

Il terzo trimestre

Il terzo trimestre corrisponde al periodo in cui si introducono i cibi solidi complementari al latte ed è un'occasione speciale per promuovere la salute di un individuo e fare prevenzione. Fra i sei e i nove mesi il bambino è molto orientabile e educabile, anche ai sapori: abituiamolo a consumare frutta e verdura, così sarà un adulto che le mangerà volentieri! L'importante è comprendere che il momento in cui iniziare va provato e «negoziato» con il piccolo, mentre l'introduzione dei cibi va personalizzata, aumentando gradualmente qualità, numero e varietà di alimenti solidi. È, questo, un processo graduale che dura mesi e favorisce una normale masticazione e lo sviluppo del linguaggio. Per non incorrere in problematiche di deficit o eccessi nutrizionali è importante avere un pediatra di riferimento, che abbia a cuore la nutrizione e che sappia confrontarsi con i genitori. In questa sede voglio illustrarvi tre punti fondamentali per la crescita e lo sviluppo: l'apporto proteico, la quota di calcio e l'apporto di sodio.

Apporto proteico. I dati scientifici mettono in guardia sull'eccesso di proteine animali nella dieta che, com'è ormai dimostrato, nel bambino è legato a un accumulo di peso nel primo anno di vita, situazione che a sua volta si associa a un maggior rischio di sovrappeso e obesità (e dunque di tutte le patologie correlate) nell'adolescenza e nella vita adulta. Il fabbisogno proteico nel bimbo in quest'epoca è limitato rispetto a quello di altri animali, perché più lente sono le tappe motorie da raggiungere: non a caso il latte materno è ipoproteico (se paragonato a quello di mucca, di asina o di cavalla, i cui cuccioli si rendono indipendenti precocemente rispetto al cucciolo umano). Tra l'altro il cucciolo d'uomo nel primo anno non è per sua natura carnivoro: nasce «edentulo», cioè senza denti; la dentizione inizia infatti molti mesi dopo la nascita e progredisce molto lentamente. Per queste ragioni lo svezzamento può essere pianificato senza prevedere le proteine animali nel primo anno di vita, garantendo comunque un apporto di proteine adeguato, non solo per quantità ma anche per qualità, ricorrendo per esempio ai legumi (piselli, lenticchie, ceci e fagioli, ben tollerati sin dal settimo mese se decorticati e passati), al tofu e al seitan.
Apporto di calcio. Usualmente l'apporto di calcio viene associato all'assunzione di latte e latticini, in realtà bisogna tenere presente che questi alimenti, per essere digeriti, richiedono una sottrazione di calcio e di altri minerali alcalini dalle nostre ossa. Latte e latticini non sono però le uniche fonti dalle quali attingere il calcio: oltre all'acqua arricchita di calcio, esistono infatti diversi alimenti di origine vegetale che ne sono ricchi, come il thain (salsa di sesamo), l'avena, la soia edamame, ma anche le lenticchie, il tofu e le mandorle (da polverizzare nella pappa).
Apporto di sodio. È assolutamente da evitare l'assunzione di sale fino a ventiquattro mesi, potendo esso provocare a lungo termine l'insorgenza di problemi di salute, in particolare di ipertensione arteriosa. Inoltre, l'eccesso di sale introdotto con la dieta costringe il rene a un «superlavoro», condizionando la percezione del gusto dei cibi, così da indurre il bambino a rifiutare le pietanze non salate perché ritenute meno gustose.

Massimo Agosti, pediatra

Veniamo dunque a noi... Dopo mesi durante i quali ho studiato, ho analizzato, ho approfondito e immaginato, eccomi finalmente alle prese con Vivienne e il suo palato. Sono pronto, me lo sento. Un paio di saltelli e due flessioni di riscaldamento e via, verso la scoperta del cibo!

Parto fiducioso per quanto riguarda le allergie: Veru durante gravidanza e allattamento ha mangiato di tutto, inoltre numerosi studi scientifici attribuiscono all'allattamento al seno un ruolo nella prevenzione delle malattie allergiche,[2] quindi spero proprio che Vivienne non abbia problemi.

Conto anche sul fatto che la mia piccola abbia già gustato tanti e diversi sapori, sia mentre era nella pancia che durante le lunghe ore di poppata... Spero di essere all'altezza di mia moglie, insomma!

Lo svezzamento di Vivienne è iniziato in una tiepida giornata primaverile, a pranzo, con una bella mela grattugiata «condita» con mezzo cucchiaino di thain. Veru e io abbiamo mangiato lo stesso, solo in forma «solida» e senza thain!

Ebbene sì, la strategia che ho deciso di seguire è proprio questa: tutti mangiamo lo stesso piatto. Con gli stessi ingredienti (o quasi) preparerò una pappa adatta a Vivienne e un piatto per me e per Veru. Il sale? Ovviamente il meno possibile per noi genitori, e niente per la piccola. Massima tranquillità, dunque: la dispensa non cambia, e nemmeno la spesa. Come sempre, continuerò a cucinare tanto di domenica (preparando dosi giganti di tutto ciò che richiede una lunga cottura, come brodo vegetale, cereali o legumi), per poi scongelare al momento opportuno.

Lo scopo di questa scelta è socializzare Vivienne alla cucina di famiglia dal primo momento. Naturalmente, lei continuerà ad assumere latte materno ancora per un po', quindi le quantità delle pappe all'inizio saranno davvero minime.

In generale, uno schema che mi sembra ragionevole (e che ha avuto l'avallo del dottor Agosti) è il seguente:

[2] Fleischer D.M., Spergel J.M., Assa'ad A.H., Pongracic J.A., *Primary prevention of allergic disease through nutritional interventions*, in «Journal of Allergy and Clinical Immunology», gennaio 2013.

PRIMA DI SVEZZARE

Qualche giorno prima di dare il via alle danze e di proporre la prima pappa ufficiale, è bene fare sì che il bambino faccia amicizia con il cucchiaino e una purea di frutta, che si prepara in casa semplicemente grattugiando un quarto di mela e aggiungendo mezzo cucchiaino di thain (salsa di sesamo).

PRIMA E SECONDA SETTIMANA DI SVEZZAMENTO

Il bambino mangia 1 pappa + 4 poppate al giorno, dove per «pappa» si intende crema di cereali a base liquida (brodo vegetale, trovate la ricetta a p. 143).

Il primo e il secondo giorno bene così, al terzo giorno si può introdurre un cucchiaino di olio extravergine di oliva (5 ml circa).

Al quinto-settimo giorno, l'olio si può sostituire o integrare con un cucchiaino di thain (salsa di sesamo).

Al decimo-quindicesimo giorno, oltre a thain e olio, la pappa conterrà anche mandorle o semi oleosi polverizzati.

Dopo le prime due settimane, si potrà introdurre anche un cucchiaio di crema di legumi (l'ideale sono le lenticchie decorticate), oltre a mandorle o semi oleosi, thain e olio.

TERZA E QUARTA SETTIMANA DI SVEZZAMENTO

Il bambino mangia 2 pappe + 3 poppate al giorno.

Le pappe vengono preparate come sopra.

SECONDO, TERZO E QUARTO MESE

Il bambino mangia 2 pappe + 3 poppate al giorno.

Gli ingredienti delle pappe variano, e vengono piano piano introdotti tutti gli altri cereali, gli altri legumi, le altre fonti proteiche vegetali, verdure e semi oleosi. La frutta grattugiata (con un cucchiaino di thain) è ideale come merenda di metà mattina o metà pomeriggio.

Mi raccomando, ricordate di introdurre un ingrediente nuovo ogni tre giorni: così potrete monitorare le reazioni del bambino e rendervi subito conto di eventuali intolleranze o risposte allergiche.

La storia che nutre

Siete mai andati in un ristorante esotico a provare una cucina che non avevate mai nemmeno sentito nominare? È probabile che, in quel caso, vi sia capitato di essere attirati dalle scelte altrui, fornendovi a vicenda una sorta di rinforzo positivo nell'affrontare qualcosa di ignoto. A un bambino che inizia lo svezzamento succederà esattamente la stessa cosa, con la differenza che, per lui, gli alimenti nuovi sono soprattutto «cose» sconosciute da esplorare e di cui scoprire, oltre al sapore, anche il colore, la texture, la temperatura e così via. Mangiare tutti insieme – e tutti la stessa cosa – non è solo un modo per rendere la tavola un luogo di socialità (il che è consigliatissimo, oltre che bellissimo), ma anche una strategia per appassionare i più piccoli a testare alimenti che magari non li attirerebbero più di tanto. Un altro modo per ridurre la naturale resistenza al nuovo è rispettare i cuccioli quanto a tempi, gusti e, soprattutto, sensazione di sazietà. Un bambino forzato a «fare in fretta» o distratto da giochi e televisione non baderà al sapore né al piacere (o al disgusto) che quel sapore gli suscita. Non coglierà nemmeno il segnale di sazietà quando si sentirà pieno. Il bambino deve potersi concentrare solo sul cibo perché solo così sarà in grado di cogliere e decifrare i segnali che il suo corpo gli manda: meglio, dunque, ricavare un momento da dedicare unicamente al pasto. Quanto ai gusti, all'inizio è normale che i neonati amino soprattutto il dolce, che ricorda il latte della mamma. Non è detto però che non arrivino ad apprezzare anche altro: sta ai genitori insegnarglielo. Non fossilizzatevi dunque su patate, zucchine, carote e cipolle cotte (che pure nei primi mesi saranno fondamentali), ma cercate di allargare lo spettro delle proposte, per arricchire le conoscenze alimentari dei vostri figli e per fornire loro tutti i nutrienti. A mangiare sano e vario si può iniziare da subito, perché favorire l'inclinazione a non provare mai nulla di nuovo?

Tata Adriana

Nelle pagine seguenti troverete tutte le ricette che ho pensato per la mia Vivienne: alcune le ha già assaggiate, quindi posso dirvi con orgoglio che hanno avuto il suo benestare; per altre è ancora troppo presto, le scoprirà nei prossimi mesi. È il bello di scrivere un libro *day-by-day*: avere qualcosa di nuovo da raccontare ogni giorno, e sapere che il domani riserverà di certo una sorpresa.

Come tutti i genitori, sto cercando soprattutto di essere all'altezza del compito che mi spetta, provando a mantenere la mente aperta e il cuore pronto a stupirsi. In fondo tutto questo – la gravidanza, la nascita, l'allattamento e poi la scoperta del cibo – non è altro che ricominciare da capo e godersi il viaggio da un altro punto di vista. Il bello della paternità (e della maternità) è che ti costringe a uscire da te stesso, ad aprire la tua visuale: è un arricchimento enorme, e spero di avere restituito, in questo testo, un po' di ciò che mi ha portato – conoscenze scientifiche, creazioni culinarie e tanta, ma tanta meraviglia per la vita e i suoi doni.

Legenda e altre indicazioni utili

IN CHE ORDINE?

Nelle prossime pagine troverete le ricette dedicate ai neonati (e ai loro genitori) proposte in ordine alfabetico. Sono suddivise in due trimestri: nel primo troverete una selezione di pappe e piatti adatti al primo, secondo e terzo mese di svezzamento (quindi al settimo, ottavo e nono mese del vostro bambino); nel secondo ho riunito invece piatti già più «complessi», pensati per il quarto, quinto e sesto mese di svezzamento (quindi al decimo, undicesimo e dodicesimo mese del vostro bambino). Dato che vi orienterete in base al *responsive feeding*, valutate voi quanto a lungo sarà il caso di somministrargli pappe più cremose e quando, invece, sarà il momento di introdurre cibi più solidi.

Due regole generali:

1. le pappe della prima sezione si devono somministrare anche nel secondo trimestre di svezzamento, aumentandone magari gradualmente la consistenza;
2. le ricette che contengono proteine animali (formaggi e pesce) sono tutte in fondo perché, come anticipato, ritengo che sia buona norma proporle solo dopo l'anno.

FRULLARE O PASSARE?

Se il bambino non ha o non ha avuto coliche, benissimo anche frullare (cercando di incorporare meno aria possibile: non vogliamo che i nostri piccoli «lievitino»!), altrimenti è meglio passare, così da scartare le bucce.

PREPARARE I CARBOIDRATI

I carboidrati complessi come pasta, riso, farro e così via necessitano di prolungate cotture in modo tale da poter essere facilmente digeriti dal bambino, che ancora sta facendo rodaggio in termini digestivi.

LEGUMI: DA QUALI COMINCIARE

È buona norma cercare di introdurre ogni giorno, almeno in un pasto, i legumi sotto forma di creme: il mio consiglio è quello di prepararle, le prime volte, a partire da farine di legumi o da legumi decorticati, ovvero privi di bucce.

È buona cosa avere la purea di legumi (come una crema di lenticchie rosse decorticate, di piselli oppure di ceci, purché passati e cotti senza sale) sempre pronta. Io la congelo in porzioni: si conserva per qualche mese.

Si preparano tutte nello stesso modo, regolando solo il tempo di cottura a seconda del legume.

Vi faccio un esempio: ponete 100 g di lenticchie rosse decorticate in una casseruola, ricopritele d'acqua (senza aggiungere sale) e cuocetele finché si formerà una purea (ci vorranno circa 15 minuti).

I tempi di cottura per gli altri legumi sono i seguenti:

- piselli secchi spezzati: 15 minuti;
- soia edamame: 30 minuti;
- fagioli: 1 ora;
- ceci: 1 ora.

QUALE YOGURT?

Alcune delle ricette proposte per il primo trimestre di svezzamento contengono yogurt di soia: potete tranquillamente riproporle anche più avanti così come sono oppure (dopo l'anno) sostituendo lo yogurt di soia con lo yogurt greco.

NO SALE, NO PARTY? FALSO!

Fino allo svezzamento il bambino non ha mai assaggiato un cibo sapido: il sale non sa nemmeno che cos'è. Non troverà dunque disgustosi i cibi senza sale, e sono propenso a credere che lo stesso succederà a voi: ve ne accorgerete cucinando per tre e aggiungendo il sale nei piatti solo alla fine, e solo per voi!

Credo che quella dello svezzamento sia anzi un'occasione anche per gli adulti per migliorare la propria alimentazione, rispettando in prima persona le regole di salute applicate alla pappa del bambino.

ISTRUZIONI PER L'USO

Lavorando alle ricette che state per scoprire mi sono chiesto: «E adesso, per quante persone ha senso prevederle?». Per quattro? Per due? Per due e un neonato? Dopo lunghe meditazioni, nella speranza di facilitare il lavoro ai neogenitori, ho risolto moltiplicando procedimenti e liste della spesa!

Nelle prossime pagine, dunque, troverete spesso due colonne di ingredienti: la prima contiene quelli sufficienti a preparare 1 porzione per il bebè, la seconda quelli utili a portare in tavola 2 porzioni per adulti. Ho segnalato anche le differenze minime tra le preparazioni per l'uno e per gli altri; se non vedete niente, quindi, il procedimento è identico per tutta la famiglia (naturalmente, a misura di bambino).

L'unica eccezione a questa regola riguarda i dolci: dato che si tratta di preparazioni più complesse, ho previsto dosi più «classiche» (per 6-8 persone). Saranno perfetti per qualche colazione o merenda in famiglia!

LA LEGENDA VERA E PROPRIA

Albicocche disidratate: senza anidride solforosa.
Arancia e limone: biologici e non trattati (soprattutto se ne utilizzate la scorza).
Brodo vegetale: preparato secondo la ricetta di p. 143, rigorosamente senza sale! Ricordate che potete congelarlo.
Cacao in polvere: cacao amaro in polvere.
Frutta sciroppata: sempre senza zuccheri aggiunti.
Frumina: amido di frumento.
Latte di mandorla: sempre bio, senza zuccheri aggiunti.
Latte di soia: sempre bio, senza zuccheri aggiunti né addensanti.

Confettura e marmellata: sempre senza zuccheri aggiunti.
Olio EVO: olio extravergine di oliva spremuto a freddo.
Olio di semi di girasole, di mais e tutti gli altri oli: devono essere spremuti a freddo e biologici.
Prodotti da forno già pronti (per esempio biscotti secchi integrali): realizzati senza oli vegetali generici, ma con olio extravergine di oliva, olio di mais o di girasole.
Ricotta: magra, composta da solo siero, senza l'aggiunta di panna o latte.
Sottolio: sempre in olio extravergine di oliva.
Succo di frutta: sempre bio e senza zuccheri aggiunti.
Yogurt: sempre magro.
Yogurt greco: sempre magro, 0 per cento di grassi.
Zucchero di canna: zucchero integrale di canna (o ancor meglio mascobado).

Ricette per il primo trimestre di svezzamento

(settimo, ottavo e nono mese del bambino)

Banana al cucchiaio

INGREDIENTI PER IL BEBÈ
- 1 banana piccola
- 5 mandorle
- 1 cucchiaio di yogurt di soia
- 1 cucchiaino di salsa thain
- qualche goccia di limone

INGREDIENTI PER MAMMA E PAPÀ
- 2 banane
- 14 mandorle
- 3 cucchiai di yogurt di soia (o greco)
- 1 cucchiaio di salsa thain
- qualche goccia di limone

PROCEDIMENTO

PER IL BEBÈ
Mettere in ammollo le mandorle in acqua per circa 30 minuti quindi frullarle insieme ai restanti ingredienti. Aggiungere acqua solo se necessario fino a ottenere la consistenza desiderata.

PER MAMMA E PAPÀ
Il procedimento è esattamente lo stesso descritto per preparare la «banana al cucchiaio» per il vostro bambino. Mamma e papà potranno inoltre aromatizzare questo «dessert» con cannella o amaretti sbriciolati.

Coppetta di pera a vapore con avena e dattero

INGREDIENTI PER IL BEBÈ
- 1 pera Kaiser
- 70 ml di latte di mandorla
- 2 cucchiai di fiocchi d'avena
- 1 dattero non glassato
- il succo di ½ limone

INGREDIENTI PER MAMMA E PAPÀ
- 3 pere Kaiser
- 150 ml di latte di mandorla
- 5 cucchiai di fiocchi d'avena
- 3 datteri non glassati
- il succo di 1 limone
- 50 g di cioccolato fondente 72 per cento

PROCEDIMENTO

PER IL BEBÈ
Per preparare questa golosa merenda mettete innanzitutto i fiocchi d'avena in ammollo nel latte di mandorla. Nel frattempo, lavate la pera, tagliatela in 4 parti, quindi cuocetela a vapore. Quando sarà pronta (ci vorranno circa 20 minuti), sbucciatela e pulitela, quindi frullate la sola polpa con i fiocchi d'avena ammorbiditi, il dattero (denocciolato) e il succo di mezzo limone. Lasciate raffreddare tutto in frigorifero per circa 1 ora prima di servire!

PER MAMMA E PAPÀ
Che ne dite di decorare le vostre porzioni con qualche golosa scaglia di cioccolato fondente prima di servirle?

Cous-cous alla mela

Ingredienti per il bebè
- 50 g di cous-cous di farro
- 200 ml circa di succo di mela puro
- 70 g di mela
- 10 uvette
- 4 mandorle

Ingredienti per mamma e papà
- 160 g di cous-cous di farro
- 600 ml circa di succo di mela puro
- 1 manciata di uvette
- 2 mele
- 15 mandorle
- miele
- cannella in polvere

Procedimento

Per il bebè
Riscaldate il succo di mela, quindi versatevi a pioggia il cous-cous e l'uvetta. Spegnete la fiamma, mescolate bene e coprite con un coperchio. Volendo, potete utilizzare anche un contenitore con chiusura ermetica, come faccio io! Il cous-cous dovrà «gonfiarsi» per circa 10 minuti. Nel frattempo, lavate la mela, mondatela e riducetela a cubetti (buccia compresa), quindi cuocetela a vapore per circa 20 minuti. Tritate infine le mandorle a coltello. Quando il cous-cous sarà pronto, conditelo con i cubetti di mela e le mandorle tritate.

Per mamma e papà
Che ne dite, una volta seguito il procedimento appena descritto, di un'aggiunta di miele a filo e cannella in polvere?

Crema di carote e mandorle con ditalini di farro

INGREDIENTI PER IL BEBÈ
- 40 g di ditalini di farro
- ½ finocchio
- 2 carote piccole
- 1 cucchiaino di concentrato di pomodoro
- 1 cucchiaino di olio EVO
- 5 mandorle

INGREDIENTI PER MAMMA E PAPÀ
- 160 g di ditalini di farro
- 1 finocchio
- 8 carote
- 1 cucchiaio di concentrato di pomodoro
- olio EVO
- 15 mandorle

PROCEDIMENTO

PER IL BEBÈ
Scaldate l'acqua (non salata) per la cottura della pasta, quindi lessatevi i ditalini di farro, prolungando di 5 minuti il tempo di cottura indicato sulla confezione. Lavate e mondate finocchio e carote, quindi riduceteli a tocchetti. Poneteli in una casseruola insieme alle mandorle, ricopriteli d'acqua (non aggiungetene troppa: basterà la quantità necessaria a ricoprirli), quindi accendete il fuoco e lessateli. Vi serviranno circa 20 minuti. Quando i vegetali saranno morbidi, frullateli con il frullatore a immersione nella loro stessa acqua di cottura. Aggiungete infine l'olio EVO, il concentrato di pomodoro e servite insieme ai ditalini di farro.

PER MAMMA E PAPÀ
La pasta? Cotta al dente!

Crema di cavolfiore e riso basmati

INGREDIENTI PER IL BEBÈ
- 40 g di riso basmati integrale
- 3 cimette di cavolfiore
- 1 cucchiaino di salsa thain
- qualche goccia di limone
- 1 cucchiaino di olio EVO

PER LA VARIANTE
- pane integrale grattugiato
- il succo di ½ limone

INGREDIENTI PER MAMMA E PAPÀ
- 160 g di riso basmati integrale
- 1 cavolfiore
- 5 funghi prataioli
- sale
- 3 cucchiai di olio EVO
- 3 ciuffetti di prezzemolo
- 2 cucchiai di salsa thain

PROCEDIMENTO

PER IL BEBÈ
Cuocete il riso basmati nel triplo del suo volume di acqua non salata per circa 15 minuti. Circa a metà cottura, aggiungete nella stessa acqua le cimette di cavolfiore ben sgranate. Al termine del tempo di cottura, passate tutto al passaverdure oppure rendete il piatto più omogeneo dando un paio di brevi colpi con un frullatore a immersione (non consiglio di frullare di più per evitare di incorporare troppa aria). Infine, condite con la salsa thain, il succo di limone e l'olio EVO.

PER MAMMA E PAPÀ
Cuocete il riso basmati nel doppio del suo volume di acqua non salata per circa 10 minuti, lasciando proseguire la cottura della dose per il bebè. Mentre il riso cuoce, mondate il cavolfiore, ottenendo le cimette: dovrete sbollentarle in una casseruola (oppure cuocerle a vapore) cercando di fare in modo che rimangano croccanti, a parte quelle che destinerete al bebè. Pulite ora i funghi, tagliateli a fettine per il lungo e cuoceteli in una padellina antiaderente con un pizzico di sale e un cucchiaio di olio EVO. Mi raccomando, prestate attenzione alla cottura: dovrà essere breve e i funghi perderanno molta acqua, quindi non vi serve ag-

giungerne altra. Unirete solo all'ultimo momento il prezzemolo tritato grossolanamente. Frullate infine il cavolfiore con la salsa thain e 2 cucchiai di olio EVO, ottenendo la vellutata. La servirete con il riso e i funghi spadellati. Volendo, potete realizzare una variante di questa ricetta, meno «cremosa»: vi basterà spadellare le cimette di cavolfiore sbollentate insieme ai funghi, quindi cospargere il tutto di pane grattugiato integrale e servire con il riso, il succo di mezzo limone e un po' di prezzemolo fresco.

Crema di cavolini con cous-cous di riso

INGREDIENTI PER IL BEBÈ
- 40 g di cous-cous di riso
- 40 ml circa di brodo vegetale
- 5 cavolini di Bruxelles
- 1 carota piccola
- 1 cucchiaino di olio EVO

INGREDIENTI PER MAMMA E PAPÀ
- 160 g di cous-cous di riso
- 160 ml circa di brodo vegetale (o acqua)
- 10 pomodori secchi
- 500 g di cavolini di Bruxelles
- 3 acciughe sottolio
- 2 cucchiai di olio EVO

PROCEDIMENTO

PER IL BEBÈ
Misurate una quantità di brodo vegetale pari al volume del cous-cous, trasferitela in un pentolino, portate a bollore, quindi versatevi il cous-cous a pioggia, spegnete il fuoco e coprite con un coperchio: da questo momento, perché sia cotto dovrete attendere circa 10 minuti. Nel frattempo, lavate e mondate i cavolini di Bruxelles e la carota, quindi tagliateli a pezzetti e lessateli in acqua non salata finché saranno morbidi (ci vorranno circa 20 minuti). A quel punto, frullateli con un poco di acqua di cottura, che conserverà parte dei minerali disciolti. Quando tutti gli ingredienti saranno pronti, mescolateli e condite con il cucchiaino di olio EVO e servite.

PER MAMMA E PAPÀ
Mettete i pomodori secchi a reidratare in poca acqua, quindi tagliateli a striscioline con le forbici. Cuocete il cous-cous come descritto in precedenza. Nel frattempo, mondate i cavolini di Bruxelles e stufateli in poca acqua insieme ai pomodori secchi. Verso la fine della cottura (che in totale richiederà circa 20 minuti), condite con un paio di cucchiai di olio EVO. Aggiungete le acciughe sottolio e lasciate insaporire per qualche altro minuto. Quando il cous-cous sarà pronto, trasferitelo in padella e saltatelo per qualche istante con i cavolini prima di servirlo.

Crema di coste e cavolo nero con pizzoccheri

INGREDIENTI PER IL BEBÈ
- 40 g di pizzoccheri
- 1 gambo di costa
- 1 foglia di cavolo nero
- 200 ml di brodo vegetale
- 1 cucchiaino di salsa thain
- 1 cucchiaino di olio EVO
- qualche goccia di limone

INGREDIENTI PER MAMMA E PAPÀ
- 160 g di pizzoccheri
- 1 cespo di coste
- 1 cespo di cavolo nero
- 150 g di caprino fresco
- 2 cucchiai di olio EVO
- pepe
- sale
- 2 cucchiai di salsa thain

PROCEDIMENTO

PER IL BEBÈ
Mondate la costa e il cavolo nero, tagliateli a striscioline e lessateli nel brodo vegetale. Quando saranno molli, frullateli fino a ottenere una crema, nella quale dovrete stemperare il cucchiaino di thain, quello di olio e il succo di limone. Mentre le verdure cuociono, lessate i pizzoccheri in acqua non salata, aggiungendo circa 7 minuti al tempo di cottura indicato sulla confezione (più o meno dovreste ottenere 17 minuti). Quando saranno pronti, scolateli, trasferiteli su un tagliere e tagliateli a pezzetti con una mezzaluna o un coltello. Condite infine la pasta con la crema di verdura e servite.

PER MAMMA E PAPÀ
Mondate le coste e il cavolo nero, tagliateli a striscioline e lessateli in acqua non salata: quando mancheranno circa 10 minuti alla fine della cottura, unite i pizzoccheri. Scolate il tutto, quindi unite il caprino, la salsa thain, un paio di cucchiai di olio EVO, una macinata di pepe e un pizzico di sale. Mescolate bene e servite. Se non amate il sapore forte del caprino, potete sostituirlo con del tofu vellutato oppure con la crescenza.

Crema di finocchio

INGREDIENTI PER IL BEBÈ
- 100 g di finocchio
- 200 ml di brodo vegetale
- 5 mandorle
- 1 cucchiaino di salsa thain
- 1 cucchiaino di olio EVO

INGREDIENTI PER MAMMA E PAPÀ
- 1 kg di finocchi
- 1 l circa di brodo vegetale (o acqua)
- 15 mandorle circa
- 2 cucchiai di salsa thain
- 2 cucchiai di olio EVO
- sale
- 150 g di pane di segale

PROCEDIMENTO

PER IL BEBÈ
Mondate il finocchio, tagliatelo a pezzetti e cuocetelo insieme alle mandorle nel brodo vegetale (o in acqua non salata) fino a che sarà morbido: ci vorranno circa 15 minuti. A quel punto, frullatelo con la salsa thain e il cucchiaino di olio EVO.

PER MAMMA E PAPÀ
Preparate una purea di finocchi e mandorle seguendo il procedimento appena descritto. Regolate di sale e, se vi piace, aromatizzate con timo e pepe nero. A parte, tostate il pane di segale e tagliatelo a cubotti: li servirete con la crema.

Crema di miglio

INGREDIENTI PER IL BEBÈ
- 40 g di miglio
- 200 ml di brodo vegetale
- 20 g di crema di lenticchie rosse decorticate
- 1 cucchiaino di salsa thain
- 1 cucchiaino di olio EVO
- qualche goccia di limone

INGREDIENTI PER MAMMA E PAPÀ
- 160 g di miglio
- 150 g di lenticchie rosse decorticate
- olio EVO
- paprika affumicata
- 150 g di tofu affumicato
- aceto balsamico
- sale

PROCEDIMENTO

PER IL BEBÈ
Il procedimento per preparare la crema di lenticchie rosse decorticate si trova a pagina 184. Ottenuta quella, scaldate il brodo vegetale fino a intiepidirlo. Risciacquate bene il miglio sotto l'acqua corrente, quindi cuocetelo per circa 15 minuti in una quantità di acqua non salata pari al doppio del suo volume, quindi scolatelo con una schiumarola. Unite miglio e purea di lenticchie, condite con il thain, l'olio EVO e qualche goccia di limone. Allungate la pappa con il brodo vegetale tiepido fino a che avrete raggiunto la consistenza desiderata.

PER MAMMA E PAPÀ
Lessate le lenticchie: ci vorranno circa 20 minuti. Nel frattempo, dopo averlo sciacquato, cuocete il miglio in una quantità d'acqua non salata pari al doppio del suo volume. Dopo 15 minuti scolatelo bene, sgranatelo in un piatto largo, conditelo con olio EVO e paprika affumicata, quindi mescolate. Servite il miglio appena condito in modalità «stratificazione»: uno strato di miglio e uno di lenticchie lessate e condite con olio EVO, aceto balsamico, sale e tofu affumicato tagliato a dadini. Uno sfizio? Qualche fogliolina di menta! Sarà una vostra scelta aggiungerla, io fossi in voi lo farei!

Crema di miglio con zucca e lenticchie

INGREDIENTI PER IL BEBÈ
- 40 g di miglio
- 100 ml di brodo vegetale
- 20 g di lenticchie rosse decorticate
- 100 g di zucca
- 1 cucchiaino di olio EVO
- 1 cucchiaino di salsa thain
- qualche goccia di limone
- 10 g di germe di grano

INGREDIENTI PER MAMMA E PAPÀ
- 160 g di miglio
- 320 ml di brodo vegetale
- 700 g di zucca
- 2 carote
- 1 gambo di sedano
- 2 scalogni
- 150 g di lenticchie rosse decorticate
- 1 cucchiaio di salsa thain
- olio EVO
- sale

PROCEDIMENTO

PER IL BEBÈ
Risciacquate il miglio sotto l'acqua corrente in un colino a maglia fine, quindi lessatelo in una quantità di brodo vegetale (in alternativa andrà bene anche l'acqua) pari al doppio del suo volume. Ci vorranno circa 20 minuti scarsi. Nel frattempo, mondate la zucca, ottenendo la sola polpa, che ridurrete a cubetti piccoli. Poneteli insieme alle lenticchie in una casseruola, ricoprite d'acqua e cuocete per circa 20 minuti: a quel punto la zucca sarà morbida e le lenticchie ammorbidite, quindi potrete frullare tutto con il miglio e il brodo vegetale rimanente, aggiungendo olio EVO, thain, qualche goccia di limone e il germe di grano.

PER MAMMA E PAPÀ
Risciacquate il miglio sotto l'acqua corrente in un colino a maglia fine, quindi lessatelo in una quantità di acqua non salata pari al doppio del suo volume. Scolate la vostra porzione al dente (dopo più o meno 10 minuti andrà benissimo), lasciando proseguire la cottura di quella del bimbo. Nel frattempo, occupatevi della verdura: lavate, mondate e riducete a dadini la zucca, le carote e il sedano; tritate gli scalogni. Mettete tutto a stufare con le lenticchie in un'ampia padella antiaderente con poca acqua, quindi salate e condite con olio EVO solo dopo 15 minuti, quan-

do le verdure e le lenticchie si saranno ammorbidite. Prendete ora una pirofila, rivestitela con carta da forno e preparate le vostre «lasagne», alternando strati sottili di miglio a strati di verdure. L'ultimo strato sarà invece tutto di thain. Condite con olio EVO a freddo e passate sotto il grill per pochi minuti prima di servire. Il miglio, in cottura, andrà a creare uno strato omogeneo.

Crema di pera e zucca

Ingredienti per il bebè
- 2 albicocche disidratate
- 10 uvette
- 100 g di zucca mantovana
- 1 piccola pera Kaiser

Ingredienti per mamma e papà
- 6 albicocche disidratate
- 1 manciata di uvetta
- 300 g di zucca mantovana
- 2 pere Kaiser

Come prima cosa, la scelta delle albicocche: dovranno essere senza anidride solforosa. Se il colore (meno aranciato del solito e più tendente al marrone) vi insospettisce, tranquilli, non sono avariate: sono semplicemente senza conservanti!
Scelte le albicocche, mettetele insieme alle uvette in ammollo...

Procedimento

Mettete albicocche e uvette in ammollo in acqua tiepida per circa 15 minuti, quindi frullatele insieme. Nel frattempo, mondate la zucca e le pere, ottenendo solo la polpa. Tagliatele a pezzetti, quindi cuocetele a vapore per circa 20 minuti e schiacciatele con una forchetta. Mescolate le due creme, ottenendo una saporitissima delizia di frutta, ideale per uno spuntino di metà mattina o una merenda pomeridiana!
Se la zucca non è di stagione, potete preparare comunque questa crema utilizzando al suo posto le carote (stesso peso, naturalmente).

Farrotto con zucca e piselli

INGREDIENTI PER IL BEBÈ
- 40 g di farro
- 100 g di zucca
- 50 g di piselli surgelati
- 1 cucchiaino di olio EVO
- 1 cucchiaino di salsa thain

INGREDIENTI PER MAMMA E PAPÀ
- 160 g di farro
- 400 g di zucca
- 200 g di piselli surgelati
- 2 cucchiai di olio EVO
- 3 cucchiaini di salsa thain
- sale
- pepe

PROCEDIMENTO

PER IL BEBÈ
Sciacquate il farro sotto l'acqua corrente, quindi lessatelo in poca acqua non salata. Potreste optare per la «cottura orientale», che prevede due parti di acqua per ogni parte di cereale, in questo caso il farro. Lasciate proseguire la cottura per circa 20-30 minuti (in generale, circa 10 minuti oltre il tempo di cottura indicato sulla confezione), quindi lasciate intiepidire: non sarà necessario scolare perché l'acqua si sarà completamente assorbita. A metà cottura, aggiungete un cucchiaino di olio EVO. Mentre il farro cuoce, dedicatevi alle verdure: mondate la zucca, ottenendo la sola polpa, quindi stufatela in padella con poca acqua insieme ai piselli. Dovranno ammorbidirsi senza disfarsi (ci vorranno circa 15 minuti). A quel punto, condite le verdure con olio EVO, salsa thain e unite il farro. Mescolate bene; prelevate qualche cucchiaio di composto, frullate e rimettete in padella; fate amalgamare il tutto, quindi servite.

PER MAMMA E PAPÀ
Mamma e papà dovranno seguire il medesimo procedimento, solo scolando il farro al dente, quindi al termine del tempo di cottura indicato sulla confezione. Regolate di sale e pepe e servite.

Grano saraceno con dadolata di zucca

INGREDIENTI PER IL BEBÈ

- 40 g di grano saraceno in chicco
- 100 g di zucca
- 1 cucchiaino di olio EVO
- 1 cucchiaino di salsa thain
- 30 g di tofu
- 1 rametto di rosmarino

INGREDIENTI PER MAMMA E PAPÀ

- 160 g di grano saraceno in chicco
- 600 g di zucca
- 2 rametti di rosmarino
- 2 cucchiai di olio EVO
- sale
- pepe

PROCEDIMENTO

PER IL BEBÈ

Mondate la zucca ottenendo la sola polpa: tagliatela a cubetti e stufatela in una padellina con qualche cucchiaio di acqua e il rametto di rosmarino (ci vorranno circa 15 minuti). A fine cottura, condite con il cucchiaino di olio EVO. Risciacquate abbondantemente il grano saraceno sotto l'acqua corrente, quindi cuocetelo come se fosse riso: nel doppio del suo volume di acqua non salata. Di solito il grano saraceno è pronto dopo 20 minuti, ma in questo caso dovrete prolungare la cottura fino a 30 minuti. A quel punto sarà morbido e potrete frullarne la metà con la salsa thain e il tofu. Non vi rimane ora che comporre il piatto mescolando la purea con i chicchi rimanenti di grano saraceno e i cubetti di zucca profumati al rosmarino.

PER MAMMA E PAPÀ

Mondate la zucca ottenendo la sola polpa: tagliatela a cubetti e stufatela come descritto in precedenza. Mentre la zucca cuoce, risciacquate e lessate il grano saraceno nel doppio del suo volume di acqua non salata: dopo 20 minuti, scolate la vostra dose. Condite quindi il grano saraceno con la dadolata di zucca al rosmarino e un paio di cucchiai di olio EVO a crudo. Regolate di sale e di pepe e servite.

Minestrina di grano saraceno e tofu

INGREDIENTI PER IL BEBÈ
- 40 g di grano saraceno
- 1 zucchina
- 200 ml di brodo vegetale
- 1 cucchiaino di crema di mandorle
- 20 g di tofu al naturale
- 1 cucchiaino di olio EVO
- 10 g di germe di grano
- qualche goccia di limone

INGREDIENTI PER MAMMA E PAPÀ
- 160 g di grano saraceno
- 3 zucchine
- 1 l di brodo vegetale
- 1 cucchiaio di crema di mandorle
- 1 porro
- 1 manciata di funghi
- 200 g di tofu affumicato
- 50 g di germe di grano
- olio EVO
- il succo di 1 limone
- sale
- pepe

PROCEDIMENTO

PER IL BEBÈ

Sciacquate bene il grano saraceno sotto l'acqua corrente e lessatelo in una quantità d'acqua non salata pari al doppio del suo volume: dovrà cuocere per 5 minuti oltre il tempo indicato sulla confezione (di solito il grano saraceno richiede 20 minuti di cottura, quindi dovrebbero diventare 25). Nel frattempo, lavate la zucchina, mondatela, tagliatela a rondelle e cuocetela nel brodo vegetale (ci vorranno circa 10 minuti), quindi frullatela con la crema di mandorle (oppure schiacciatela con una forchetta e poi mescolatela con la crema di mandorle). Componete ora la pappa, mescolando il grano saraceno con la zucchina frullata e il tofu tagliato a cubetti. Prima di servire, unite il germe di grano, un cucchiaino di olio EVO e qualche goccia di limone.

PER MAMMA E PAPÀ

Sciacquate bene il grano saraceno sotto l'acqua corrente, quindi lessatelo in acqua non salata, scolandolo dopo 20 minuti. Nel frattempo, lavate le zucchine, mondatele, tagliatele a rondelle e cuocetele nel brodo vegetale (ci vorranno circa 10 minuti), quindi frullatele con la crema di mandorle (oppure schiacciatele con una forchetta e poi mescolatele con la crema di mandorle). Mondate quindi il porro e i funghi, tagliando il primo a rondelle e i secondi a tocchetti. Stufate tutto in una padellina con poca acqua: basteranno 5 minuti. Salate (poco) e pepate (a piacere). Servite ora la zuppa come se fosse una zuppa di miso: crema di zucchine, grano saraceno, tofu affumicato a cubetti e spadellata di funghi e porro; il tutto, cosparso di germe di grano, olio EVO e succo di limone.

Orzo con pesto «trapanese»

INGREDIENTI PER IL BEBÈ
- 40 g di orzo
- 20 g di pane integrale grattugiato
- 30 g di mandorle sgusciate
- 2 pomodori secchi
- 1 pomodoro maturo (o 100 ml di passata di pomodoro)
- 3 foglie di basilico
- olio EVO

INGREDIENTI PER MAMMA E PAPÀ
- 160 g di orzo
- 50 g di pane integrale grattugiato
- 70 g di mandorle sgusciate
- 10 pomodori secchi
- 4 pomodori maturi (o 300 ml di passata di pomodoro)
- 10 foglie di basilico
- ¼ di spicchio di aglio
- olio EVO
- 1 pizzico di pepe

PROCEDIMENTO

PER IL BEBÈ
Sciacquate bene l'orzo sotto l'acqua corrente, quindi lessatelo in acqua non salata per 5-7 minuti oltre il tempo indicato sulla confezione (indicativamente, 35 minuti dovrebbero bastare). Nel frattempo, tostate il pane grattugiato in una padella antiaderente. Frullate poi le mandorle con il pomodoro fresco tagliato a pezzetti (o la salsa di pomodoro), il basilico, i pomodori secchi e qualche cucchiaino di olio EVO fino a raggiungere una consistenza cremosa. Quando l'orzo sarà pronto, conditelo con il pesto e una spolverata di pane grattugiato prima di servire.

PER MAMMA E PAPÀ
La versione del pesto trapanese per bambini non prevede lo spicchio di aglio: se volete, potete aggiungerlo nella salsa destinata a voi, così come potete aggiungere una bella macinata di pepe e qualche strisciolina di pomodoro secco al piatto ormai pronto! Un'idea ancora più gustosa? Qualche cappero di Pantelleria nel frullatore regalerà una marcia in più!

Orzotto al verde

INGREDIENTI PER IL BEBÈ
- 40 g di orzo
- 1 pomodoro secco reidratato
- 15 foglie di spinacini novelli
- 1 cucchiaio di pinoli
- qualche goccia di limone
- 1 cucchiaino di olio EVO

INGREDIENTI PER MAMMA E PAPÀ
- 160 g di orzo
- 5 pomodori secchi reidratati
- 100 g di spinacini novelli
- 50 g di pinoli
- succo di mezzo limone
- olio EVO

PROCEDIMENTO

PER IL BEBÈ
Mettete a reidratare il pomodoro secco in acqua per 30 minuti. Sciacquate bene l'orzo sotto l'acqua corrente, quindi lessatelo in acqua non salata per 5-7 minuti oltre il tempo indicato sulla confezione (indicativamente, 35 minuti dovrebbero bastare). Nel frattempo, preparate il condimento: lavate gli spinacini novelli e frullateli con i pinoli, il pomodoro secco reidratato, il succo di limone e l'olio EVO. Quando l'orzo sarà pronto e si sarà intiepidito, conditelo con la salsa ottenuta, senza riscaldarla.

PER MAMMA E PAPÀ
Il procedimento è il medesimo appena descritto, eccetto il tempo di cottura dell'orzo, che è da preferire al dente (scolerete quindi le vostre porzioni dopo 25-30 minuti).

Paella vegetariana con avena

INGREDIENTI PER IL BEBÈ
- 50 g di fagioli di Spagna lessati
- il succo di ½ limone
- 1 carota
- 1 falda di peperone rosso
- 1 tazzina di piselli
- 40 g di avena in chicco
- 1 cucchiaio di olio EVO
- 1 pizzico di zafferano in polvere

INGREDIENTI PER MAMMA E PAPÀ
- 200 g di fagioli di Spagna lessati
- 1 limone
- 5 carciofi
- 1 cipolla rossa
- 1 peperone rosso
- 1 carota
- 1 tazza di piselli
- 160 g di avena in chicco
- 3 cucchiai di olio EVO
- 2 pizzichi di zafferano in polvere
- 1 peperoncino secco
- pepe

PROCEDIMENTO

PER IL BEBÈ
Risciacquate bene i fagioli sotto l'acqua corrente. Spremete il limone e mondate tutte le verdure, quindi tagliatele a pezzettini e riunitele in una ciotola, dove le irrorerete appunto con il succo di limone. Fate tostare ora l'avena in una casseruola dai bordi alti con un cucchiaio di olio EVO. Dopo pochi minuti aggiungete le verdure e acqua a sufficienza per coprire tutto. Aggiungete lo zafferano e lasciate cuocere a fiamma dolce (senza mescolare) per 20-25 minuti: a quel punto, l'acqua dovrebbe essere stata completamente assorbita.

PER MAMMA E PAPÀ
Nella porzione di mamma e papà non vi resta che aggiungere carciofi e cipolla, precedentemente affettati finemente e stufati in padella con acqua e olio EVO. In ultimo speziate a piacere con il peperoncino tritato e il pepe.

Panzanella (senza cipolla)

INGREDIENTI PER IL BEBÈ
- 2 fette di pane integrale raffermo (ideale quello di segale)
- 1 pomodoro maturo
- 1 piccolo cetriolo
- 1 cucchiaino di aceto di mele
- 5 olive nere denocciolate
- 3 foglie di basilico
- 1 cucchiaino di olio EVO

INGREDIENTI PER MAMMA E PAPÀ
- 10 fette di pane integrale raffermo
- 5 pomodori maturi
- 2 cetrioli
- 1 cucchiaio di aceto di mele
- 15 olive nere denocciolate
- 10 foglie di basilico
- olio EVO
- 1 cipolla rossa
- 200 g di feta

PROCEDIMENTO

PER IL BEBÈ
Lavate e riducete a cubetti il pomodoro e il cetriolo, facendo attenzione a non eliminare l'acqua che rilasceranno sul tagliere (vi servirà più tardi). Trasferite i vegetali in una ciotola capiente. Riducete a pezzetti grossolani il pane raffermo e bagnatelo con l'acqua rilasciata da pomodoro e cetriolo, con un po' di aceto e, eventualmente, con qualche cucchiaio d'acqua (se non avete modo di utilizzare quella rimasta sul tagliere). Tritate le olive e spezzettate il basilico. Riunite tutti gli ingredienti nella ciotola e condite con olio EVO. Mescolate e lasciate insaporire per circa 1 ora prima di servire. Inutile dirvi che preparata la mattina per la sera è ancora più gustosa!

PER MAMMA E PAPÀ
La panzanella di mamma e papà prevede anche la feta, da aggiungere sbriciolata verso la fine, e la cipolla: la mia preferita è rossa, tagliata a striscioline fini... Potete aggiungerla separatamente alle vostre porzioni.

Pastina di farro con lenticchie

INGREDIENTI PER IL BEBÈ
- 40 g di pastina di farro
- 1 carota
- ½ scalogno
- 30 g di lenticchie rosse decorticate
- 300 ml di brodo vegetale
- 1 cucchiaino di salsa thain
- 1 cucchiaio di germe di grano
- 1 cucchiaino di olio EVO
- qualche goccia di limone

INGREDIENTI PER MAMMA E PAPÀ
- 160 g di pastina di farro
- 2 carote
- 1 scalogno
- 100 g di lenticchie rosse decorticate
- 1 l di brodo vegetale
- 3 cucchiaini di salsa thain
- 1 cucchiaio di germe di grano
- 1 cucchiaio di olio EVO
- qualche goccia di limone

PROCEDIMENTO

PER IL BEBÈ
Lavate la carota, spelate lo scalogno e tagliate entrambi a julienne (oppure grattugiateli). Mettete entrambi a cuocere con le lenticchie nel brodo vegetale. Dopo 15 minuti di bollore, aggiungete la pastina, portatela a cottura, spegnete il fuoco quindi stemperate la salsa thain, il germe di grano e condite con il cucchiaino di olio EVO e qualche goccia di limone.

PER MAMMA E PAPÀ
Per una presentazione più «elegante», potete procedere come sopra, con l'unica differenza di cuocere la pastina a parte. Così, potrete frullare le lenticchie direttamente in pentola, una volta pronte, e unire la pasta in un secondo momento.

Pastina di farro con zucchine

INGREDIENTI PER IL BEBÈ
- 40 g di pastina di farro
- 1 zucchina
- 1 cucchiaino di erba cipollina tritata
- 1 cucchiaino di olio EVO
- 1 cucchiaino di concentrato di pomodoro

INGREDIENTI PER MAMMA E PAPÀ
- 160 g di pastina di farro
- 3 zucchine
- 1 cucchiaio di erba cipollina tritata
- 2 cucchiai di olio EVO
- 1 cucchiaio di concentrato di pomodoro

PROCEDIMENTO

Lessate la pasta in acqua non salata (più o meno ve ne serviranno 200 ml), rispettando i tempi di cottura indicati sulla confezione. Nel frattempo, lavate e mondate le zucchine, quindi tagliatele a rondelle e cuocetele a vapore: ci vorranno circa 15 minuti. Quando saranno pronte, frullatele con un frullatore a immersione insieme all'erba cipollina tritata e all'olio EVO. Terminato il tempo di cottura, scolate la pasta e saltatela nella purea di zucchine aggiungendo il concentrato di pomodoro prima di servirla.

Pera, prugna e zenzero al cucchiaio

INGREDIENTI PER IL BEBÈ

- 1 pera Kaiser
- ½ banana
- 2 cucchiai di yogurt di soia
- 1 prugna disidratata
- qualche goccia di limone
- 1 pezzetto di zenzero fresco piccolo

INGREDIENTI PER MAMMA E PAPÀ

- 2 pere Kaiser
- 2 banane
- 8 cucchiai di yogurt di soia (o greco)
- 3 prugne disidratate
- il succo di 1 limone
- 1 pezzetto di zenzero fresco piccolo

PROCEDIMENTO

Lavate e mondate le pere, quindi cuocetele a vapore: ci vorranno circa 15 minuti. Una volta che si saranno raffreddate, frullatele con la banana, lo yogurt (di soia per il bebè e, volendo, greco per mamma e papà) e le prugne, lavate e mondate. Condite infine questa deliziosa purea di frutta con qualche goccia di limone e una grattugiata di zenzero. Per introdurre lo zenzero, è bene iniziare da pochi millimetri di radice.

Purè di barbabietole

INGREDIENTI PER IL BEBÈ
- 2 piccole barbabietole
- 1 patata di media grandezza
- 1 scalogno
- 300 ml di brodo vegetale
- 1 cucchiaino di salsa thain
- 1 cucchiaino di olio EVO
- 50 g di yogurt di soia

INGREDIENTI PER MAMMA E PAPÀ
- 5 piccole barbabietole
- 3 patate di media grandezza
- 2 scalogni
- 1 l circa di brodo vegetale
- 1 cucchiaino di salsa thain
- 150 g di yogurt di soia (o greco)
- 150 g di pane multicereali
- olio EVO
- pepe

PROCEDIMENTO

PER IL BEBÈ
Lavate bene le barbabietole e la patata, pulitele; spelate anche lo scalogno, riducete tutto a tocchetti regolari e ponete le verdure a lessare in una casseruola con il brodo vegetale. Una volta che le verdure saranno cotte (ci vorranno circa 30 minuti), lasciatele raffreddare nella loro acqua. Eliminate solo un po' del liquido di cottura, tenendolo da parte. Frullate il tutto nella pentola con un frullatore a immersione, fino a ottenere una consistenza simile a quella di un purè: se serve ammorbidire il composto, aggiungete un po' dell'acqua di cottura. Aggiungete la salsa thain, l'olio EVO e lo yogurt, quindi servite.

PER MAMMA E PAPÀ
Il procedimento non cambia, mentre varia l'impiattamento: a me piace servire questa purea su delle fette di pane tostato; di solito le condisco con olio EVO a crudo e pepe grattugiato al momento.

Purè «Braccio di ferro»

INGREDIENTI PER IL BEBÈ
- 1 pomodoro secco reidratato
- 60 g di fagioli di Spagna lessati
- 1 piccola patata
- 1 cucchiaino di olio EVO
- 1 cucchiaino di salsa thain

INGREDIENTI PER MAMMA E PAPÀ
- 5 pomodori secchi reidratati
- 150 g di fagioli di Spagna lessati
- 3 patate
- olio EVO
- 1 cucchiaio di salsa thain

PROCEDIMENTO

Mettete i pomodori secchi a reidratare in acqua per circa 30 minuti. Sciacquate i fagioli sotto l'acqua corrente e lavate le patate. Tagliate le patate a tocchetti (se sono biologiche, mantenete la buccia) e cuocetele a vapore o al forno (in acqua tenderebbero ad assorbirne troppa). Nel primo caso ci metterete circa 20 minuti, nel secondo 30-40. Quando saranno morbide, schiacciatele con una forchetta o passatele velocemente al tritatutto insieme ai fagioli di Spagna e al pomodoro secco reidratato. Non vi resta che condire con olio EVO e salsa thain!

Purè di carote, pere e «formaggio»

INGREDIENTI PER IL BEBÈ
- 2 carote
- ½ pera Williams
- 30 g di tofu
- 1 bicchiere d'acqua
- 1 cucchiaino di olio EVO

INGREDIENTI PER MAMMA E PAPÀ
- 2 pere Williams
- 6 carote
- 100 g di ricotta fresca
- 2 cucchiai di olio EVO
- timo fresco
- 100 g di feta light
- menta fresca
- sale

PROCEDIMENTO

PER IL BEBÈ
Lavate e mondate carote e pera, quindi riducetele a dadini e cuocetele a vapore per pochi minuti. Frullate poi la metà dei dadini con il tofu e l'acqua, quindi riunite il tutto in un unico piatto fondo, condite con il cucchiaino d'olio EVO e servite.

PER MAMMA E PAPÀ
Lavate e mondate pere e carote, quindi tagliatele a bastoncini. Frullate la ricotta con un paio di cucchiai di olio EVO e una manciata di timo, aggiungendo un pizzico di sale e qualche cucchiaio d'acqua, così da ottenere una crema morbida. A parte, frullate la feta con la menta. Servite le due creme accompagnate dai bastoncini di carota e pera.

Purè di melanzane

INGREDIENTI PER IL BEBÈ

- 1 carota
- 1 melanzana piccola
- 1 cucchiaino di salsa thain
- il succo di ½ limone
- 1 cucchiaino di olio EVO

INGREDIENTI PER MAMMA E PAPÀ

- 2 carote
- 3 melanzane di medie dimensioni
- 2 cucchiai di salsa thain
- il succo di 1 limone grosso
- 2 cucchiai di olio EVO
- cumino

PROCEDIMENTO

PER IL BEBÈ

Lavate e mondate la carota, tagliatela a pezzetti quindi lessatela in acqua non salata (a seconda della grandezza dei pezzi, ci vorranno dai 15 ai 30 minuti). Passate ora a occuparvi della melanzana: lavatela, tagliatela a metà per il lungo, quindi ponetela su una teglia rivestita di carta da forno con la polpa all'insù e infornatela per 15 minuti circa a 200 gradi. Trascorso questo tempo, la polpa dovrebbe essersi ammorbidita, quindi eliminate la pelle e frullate la polpa con la salsa thain, il succo di limone, la carota lessata e l'olio EVO.

PER MAMMA E PAPÀ

Volendo, potreste aromatizzare il purè di melanzana con un filo di cumino (non troppo, o rischiate di coprire il sapore della purea). Io la servo come antipasto su crostini di pane tostato, oppure accompagnata da gallette di riso integrale.

Purè multicolore

INGREDIENTI PER IL BEBÈ
- ¼ di cipolla
- 1 zucchina
- 1 patata grossa
- 1 peperone rosso piccolo
- 4 pomodori
- 1 cucchiaino di olio EVO
- 5 mandorle

INGREDIENTI PER MAMMA E PAPÀ
- 1 cipolla
- 3 zucchine
- 2 patate grosse
- 2 peperoni rossi
- 10 pomodori
- 1 cucchiaio di olio EVO
- 15 mandorle

PROCEDIMENTO

PER IL BEBÈ

Lavate, mondate e tagliate a cubetti più o meno della stessa dimensione tutte le verdure, quindi fatele stufare in un'ampia padella antiaderente (non sarà necessario aggiungere acqua perché la rilasceranno i pomodori). Dopo circa 15 minuti, aggiungete il cucchiaino di olio EVO e le mandorle. Dopo altri 15 minuti, quando le verdure saranno ammorbidite, passatele al passaverdure, oppure frullatele con il frullatore a immersione, ed ecco pronto il purè di verdure!

PER MAMMA E PAPÀ

Il procedimento è identico a quello descritto per il bebè: posso solo consigliarvi di accompagnarlo con del riso nero cotto al dente.

Purè di patate americane e zucchine

INGREDIENTI PER IL BEBÈ
- 1 zucchina
- 1 patata americana (a pasta arancione)
- 1 cucchiaino di olio EVO
- qualche foglia di basilico
- 1 cucchiaino di salsa thain

INGREDIENTI PER MAMMA E PAPÀ
- 3 zucchine
- 4 patate americane (a pasta arancione)
- 2 cucchiai di olio EVO
- qualche foglia di basilico
- 1 cucchiaio di salsa thain

PROCEDIMENTO

PER IL BEBÈ
Lavate e mondate la zucchina, sbucciate la patata; tagliate entrambe a pezzettoni e fatele stufare in una casseruola con poca acqua. Dopo circa 20 minuti, quando le verdure saranno ammorbidite, frullatele (o passatele al passaverdure), quindi condite con olio EVO, basilico e salsa thain.

PER MAMMA E PAPÀ
Se voi genitori non avete voglia di mangiare «morbido», ma preferite azionare la mandibola e utilizzare la forchetta, ecco come potete fare.
Una volta lavate e mondate le zucchine e sbucciate le patate, riducete il tutto in cubetti della stessa dimensione, che porrete in una teglia rivestita con carta forno. Cospargete le verdure con una miscela di olio EVO e acqua (che permetterà di ridurre il punto di fumo dell'olio) e infornate a 200 gradi per circa 15 minuti. Nel frattempo preparate una salsina sbattendo salsa thain con acqua e basilico, e utilizzatela per condire il piatto prima di servirlo.

Purè di patate dolci e mele

INGREDIENTI PER IL BEBÈ
- 1 patata americana (a pasta arancione)
- ½ mela
- 1 cucchiaino di miele

INGREDIENTI PER MAMMA E PAPÀ
- 3 patate americane
- 1 grossa mela
- 1 cucchiaio di miele
- 3 amaretti secchi

PROCEDIMENTO

PER IL BEBÈ

Lavate la patata e la mela, quindi tagliatele a metà e disponetele con la polpa all'insù su una teglia rivestita di carta da forno. Infornatele per 45 minuti a 200 gradi. Quando saranno ammorbidite, sfornatele, estraete la polpa di entrambe con un cucchiaino e mescolatela insieme al miele. Questa crema, ottima come merenda, è spaziale tiepida, ma non scherza anche fredda, appena tirata fuori dal frigorifero!

PER MAMMA E PAPÀ

Idem come sopra, con l'eccezione degli amaretti secchi, che andranno sbriciolati su ogni porzione al momento di servirla.

Purè di zucca con farro

INGREDIENTI PER IL BEBÈ
- 40 g di farro
- 100 g di zucca mantovana
- 50 g di tofu
- 1 cucchiaino di olio EVO
- 1 cucchiaino di salsa thain
- 1 pizzico di noce moscata

INGREDIENTI PER MAMMA E PAPÀ
- 160 g di farro
- 600 g di zucca mantovana
- 200 g di tofu affumicato
- 2 cucchiai di olio EVO
- 2 cucchiai di salsa thain
- noce moscata

PROCEDIMENTO

PER IL BEBÈ
Sciacquate bene il farro sotto l'acqua corrente, quindi lessatelo in una quantità di acqua non salata pari al doppio del suo volume. Una volta terminato il tempo di cottura indicato sulla confezione, spegnete la fiamma, coprite con un coperchio e lasciate che il farro riposi nella sua pentola per altri 15 minuti: il vapore lo renderà ancora più morbido! Nel frattempo, mondate la zucca e tagliatela a fette, che passerete in forno per 20 minuti circa a 200 gradi. Quando sarà morbida, ricavate la sola polpa con un cucchiaio e mescolatela con il tofu (al naturale per il bebè), il cucchiaino di olio EVO, la salsa thain e la noce moscata. Create ora sul piatto un morbido letto di zucca, sul quale adagiare il farro al momento opportuno.

PER MAMMA E PAPÀ
Il procedimento è identico, salvo la cottura del farro, che dovrà essere al dente. Negli ingredienti utilizziamo sempre il tofu, ma nella versione affumicata.

Purè di zucca e mandorle

INGREDIENTI PER IL BEBÈ

- 5 mandorle
- 200 g di zucca
- 1 carota piccola
- 1 bicchiere di acqua (o brodo vegetale)
- 1 cucchiaino di olio EVO

INGREDIENTI PER MAMMA E PAPÀ

- 25 mandorle
- 1 kg di zucca
- 5 carote
- 600 ml circa di brodo vegetale (o acqua)
- 250 g di caprino fresco
- 2 cucchiai di olio EVO
- sale
- pepe

PROCEDIMENTO

PER IL BEBÈ

Come prima cosa, le mandorle: dovrete frullarle con il liquido di cottura, che si tratti di acqua o di brodo vegetale. Lavate e mondate zucca e carota e riducetele a piccoli cubetti. Stufatele poi nell'acqua (o brodo vegetale) finché si ammorbidiranno: ci vorranno circa 10 minuti (se sarete stati degli ottimi cubettatori!). A quel punto, passatele al passaverdura. Se vi rendete conto che la consistenza non è abbastanza morbida, aggiungete un po' di acqua calda (o di brodo vegetale). Servite con un filo di olio EVO a crudo.

PER MAMMA E PAPÀ

Il procedimento è lo stesso appena descritto, con tre differenze. La prima riguarda l'atto del passare: i genitori (come i bambini più grandicelli o che non hanno problemi di coliche) possono optare per una versione di questa purea che sia frullata (non passata). La seconda riguarda il sale: se ne sentite la necessità, aggiungetene un pizzico. Tenete presente, però, che senza sale si sopravvive lo stesso, anzi di più! Piuttosto, vi consiglio di aggiungere una bella macinata di pepe: questa sì che è – oltre che una bontà – una bella idea salutare! La terza è l'aggiunta di caprino, che verrà stemperato alla fine. Anche questo sarà un modo per regalare sapidità senza esagerare con il sale.

Quinoa con zucchine e broccoli

INGREDIENTI PER IL BEBÈ
- 40 g di quinoa
- 1 zucchina
- 3 cimette di broccoli
- 1 cucchiaino di olio EVO
- 1 cucchiaino di salsa thain

INGREDIENTI PER MAMMA E PAPÀ
- 160 g di quinoa
- 3 zucchine
- 1 broccolo
- 3 cucchiai di olio EVO
- 3 acciughe
- 1 manciata di uvetta
- sale

PROCEDIMENTO

PER IL BEBÈ
Risciacquate la quinoa, poi cuocetela in 80 ml di acqua non salata. Ci vorranno circa 15 minuti. Se, dopo 15 minuti, vi accorgete di desiderare una quinoa più morbida, vi basterà prolungare la cottura di qualche minuto, aggiungendo mezzo bicchiere di acqua. Nel frattempo, lavate le verdure e tagliate la zucchina a rondelle. Dovrete sbollentarle a parte in acqua non salata, quindi ripassarle velocemente in padella insieme a un cucchiaino di olio EVO e alla salsa thain diluita in un cucchiaio di acqua. Una volta che la quinoa sarà pronta, assemblate il piatto con gli ingredienti separati oppure passate tutto al frullatore.

PER MAMMA E PAPÀ
Reidratate l'uvetta in poca acqua: ci vorranno circa 10 minuti. Risciacquate poi la quinoa, quindi cuocetela in 320 ml d'acqua, ricordandovi di non stracuocere la vostra porzione. Più o meno basteranno 15 minuti dal momento del primo bollore. I chicchi si dovranno sgranare! Mentre la quinoa cuoce, mondate il broccolo e ottenete le cimette, lavate le zucchine e tagliatele a rondelle. Stufate le verdure in padella con un po' di acqua; aggiungete 2 cucchiai di olio EVO nei quali stempererete le acciughe. Non appena queste si saranno sciolte, strizzate l'uvetta e unitela in padella. Lasciate insaporire per 5 minuti, quindi condite con un altro cucchiaio di olio EVO a freddo e regolate di sale. Trasferite in padella la quinoa, mescolate bene, quindi servite.

Riso basmati con lenticchie

INGREDIENTI PER IL BEBÈ
- 40 g di riso basmati (meglio se integrale)
- 200 ml di brodo vegetale
- 20 g di crema di lenticchie rosse decorticate
- 1 cucchiaino di salsa thain
- 1 cucchiaino di olio EVO
- qualche goccia di limone

INGREDIENTI PER MAMMA E PAPÀ
- 160 g di riso basmati (meglio se integrale)
- 3 pomodori secchi
- 150 g di lenticchie rosse decorticate
- 1 cipolla
- 2 cucchiai di olio EVO
- ½ limone
- curry
- sale

PROCEDIMENTO

PER IL BEBÈ
Preparate la crema di lenticchie secondo il procedimento di p. 184. Intiepidite il brodo. Cuocete il riso nel triplo del suo volume di acqua non salata per circa 15 minuti (non dovrete scolarlo). Passate ora riso e lenticchie al passaverdure e diluite il composto con i 200 ml di brodo vegetale. Stemperate nella pappa il cucchiaino di salsa thain, quello di olio EVO e qualche goccia di limone.

PER MAMMA E PAPÀ
Reidratate i pomodori secchi per circa 30 minuti. Lessate il riso nel doppio del suo volume di acqua e scolatelo al dente. Se state preparando anche la versione per il bebè, da questo momento per raggiungere la consistenza giusta per lui dovrete prolungare la cottura di altri 5-7 minuti. Cuocete le lenticchie in poca acqua, scolandole appena iniziano ad ammorbidirsi. Tritate la cipolla e saltatela in una padella antiaderente con poca acqua, il riso, il curry e i pomodori secchi strizzati e tagliati a striscioline. Dopo un paio di minuti, unite le lenticchie e mescolate. Qualche minuto ancora, quindi potrete spegnere la fiamma, condire con un giro di olio EVO, il succo di limone e regolare di sale.

Tempestine in crema di piselli e porri

INGREDIENTI PER IL BEBÈ
- 40 g di tempestine integrali
- ½ porro
- 50 g di piselli surgelati
- 1 bicchiere circa di brodo vegetale
- 1 cucchiaino di salsa thain
- 1 cucchiaino di olio EVO
- qualche goccia di limone
- 1 cucchiaino di germe di grano

INGREDIENTI PER MAMMA E PAPÀ
- 160 g di tempestine integrali
- 2 porri
- 200 g di piselli surgelati
- 3 bicchieri circa di brodo vegetale
- 1 cucchiaio di salsa thain
- 2 cucchiai di olio EVO
- qualche goccia di limone
- 1 cucchiaio di germe di grano

PROCEDIMENTO

Cuocete le tempestine in acqua non salata. Nel frattempo, mondate i porri e tagliateli a rondelle. Dovrete stufarli insieme ai piselli surgelati nel brodo vegetale. Quando saranno ammorbiditi (ci vorranno circa 20 minuti), passateli al mixer incorporando salsa thain, olio EVO, succo di limone e germe di grano. Scolate infine le tempestine e conditele con la crema di piselli e porri: sentirete che bontà!

Vellutata di piselli

INGREDIENTI PER IL BEBÈ
- 30 g di piselli secchi
- 1 finocchio piccolo
- 1 cucchiaino di olio EVO

INGREDIENTI PER MAMMA E PAPÀ
- 100 g di piselli secchi
- 2 finocchi
- 8 foglie di salvia
- 2 cucchiai di olio EVO
- 2 cucchiai di semi di papavero
- sale

PROCEDIMENTO

PER IL BEBÈ
I piselli secchi non hanno bisogno di ammollo, quindi procedete subito con la cottura, lessandoli in una casseruola con un po' di acqua. Pulite ora il finocchio, tagliatelo grossolanamente e unitelo ai piselli. Dopo una ventina di minuti, quando i legumi e il finocchio saranno morbidi, frullate il tutto: otterrete una crema abbastanza densa anche senza l'aggiunta di patate, semplicemente grazie al fatto di non aver utilizzato troppa acqua durante la cottura. Condite la vellutata con l'olio EVO e lasciatela raffreddare prima di servirla.

PER MAMMA E PAPÀ
Se il procedimento per realizzare la vellutata è il medesimo, vale la pena variare il condimento. Scottate le foglie di salvia in una padella antiaderente con pochissimo olio EVO, quindi servitele sulla vellutata insieme ai semi di papavero, aggiungendo l'olio a crudo e regolando di sale. Volendo, potete realizzare delle monoporzioni in bicchiere!

Zuppa di lenticchie rosse, carote e quinoa

INGREDIENTI PER IL BEBÈ
- 40 g di quinoa
- 200 ml di brodo vegetale
- 50 g di lenticchie rosse decorticate
- 1 carota piccola
- 1 cucchiaino di olio EVO
- 1 cucchiaino di salsa thain
- qualche goccia di limone

INGREDIENTI PER MAMMA E PAPÀ
- 160 g di quinoa
- 150 g di lenticchie rosse decorticate
- 1 carota
- olio EVO
- 1 mazzetto di prezzemolo
- sale
- pepe

PROCEDIMENTO

PER IL BEBÈ
Risciacquate abbondantemente la quinoa sotto l'acqua corrente, quindi lessatela per circa 20 minuti nel brodo vegetale insieme alle lenticchie rosse decorticate e alla carota mondata e lavata. Quando la base della pappa sarà pronta, conditela con l'olio EVO e la salsa thain, mescolate bene e servite con qualche goccia di limone. In questo caso, non dovrete frullare o passare nulla perché con i tempi di cottura indicati sia quinoa che lenticchie e carota si spappoleranno.

PER MAMMA E PAPÀ
La versione per adulti di questa ricetta prevede il medesimo procedimento appena descritto, con due differenze: scolate la quinoa dopo 15 minuti di bollore, quindi sgranatela; al momento di condire al posto di thain e succo di limone utilizzerete sale, pepe e prezzemolo fresco tritato al momento.

Ricette per il secondo trimestre di svezzamento

(decimo, undicesimo
e dodicesimo mese del bambino)

Baby porridge

INGREDIENTI PER IL BEBÈ
- 2 albicocche disidratate
- ½ mela
- 1 banana piccola
- 120 ml di latte di mandorla
- 1 cucchiaio di fiocchi d'avena
- 1 cucchiaino di germe di grano
- il succo di ½ limone

INGREDIENTI PER MAMMA E PAPÀ
- 8 albicocche disidratate
- 2 mele
- 3 banane piccole
- 360 ml di latte di mandorla
- 3 cucchiai di fiocchi d'avena
- 2 cucchiai di germe di grano
- 1 limone
- cannella in polvere
- 1 cucchiaio di miele

PROCEDIMENTO

PER IL BEBÈ
Fate reidratare le albicocche in acqua tiepida: ci vorranno circa 30 minuti. Prendete quindi la mela, lavatela bene, eliminate il torsolo (conservando la buccia) e tagliatene una metà a fettine prima di farla ammorbidire in una padellina antiaderente. Una volta raffreddata, frullatela con la banana e il succo di limone fino a ottenere una consistenza vellutata. Fate ora sobbollire il latte di mandorla in una casseruola insieme ai fiocchi d'avena: in pochi minuti il composto si addenserà. Lasciate che si raffreddi, quindi incorporatevi la purea di mela e banana. Aggiungete le albicocche disidratate, che avrete ridotto a pezzettini con le forbici, il germe di grano e servite.

PER MAMMA E PAPÀ
Il procedimento è identico a quello appena indicato, l'unica differenza consiste nell'aggiunta di cannella e miele, che potrete fare direttamente nelle singole coppette. Se state usando un limone non trattato, vi consiglio anche una bella grattugiata di scorza: l'aroma è impagabile!

Burger di lenticchie e quinoa

Ingredienti per il bebè

- 20 g di lenticchie rosse decorticate
- 40 g di quinoa
- 1 cucchiaio di pane integrale grattugiato
- 1 cucchiaio di olio EVO
- qualche goccia di limone
- 1 rametto di prezzemolo

Ingredienti per mamma e papà

- 200 g di lenticchie decorticate
- 320 g di quinoa
- 1 cipolla bianca
- 70 g di pane integrale grattugiato
  5 cucchiai di olio EVO
- 1 pizzico di sale
- peperoncino
- curry

Procedimento

Per il bebè

Risciacquate abbondantemente la quinoa sotto l'acqua corrente, quindi lessatela insieme alle lenticchie per circa 20-25 minuti, aggiungendo acqua fino a ricoprire il tutto. Meglio ancora, potete cuocere tutto a vapore: in questo caso, serviranno circa 30 minuti e sarà più semplice procedere nella preparazione. Lenticchie e quinoa, infatti, dovranno essere ben scolate per poter realizzare i burger. Quando saranno pronte, trasferite lenticchie e quinoa in un cutter (o nella tazza di un frullatore) e frullatele con il pane grattugiato integrale, l'olio EVO e qualche goccia di limone. Tritate il prezzemolo, mantenendo i gambi, e aggiungetelo al composto. Continuate a frullare fino a che avrete ottenuto un impasto omogeneo e non bagnato. Potete ora formare i piccoli burger (con le mani oppure servendovi di un anello da cucina). Disponeteli su una padella antiaderente leggermente oliata e cuoceteli per circa 5-6 minuti per lato.

Per mamma e papà

La variante «per adulti» di questo burger prevede la cipolla (che triterete finemente e aggiungerete all'impasto dei burger al momento di frullarlo) e qualche spezia per insaporire il tutto: le mie preferite sono peperoncino e curry.

Crumble di mele

INGREDIENTI PER DUE BELLE COLAZIONI IN FAMIGLIA

- 3 mele
- 70 g di farina di farro
- 60 g di farina di tipo 2
- 20 g di farina di mais fioretto
- 50 g di zucchero di canna
- 130 g di nocciole e mandorle tritate
- 50 ml di olio di semi di mais (oppure EVO delicato)
- latte vegetale (mandorla, soia, riso, avena...)

PROCEDIMENTO

Lavate le mele, riducetele a cubetti e cuocetele in una padellina antiaderente per circa 20 minuti fino ad ammorbidirle. Spargetele ora in una teglia rivestita con carta da forno. A parte, preparate l'impasto del crumble mescolando le farine con la frutta secca tritata grossolanamente (non polverizzatela troppo!), lo zucchero e l'olio di semi di mais. Aggiungete il latte poco per volta, mentre impastate, quanto basta perché il composto non risulti troppo granuloso. Dovrà essere come lavorare la sabbia bagnata. Versate quindi l'impasto sopra i cubetti di mela morbidi e infornate per 35-40 minuti a 180 gradi. Lasciate che il crumble si intiepidisca prima di tagliarlo e servirlo. Volendo, potete ottenere anche delle monoporzioni, sostituendo la teglia con tanti pirottini di ceramica o alluminio.

Dolci ricordi dalla Turchia

INGREDIENTI PER UNA MERENDA IN FAMIGLIA

- 30 g di mandorle
- 30 g di nocciole
- 50 g di datteri freschi e non glassati
- 1 cucchiaio di succo d'arancia (o limone)
- la scorza di ½ arancia
- 2 cucchiai di cocco grattugiato
- 3 cucchiai di cacao amaro in polvere

PROCEDIMENTO

Riunite tutti gli ingredienti nella tazza di un mixer, eccetto il cacao in polvere. Frullate a intermittenza, fino a ottenere un impasto morbido, che lavorerete con le mani formando delle palline delle dimensioni che preferite. Quando avrete esaurito l'impasto, rotolate le palline nel cacao in polvere, prima di disporle su un piatto da portata. Lasciate rassodare e raffreddare i dolcetti in frigorifero per circa 5 ore. Le palline vanno servite fredde e se sentite la mancanza di una nota caliente – perché no? – con del cioccolato fuso accanto...

Falafel

INGREDIENTI PER IL BEBÈ

- 1 cucchiaio di prezzemolo
- ¼ di cipolla
- 100 g di ceci lessati
- 2 cucchiai di farina di mais fioretto
- 1 cucchiaio di succo di limone
- 1 cucchiaino di cumino macinato
- 1 cucchiaio di pane grattugiato
- 2 cucchiai di olio EVO
- 1 cucchiaio di semi di sesamo (facoltativo)

INGREDIENTI PER MAMMA E PAPÀ

- 1 cucchiaio di prezzemolo
- ½ cipolla
- 300 g di ceci lessati
- 100 g di farina di mais fioretto
- 1 cucchiaio di succo di limone
- 1 cucchiaio di cumino macinato
- 3 cucchiai di pane grattugiato
- 3 cucchiai di olio EVO
- 3 cucchiai di semi di sesamo (facoltativo)
- sale

PROCEDIMENTO

Tritate il prezzemolo e la cipolla. Scolate i ceci e risciacquateli bene sotto l'acqua corrente, se sono in scatola. Mettete tutti gli ingredienti (semi di sesamo a parte) nel bicchiere di un robot da cucina e azionate le lame: otterrete un composto compatto, che dovrete assaggiare e regolare di sale (per mamma e papà). Non riducetelo a poltiglia, quindi azionate il robot da cucina senza andare a fare la doccia ma controllando l'impasto ☺ Se volete aggiungere il sesamo, è questo il momento di farlo: trasferite il composto in una ciotola e amalgamatevi i semi e il pane grattugiato con un cucchiaio di legno. Prelevando una piccola dose di composto per volta, formate delle polpettine di 3-4 cm di diametro. Man mano che sono pronte, disponetele in una pirofila rivestita con carta da forno e infornate per almeno 15 minuti a 200 gradi. I falafel dovranno essere dorati: valutate voi il tempo che dovranno trascorrere in forno sulla base della coloritura, ricordandovi di girarli a metà cottura.

Gallette di farro con hummus di ceci

INGREDIENTI PER IL BEBÈ
- 100 g di ceci lessati
- 1 cucchiaio di salsa thain
- 1 pizzico di cumino in polvere
- 1 pizzico di paprika dolce
- 1 cucchiaio di olio EVO
- il succo di ½ limone
- 3 gallette di farro

INGREDIENTI PER MAMMA E PAPÀ
- 400 g di ceci lessati
- 2 cucchiai di salsa thain
- 1 pizzico di cumino in polvere
- 1 pizzico di paprika dolce
- 4 cucchiai di olio EVO
- il succo di 1 limone
- 10 gallette di farro

PROCEDIMENTO

Frullate insieme tutti gli ingredienti (gallette a parte), dosando con parsimonia il cumino, che potrebbe non essere gradito al piccolo. Una raccomandazione: l'hummus non va servito troppo freddo (traduco: freddo di frigo), perché diventerà troppo solido per essere spalmato sulle gallette! Quindi, se non lo preparate al momento, dovrete ricordarvi di estrarlo dal frigo con un certo anticipo.

Gallette di segale con hummus alla barbabietola

INGREDIENTI PER IL BEBÈ
- 100 g di ceci lessati
- ¼ di barbabietola lessata
- 1 cucchiaio di salsa thain
- 1 pizzico di cumino in polvere
- 1 pizzico di paprika dolce
- 1 cucchiaio di olio EVO
- il succo di ½ limone
- 4 gallette di segale

INGREDIENTI PER MAMMA E PAPÀ
- 400 g di ceci lessati
- ½ barbabietola lessata
- 2 cucchiai di salsa thain
- 1 pizzico di cumino in polvere
- 1 pizzico di paprika dolce
- 4 cucchiai di olio EVO
- il succo di 1 limone
- 10 gallette di segale

PROCEDIMENTO

Frullate insieme tutti gli ingredienti (gallette a parte), quindi spalmate l'hummus sulle gallette. Sentirete che spettacolo! Io adoro questa versione alla barbabietola come antipasto, pranzo veloce o – perché no? – come colazione salata: provare per credere! Come vi ho già ricordato nella ricetta precedente, l'hummus non va servito troppo freddo altrimenti risulterà troppo solido per essere spalmato sulle gallette! Quindi, se non lo preparate al momento, ricordatevi di estrarlo dal frigo con un certo anticipo.

Insalata di avocado

INGREDIENTI PER IL BEBÈ
- il succo di ½ lime
- ½ avocado maturo
- ½ mela Granny Smith
- 10 g di olive taggiasche denocciolate
- 1 cucchiaino di olio EVO

INGREDIENTI PER MAMMA E PAPÀ
- il succo di 2 lime
- 7 cuori di carciofo
- aceto di mele
- 1 avocado maturo
- 2 mele Granny Smith
- 80 g di olive taggiasche denocciolate
- olio EVO
- 1 pizzico di sale
- pepe

PROCEDIMENTO

PER IL BEBÈ

Spremete il lime. Tritate finemente le olive taggiasche. Sbucciate l'avocado, eliminate il grande nocciolo centrale e riducete la polpa a cubetti. Lavate bene la mela e, senza sbucciarla, tagliate anche lei a cubetti. Disponete ora la dadolata di frutta su un piatto e condite con le olive, il succo di lime e un cucchiaino di olio EVO.

PER MAMMA E PAPÀ

Spremete i lime e mettete da parte lo scarto. Il procedimento ora è lo stesso, fatto salvo un letto di carciofi, che potete realizzare dividendo i cuori prima a metà, quindi affettandoli finemente e tuffandoli in acqua e scarti di lime che avete spremuto in precedenza. Disponete i carciofi sul piatto e, prima di posizionare la dadolata di frutta, irrorateli con il succo di lime e l'aceto di mele. Regolate di sale e pepe.

Macedonia di frutta e verdura

INGREDIENTI PER IL BEBÈ
- ½ carota
- ½ mela
- ½ mango
- ¼ di finocchio
- il succo di ½ arancia
- 1 pizzico di cannella

INGREDIENTI PER MAMMA E PAPÀ
- 1 carota
- 2 mele
- 1 mango
- 1 finocchio
- il succo di 1 arancia
- 1 pizzico di cannella

PROCEDIMENTO

Una merenda espresso eppure deliziosa? Ebbene sì, è possibile! Lavate, mondate e riducete a piccoli pezzettini facili da «pinzare» con le dita frutta e verdura. Condite con il succo d'arancia e la polvere di cannella, quindi servite.
Inutile dirvi che potete preparare una «macedonia espresso» frullando tutti gli ingredienti, fino a ottenere un vellutato e coloratissimo frullato. L'aggiunta di mezzo bicchiere di latte di soia o di mandorla sarà perfetta per completare questo nutriente spuntino. Un consiglio spassionato? Un pezzettino piccolissimo di zenzero al posto della cannella!

Mango e mirtilli al cucchiaio

INGREDIENTI PER IL BEBÈ
- 1 carota
- ½ mango maturo
- 2 cucchiai di mirtilli
- 1 cucchiaino di salsa thain

INGREDIENTI PER MAMMA E PAPÀ
- 2 carote
- 1 mango maturo
- 3 cucchiai di mirtilli
- 1 cucchiaio di salsa thain

PROCEDIMENTO

Una merenda spaziale? Si prepara in pochissimo tempo. Lavate e mondate le carote, tagliatele a pezzetti quindi lessatele in acqua non salata (a seconda della grandezza dei pezzi, ci vorranno dai 15 ai 30 minuti). Quando saranno pronte, frullatele con tutti gli altri ingredienti e servite. Volendo, potreste anche non frullare i mirtilli, ma in questo caso vi consiglio di tagliarli a metà e di non togliere mai lo sguardo dal bambino mentre consuma la crema. Se la stagione è calda, potete trasformare questa ricetta al cucchiaio in un gustoso gelato! Due possibilità: congelare le carote lessate a pezzetti insieme ai mirtilli e al mango e frullare il tutto fino a ottenere un vero e proprio gelato spumoso, oppure preparare per tempo la crema e congelarla in piccole dosi, così da poterla frullare ogni volta che avete voglia di una pausa fresca. Consumata appena frullata sarà un vero e proprio sorbetto!

Melaccio

INGREDIENTI PER DUE BELLE COLAZIONI IN FAMIGLIA

- 800 g di mele
- 1 limone
- 40 g di mandorle
- 60 g di noci
- 90 g di farina 0
- 90 g di farina integrale
- 300 g di yogurt di soia
- 80 g di uvette
- 80 g di zucchero di canna
- 1 bustina di lievito
- 5 cucchiai di olio di semi di mais
- 1 cucchiaino di cannella (facoltativo)

PROCEDIMENTO

Lavate le mele, tagliatele a pezzetti e ponetele in una ciotola. Grattugiatevi sopra la scorza di limone, quindi unite il succo. Tritate le mandorle finemente e le noci grossolanamente; fate ammollare l'uvetta in acqua tiepida. Lavorate ora le farine con lo zucchero, lo yogurt, il lievito, le mandorle e le noci. Mescolate quindi l'olio di semi di mais e l'uvetta. Infine, incorporate le mele. Se vi piace, potete profumare il melaccio con un cucchiaino di cannella. L'impasto non è il classico a filo, ma risulterà piuttosto compatto. Trasferite l'impasto in una teglia foderata con carta da forno, cercando di uniformare la superficie il più possibile, e infornate per circa 1 ora a 200 gradi. Volendo, il melaccio viene buonissimo anche a vapore: stesso procedimento, quindi coprite la teglia con il coperchio e infornate per 50 minuti nel forno a vapore a 100 gradi. In entrambi i casi, sentirete che bontà!

Pasta con ragù di soia e verdure

INGREDIENTI PER IL BEBÈ
- 40 g di pasta corta integrale
- 50 g di granulato di soia
- 1 piccolo scalogno
- 1 carota piccola
- qualche aghetto di rosmarino
- 1 cucchiaino di olio EVO

INGREDIENTI PER MAMMA E PAPÀ
- 160 g di pasta corta integrale
- 150 g di granulato di soia
- 1 scalogno
- 2 carote
- rosmarino
- 2 cucchiai di olio EVO

PROCEDIMENTO

PER IL BEBÈ
Per preparare questa ricetta dovrete cominciare con anticipo: il granulato di soia, infatti, richiede di essere reidratato in acqua per qualche ora e poi strizzato per bene. Quando sarà pronto, mondate scalogno e carota, tagliateli a pezzetti quindi tritateli finemente con un tritatutto: mi raccomando, «finemente» non significa «ridotto in poltiglia»! Trasferite ora il trito in una padellina antiaderente con il rosmarino, qualche cucchiaio di acqua e la dose indicata di olio, accendete la fiamma e scaldatelo finché diventerà morbido. A quel punto, aggiungete il granulato di soia reidratato. Cuocete per 20 minuti circa. Nel frattempo, portate a bollore l'acqua non salata nella quale lesserete la pasta. Buttate la pasta, lasciatela scuocere di qualche minuto, quindi scolatela, raffreddatela sotto l'acqua corrente e saltatela per qualche minuto in padella insieme al ragù di soia. Servite!

PER MAMMA E PAPÀ
Per mamma e papà la pasta dovrà essere al dente e il ragù prevedere un'aggiunta di spezie, magari peperoncino e paprika forte o affumicata.

Penne con pesto di soia edamame

Ingredienti per il bebè
- 80 g di soia edamame surgelata
- 40 g di ditalini integrali
- 1 cucchiaio di mandorle pelate
- prezzemolo (o basilico o menta)
- 1 cucchiaino di olio EVO

Ingredienti per mamma e papà
- 250 g di soia edamame surgelata
- 160 g di ditalini integrali
- 2 cucchiai di mandorle pelate
- prezzemolo (o basilico o menta)
- 3 cucchiai di olio EVO
- sale
- pepe

Procedimento

Per il bebè
Lessate la soia edamame in poca acqua bollente per 15 minuti. Scolate e conservate l'acqua di cottura. Se scegliete la soia fresca, i tempi di cottura saranno di 30 minuti. Frullate la soia con le mandorle e un'erba aromatica a vostra scelta, aggiungendo via via un po' di acqua di cottura e l'olio EVO. Dovrete ottenere un composto cremoso ma grossolano. Cuocete ora la pasta in abbondante acqua non salata. Quando sarà cotta, scolatela e conditela con il pesto di soia edamame.

Per mamma e papà
Identico procedimento, leggermente diverso il condimento! Prima di frullare il pesto, potete tenere da parte qualche fagiolo, da aggiungere alla fine. Quando il piatto sarà pronto, poi, potete regolare di sale e di pepe.

Riso giallo e ceci

INGREDIENTI PER IL BEBÈ
- 40 g di riso basmati
- ½ cucchiaino di curcuma
- 70 g di ceci lessati
- 1 rametto di rosmarino
- 1 cucchiaino di olio EVO
- qualche goccia di limone

INGREDIENTI PER MAMMA E PAPÀ
- 160 g di riso basmati
- 1 cucchiaino di curcuma
- 200 g di ceci lessati
- 1 rametto di rosmarino
- olio EVO
- qualche goccia di limone

PROCEDIMENTO

Cuocete il riso basmati nel doppio del suo volume di acqua non salata, nella quale avrete disciolto la curcuma, per circa 15 minuti. Non sarà necessario scolare perché il riso avrà assorbito tutta l'acqua. Nel frattempo, sciacquate bene i ceci sotto l'acqua corrente, quindi saltateli in una padellina antiaderente insieme al rosmarino tritato finemente (dovrà essere quasi polverizzato) e a 2 cucchiai di acqua. Quando tutti gli ingredienti saranno pronti, uniteli e condite il vostro riso e ceci con olio EVO e il succo di limone.

Risotto alla zucca

INGREDIENTI PER IL BEBÈ
- 40 g di riso semintegrale
- 1 carota piccola
- 150 g di zucca
- 200 ml di brodo vegetale
- 1 cucchiaino di salsa thain
- 1 cucchiaino di olio EVO

INGREDIENTI PER MAMMA E PAPÀ
- 160 g di riso semintegrale
- 2 carote
- 600 g di zucca
- circa 1 lt di brodo vegetale (o acqua)
- 250 g di ricotta fresca
- 2 cucchiai di olio EVO
- sale

PROCEDIMENTO

PER IL BEBÈ
Lavate e mondate carota e zucca, quindi riducetele in piccoli cubetti. In una padellina antiaderente leggermente oliata, tostate a secco per 2 minuti il riso semintegrale. Aggiungete poi il brodo vegetale (in alternativa andrà bene anche l'acqua), la zucca e la carota. Cuocete per 30 minuti circa: a questo punto, sia la carota sia la zucca saranno cotte e morbide. Prelevate metà del risotto e, con un frullatore a immersione, frullatela con la salsa thain. Unite questa purea al risotto non frullato, mescolate e servite con olio EVO a crudo.

PER MAMMA E PAPÀ
Seguite lo stesso procedimento, con tre sole differenze: dovrete frullare solo un decimo circa del risotto (invece della metà), «mantecare» con la ricotta e, prima di servire, regolare di sale.

Torta di Nonna Papera

INGREDIENTI PER QUALCHE BELLA COLAZIONE IN FAMIGLIA

Per la frolla
- 130 g di farina di tipo 2
- 120 g di farina di farro
- 70 g di zucchero a velo integrale
- 60 g di acqua fredda
- 60 ml di olio di mais bio
- 1 cucchiaino di lievito per dolci
- la scorza di 2 limoni

Per la farcia
4 mele
3 cucchiai di miele

PROCEDIMENTO

Come prima cosa, disponete le farine a fontana sul vostro piano di lavoro (o in una ciotola) insieme al lievito. Sciogliete lo zucchero nell'acqua, quindi trasferite l'acqua zuccherata insieme all'olio al centro del mix di farine. Unite anche la scorza dei limoni. Mescolate bene, poi cominciate a impastare. Lavorate gli ingredienti fino a ottenere un impasto liscio. Dategli la forma di una palla, avvolgetelo nella pellicola trasparente e ponetelo a riposare per circa 1 ora in frigorifero. Dedicatevi ora alla farcia. Lavate le mele, eliminate buccia e torsolo, quindi tagliatele a fettine, che cuocerete in una padellina antiaderente per concentrare gli zuccheri e renderle più morbide. Non sarà necessario aggiungere acqua ma semplicemente mescolarle di continuo. Quando la frolla sarà pronta, dividetela in due parti e stendetela, ricavando due dischi – uno di diametro leggermente maggiore dell'altro. Usate il primo per rivestire una tortiera del diametro di circa 24 cm foderata di carta da forno. Riempite ora la pasta con le fettine di mela: posizionatele in modo da formare una cupola centrale, che bagnerete con il miele a filo. Ricoprite ora la torta con il secondo disco di pasta, dando ai bordi una forma ondulata. Forate la cupola che si sarà formata con uno stuzzicadenti, così da permettere la fuoriuscita del vapore durante la cottura. Infornate per circa 40 minuti a 180 gradi.

Ricette con proteine animali

Bocconcini di salmone croccanti

INGREDIENTI PER IL BEBÈ

- erbe aromatiche a piacere (io di solito uso 3 rametti di timo e 1 ciuffo di prezzemolo)
- ½ limone
- la scorza di ½ arancia
- semi di sesamo
- 100 g di pane integrale grattugiato
- 50 g di farina di mais fioretto
- 100 g di filetti di salmone fresco

INGREDIENTI PER MAMMA E PAPÀ

- erbe aromatiche a piacere (io di solito uso 3 rametti di timo e 1 ciuffo di prezzemolo)
- 1 limone
- la scorza di 1 arancia
- semi di sesamo
- 200 g di pane integrale grattugiato
- 50 g di farina di mais fioretto
- 300 g di filetti di salmone fresco
- sale

PROCEDIMENTO

Innanzitutto, la panatura: tritate a coltello le erbe aromatiche e grattugiate le scorze degli agrumi; radunate questi ingredienti in una ciotola insieme al sesamo, al pane integrale grattugiato e alla farina di mais fioretto. Mescolate bene e tenete da parte. Tagliate ora il salmone a bocconcini (eliminando la pelle, nel caso sia presente) e rotolateli nella panatura, facendola aderire bene con un po' di pressione. Man mano che sono pronti, disponeteli in una teglia ricoperta con carta da forno. Infornate per 15-20 minuti al massimo a 200 gradi. Il salmone dovrà essere croccante, quindi ogni tanto verificate il grado di cottura: ogni forno è diverso, meglio dare un'occhiata! Impiattate infine con qualche spicchio di limone e i bocconcini di salmone sono pronti per conquistarvi!

Crema di merluzzo e riso nero

Ingredienti per il bebè
- 40 g di filetto di merluzzo
- 100 ml di brodo vegetale
- 40 g di riso nero
- 1 zucchina piccola
- 1 cucchiaino di olio EVO
- qualche goccia di limone

Ingredienti per mamma e papà
- 160 g di riso nero
- 300 g di filetti di merluzzo
- 1 manciata di capperi sotto sale
- 3 pomodori secchi sottolio
- origano
- 2 cucchiai di olio EVO
- sale

Procedimento

Per il bebè

Cuocete il riso nero in acqua (non salata) per 30 minuti in una quantità d'acqua pari al triplo del suo volume. Mentre il riso cuoce, lavate bene la zucchina e tagliatela a rondelle. Dopo 15 minuti dall'inizio della cottura, inserite nella casseruola dove il riso sta cuocendo un cestello per la cottura a vapore di bamboo o acciaio (o uno scolapasta di acciaio) e ponetevi le rondelle di zucchina e il filetto di merluzzo. Quando il riso sarà pronto, passate tutto con il passaverdure, diluendo con il brodo vegetale. Un cucchiaino di olio EVO, qualche goccia di limone e la pappa è pronta!

Per mamma e papà

Scolate il riso al dente (basteranno 20 minuti; ovviamente fa fede quanto riportato sulla confezione di riso. Ne esistono anche di precotti, non hanno alcuna controindicazione), e lasciate che la dose del bebè prosegua la cottura. Nel frattempo, sciacquate bene i capperi per eliminare il sale, scolate i pomodori secchi e tagliateli a striscioline. Cuocete poi i vostri filetti di merluzzo in una padellina antiaderente leggermente unta con olio EVO con i capperi e i pomodori secchi. Infine, insaporite il tutto con una spolverata di origano e un cucchiaio di olio EVO. Il sale? Solo se strettamente necessario: pomodori, capperi e merluzzo già ne contengono! Non vi resta che servire il riso nero accompagnato dal merluzzo spadellato.

Ditalini al farro con ricotta e menta

INGREDIENTI PER IL BEBÈ
- 40 g di ditalini di farro
- 50 g di ricotta fresca
- 2 foglioline di menta
- 1 cucchiaino di olio EVO
- 1 pomodoro secco

INGREDIENTI PER MAMMA E PAPÀ
- 160 g di ditalini di farro
- 200 g di ricotta fresca
- 5 foglioline di menta
- olio EVO
- 5 pomodori secchi

PROCEDIMENTO

PER IL BEBÈ
Mettete i pomodori secchi a reidratare in acqua per circa 30 minuti, quindi strizzateli e tagliateli a striscioline. Lessate la pasta in acqua non salata, superando di 5 minuti il tempo di cottura indicato sulla confezione. Nel frattempo, stemperate la ricotta in un pentolino antiaderente con un cucchiaio d'acqua e il cucchiaino di olio EVO. Scaldate leggermente, aggiungete al condimento il pomodoro secco reidratato e le foglioline di menta. Volendo, potete svolgere tutta questa operazione con l'aiuto di un frullatore a immersione o di un tritatutto. Quando la pasta sarà pronta, conditela con questo sughino delizioso e voilà: il pranzo è servito!

PER MAMMA E PAPÀ
I gusti sono gusti, ma io vi consiglio di scolare la pasta al dente ☺

Fruttamisù

INGREDIENTI PER IL BEBÈ

- 3 biscotti integrali con olio di mais (o girasole o EVO)
- 1 albicocca
- 1 fragola
- ½ banana
- 80 g di ricotta fresca
- 1 cucchiaino di miele
- 50 ml di succo di mela puro

INGREDIENTI PER MAMMA E PAPÀ

- 16 biscotti integrali con olio di mais (o girasole o EVO)
- 3 albicocche
- 5 fragole
- 2 banane
- 250 g di ricotta fresca
- 4 cucchiaini di miele
- 150 ml di succo di mela puro

PROCEDIMENTO

Lavate la frutta, spelate la banana e riducete tutto a cubetti delle stesse dimensioni. Sbattete la ricotta e il miele con una forchetta o una frusta da pasticceria. Inzuppate i biscotti nel succo di mela. Prendete ora tanti bicchieri quante porzioni state preparando e riempiteli creando degli strati di crema di ricotta, di frutta e di biscotto. Lasciate raffreddare in frigorifero per 3 ore, quindi servite.

Insalata con avocado cremoso

INGREDIENTI PER IL BEBÈ
- 1 patata grossa
- 2 carote piccole
- ¼ di avocado maturo
- il succo di ½ limone
- 1 cucchiaio di yogurt greco
- 1 cucchiaino di olio EVO

INGREDIENTI PER MAMMA E PAPÀ
- 3 patate grosse
- 6 carote piccole
- 1 avocado maturo
- il succo di ½ limone
- 3 cucchiai di yogurt greco
- olio EVO
- sale
- pepe

PROCEDIMENTO

PER IL BEBÈ
Lavate patata e carote. Tenete la prima intera con la buccia, spelate le seconde e tagliatele a rondelle. Lessate il tutto in acqua non salata (ci vorranno circa 30 minuti), quindi lasciate raffreddare e tagliate la patata a tocchetti. Nel frattempo, frullate la polpa di avocado con il succo di limone e lo yogurt greco. Non vi resta che mescolare la salsa con le verdure per servire!

PER MAMMA E PAPÀ
Il procedimento? Identico al precedente! Unica variazione: voi potrete condire la salsa con un po' di sale e una bella macinata di pepe.

Minicake alla carota

INGREDIENTI PER UN PAIO DI COLAZIONI IN FAMIGLIA

- 250 g di carote grattugiate
- 100 g di farina di tipo 2
- 130 g farina di semola di grano duro rimacinata
- 4 cucchiai di yogurt (vegetale o vaccino magro oppure greco)
- 3 cucchiai di sciroppo d'acero
- 50 g di zucchero di canna
- 5 cucchiai di olio di semi di girasole
- 150 g di noci sbriciolate
- 2 cucchiaini di lievito
- 1 pizzico di cannella

PROCEDIMENTO

Riunite tutti gli ingredienti in una ciotola capiente e impastateli per bene. Trasferiteli poi in tanti pirottini da muffin e informate per 25 minuti a 180 gradi. Queste tortine sono ideali anche come merenda!

Pancake salati con crema di cannellini e caprino

INGREDIENTI PER IL BEBÈ
- 80 ml di latte soia
- 50 g di farina di farro
- qualche foglia di basilico
- 1 cucchiaino di olio EVO

Per la crema
- 50 g di caprino light
- 30 g di fagioli cannellini lessati
- olio EVO
- ½ limone

INGREDIENTI PER MAMMA E PAPÀ
- 350 ml di latte soia
- 220 g di farina di farro
- olio EVO

Per la crema
- 150 g di caprino light
- 150 g di fagioli cannellini lessati
- timo fresco o aneto
- ½ limone

PROCEDIMENTO

Come prima cosa, preparate i pancake: riunite in una ciotola capiente il latte di soia, la farina di farro e il basilico tritato finemente. Mescolate con una frusta fino a ottenere una pastella densa. A quel punto, scaldate una padellina leggermente oliata e cuocetevi i pancake: versate 2 cucchiai di impasto per volta, girate la padella per ottenere una bella forma rotonda e cuocete per 2 minuti su ogni lato. Ora potete dedicarvi alla crema. Risciacquate i fagioli cannellini sotto l'acqua corrente per qualche minuto, quindi trasferiteli nella tazza di un frullatore con il caprino, la scorza di limone (dopo aver lavato l'agrume) e un po' di acqua. Azionate le lame, frullate per qualche istante, quindi aggiungete un filo di olio, il succo di limone e frullate nuovamente, fino a ottenere una crema omogenea. Spezzettate le foglioline di timo o aneto e mescolatele alla crema ottenuta. A quel punto, servite i pancake alternandoli a strati di crema.

Pizzoccheri

INGREDIENTI PER IL BEBÈ
- ½ patata
- 1 gambo di costa
- 2 foglie di salvia
- 5 fagiolini surgelati
- 50g di pizzoccheri
- 1 cucchiaino di crescenza
- 1 cucchiaino di olio EVO

INGREDIENTI PER MAMMA E PAPÀ
- 2 patate
- 1 mazzetto di coste
- 8 foglie di salvia
- 300 g di fagiolini surgelati
- 160 g di pizzoccheri
- 200 g di crescenza
- olio EVO
- pepe

PROCEDIMENTO

Lavate le patate, sbucciatele e riducetele a pezzetti; sciacquate bene le coste e tagliatele grossolanamente. Cuocete tutto a vapore con le foglie di salvia, compresi i fagiolini surgelati, inserendo le verdure nella vaporiera da quella che ha un tempo di cottura più lungo fino a quella col tempo di cottura più breve. Quando tutti gli ingredienti saranno cotti, metteteli da parte e cuocete i pizzoccheri in acqua non salata. Una volta cotti, scolati e raffreddati, poneteli sul tagliere e riduceteli in quadrotti. Mescolate in una casseruola i pizzoccheri tagliati insieme alle verdure cotte a vapore, alla crescenza e l'olio EVO. A seconda del livello raggiunto dal bambino nella masticazione, potete decidere di accompagnare i pizzoccheri tagliati a una crema di verdure piuttosto liscia oppure una che contiene qualche pezzetto di patata, fagiolino o costa. Per mamma e papà è d'obbligo abbondante pepe prima di servire.

Polenta taragna

INGREDIENTI PER IL BEBÈ
- 50 g di farina di grano saraceno
- 1 cucchiaio di farina di mais
- 200 ml circa di brodo vegetale (o acqua)
- 20 g di ricotta fresca
- 20 g di caprino fresco

INGREDIENTI PER MAMMA E PAPÀ
- 500 g di farina di grano saraceno
- 1 manciata di farina di mais
- 2 l circa di acqua
- 200 g di ricotta fresca
- 200 g di caprino fresco
- sale

PROCEDIMENTO

PER IL BEBÈ
Prima di tutto, la farina: per la polenta taragna ve ne servirà una importante, macinata grossa, quindi sotto con la ricerca! Una volta trovata quella giusta, mettete sul fuoco una pentola con 200 ml di brodo vegetale, oppure in alternativa di acqua. Portate a bollore. Mischiate quindi le due farine e versatele a pioggia in pentola. Ebbene sì, è il momento: rimboccatevi le maniche e cominciate a mescolare energicamente. Dovrete continuare per tutto il tempo di cottura della polenta. Verso la fine della cottura, incorporate la ricotta e spegnete il calore. Incorporare ora il caprino: dovrete fare in modo che si sciolga ma che non venga del tutto assorbito dalla polenta.

PER MAMMA E PAPÀ
Il procedimento è il medesimo appena descritto, con l'unica eccezione dell'aggiunta di sale, che dovrete unire quando l'acqua inizierà a bollire: mi raccomando, siate parsimoniosi!

Polpettine di merluzzo e noci

INGREDIENTI PER IL BEBÈ
- 100 g di filetti di merluzzo surgelato
- 2 fette di pane integrale in cassetta (con olio EVO)
- 20 g di noci
- 1 cucchiaio di prezzemolo tritato
- 70 g di farina di mais fioretto
- olio EVO

INGREDIENTI PER MAMMA E PAPÀ
- 400 g di filetti di merluzzo surgelato
- 4 fette di pane integrale in cassetta (con olio EVO)
- 60 g di noci
- 2 cucchiai di prezzemolo tritato
- 150 g di farina di mais fioretto
- olio EVO

PROCEDIMENTO

Scongelate i filetti di merluzzo e frullateli grossolanamente con il pane integrale in cassetta, le noci e il prezzemolo. Trasferite l'impasto in una ciotola e lavoratelo con le mani, formando delle polpettine: rotolatele nella farina di mais, quindi disponetele su una teglia rivestita con carta da forno. Nebulizzate con olio EVO e infornate per circa 20 minuti a 220 gradi, ricordandovi di passare alla modalità grill durante gli ultimi 5 minuti di cottura. La croccantezza è garantita! Queste polpette sono spettacolari se servite con la maionese senza uova. Io la preparo così:

- 100 ml di latte di soia
- 220 ml di olio di semi di girasole
- 1 cucchiaino di senape
- 2 cucchiai di aceto di mele (o succo di limone)
- 1 pizzico di sale
- 1 spolverata di curcuma

In un contenitore dai bordi alti miscelate il latte di soia con l'olio di semi di girasole. Unite tutti gli altri ingredienti e frullate con un frullatore a immersione. Valutate voi se aumentare lievemente la dose di aceto di mele a seconda di quanto acidula volete che sia la vostra salsa.

Purè di avocado e banana

INGREDIENTI PER IL BEBÈ
- ½ avocado maturo
- 1 banana piccola
- ½ limone
- 2 cucchiai di yogurt greco

INGREDIENTI PER MAMMA E PAPÀ
- 1 avocado maturo
- 2 banane grosse
- 1 limone
- 250 g di yogurt greco

PROCEDIMENTO

Pulite l'avocado ottenendo la sola polpa. Dovrete frullarla in un mixer con il succo di limone. Quando i due ingredienti saranno incorporati, aggiungete la banana e lo yogurt, frullate ancora, quindi servite.
Questo purè può trasformarsi in un contorno dolce-salato piuttosto gustoso, ideale su un riso basmati cotto a vapore e aromatizzato con della cannella in cottura, oppure, perché no, lessato direttamente in latte di cocco (vi servirà 1 bicchiere di latte per ogni bicchiere di riso).

Purè di cavolfiore e broccoli

INGREDIENTI PER IL BEBÈ
- 3 cimette di cavolfiore
- 6 cimette di broccolo romano
- 50 g di feta light
- 1 cucchiaino di olio EVO

INGREDIENTI PER MAMMA E PAPÀ
- 1 cavolfiore
- 1 broccolo romano
- 200 g di feta light
- 3 cucchiai di olio EVO
- timo fresco
- pepe
- 150 g di pane di segale

PROCEDIMENTO

PER IL BEBÈ
Dopo averle mondate, lessate le cimette di cavolfiore e di broccolo in pochissima acqua non salata, quindi frullateli nella pentola stessa con il frullatore a immersione. A seconda della consistenza che volete ottenere, potete decidere se frullare la feta insieme alle verdure o sbriciolarla sulla crema con le mani. Prima di servire, condite con il cucchiaino di olio EVO.

PER MAMMA E PAPÀ
Seguite il procedimento appena descritto, ma completate la vellutata con un po' di timo fresco, un'abbondante macinata di pepe e dei croccanti crostini di pane di segale tostato.

Ricotta ai lamponi e mirtilli

INGREDIENTI PER IL BEBÈ
- 30 g di mirtilli
- 30 g di lamponi
- 100 g di ricotta fresca
- 1 cucchiaino di miele
- 30 g di mandorle a scaglie

INGREDIENTI PER MAMMA E PAPÀ
- 100 g di mirtilli
- 100 g di lamponi
- 300 g di ricotta fresca
- 2 cucchiai di miele
- 100 g di mandorle a scaglie

PROCEDIMENTO

Lavate la frutta sotto l'acqua corrente, con delicatezza: i lamponi sono fragili e non si devono ammaccare! Lasciatela sgocciolare e poi fatela asciugare su uno strofinaccio. Setacciate la ricotta: vedrete che si trasformerà in una crema. Raccoglietela in una ciotola e aggiungete il miele, incorporandolo delicatamente. Preparate quattro coppette e disponete sul fondo i mirtilli, copriteli con la crema di ricotta, aggiungete i lamponi e le mandorle a scaglie. Se non vi piacciono le mandorle, provate con le nocciole tritate o nocciole e pistacchi. Per quanto riguarda la frutta fresca, il mio consiglio è di variarla a seconda della stagione: questa coppetta è ottima anche con pesche, albicocche e fragole.

Risotto alla banana

INGREDIENTI PER IL BEBÈ
- 40 g di riso integrale
- 300 ml circa di succo di mela puro
- 1 banana
- 50 g di ricotta fresca

INGREDIENTI PER MAMMA E PAPÀ
- 160 g di riso integrale
- 600 ml circa di succo di mela puro
- 2 banane
- 150 g di ricotta fresca
- 2 cucchiaini di zucchero di canna

PROCEDIMENTO

PER IL BEBÈ
Fate bollire il riso nel succo di mela finché non si sarà completamente ammorbidito: ci vorranno circa 30 minuti. A metà cottura aggiungete la banana tagliata a rondelle e la ricotta. Mescolate bene e proseguite la cottura. Quando mancheranno pochi minuti alla fine, prelevate una parte del risotto e frullatelo con un frullatore a immersione, quindi terminate la cottura e servite.

PER MAMMA E PAPÀ
Il procedimento è il medesimo, fatta eccezione per un'aggiunta: due cucchiaini di zucchero di canna, nota «croccante» da spolverizzare sul risotto già impiattato.

Risotto con spinacini e caprino

INGREDIENTI PER IL BEBÈ
- 40 g di riso integrale (o semintegrale)
- 10 foglie di spinacini novelli
- 200 ml di brodo vegetale
- 50 g di caprino fresco
- 1 cucchiaino di salsa thain
- 2 cucchiaini di olio EVO

INGREDIENTI PER MAMMA E PAPÀ
- 160 g di riso integrale (o semintegrale)
- 100 g di spinacini novelli
- 1 l circa di brodo vegetale (o acqua)
- 2 cucchiai di salsa thain
- olio EVO
- 150 g di caprino fresco
- sale
- pepe

PROCEDIMENTO

PER IL BEBÈ

Lavate bene le foglie di spinacini. Tostate per 2 minuti il riso semintegrale a secco, oliando semplicemente la pentola antiaderente. Aggiungete il brodo vegetale (in alternativa anche l'acqua va benissimo), e lasciate sobbollire per circa 30 minuti. A questo punto aggiungete gli spinacini: saranno pronti in pochi minuti. Prelevate dalla pentola metà del risotto e frullatela con un frullatore a immersione insieme alla salsa thain; unite quindi questa purea al caprino e al resto del risotto, mescolate bene e servite con un cucchiaino di olio EVO a crudo.

PER MAMMA E PAPÀ

Per preparare questo piatto per voi dovrete seguire il medesimo procedimento appena descritto, frullando però solo un decimo del risotto (non la metà), mantecando con il caprino e regolando di sale e di pepe prima di servire.

Salmone con pomodoro e origano

INGREDIENTI PER IL BEBÈ
- 4 olive taggiasche denocciolate
- 3 cucchiai di salsa di pomodoro
- 50 g di filetto di salmone
- 1 cucchiaino di origano
- 1 cucchiaino di olio EVO
- qualche goccia di limone

INGREDIENTI PER MAMMA E PAPÀ
- 1 manciata di olive taggiasche denocciolate
- 200 ml di salsa di pomodoro
- 300 g di filetto di salmone
- 1 cucchiaio di origano
- 2 cucchiai di olio EVO
- il succo di 1 limone
- sale
- pepe

PROCEDIMENTO

PER IL BEBÈ
Tritate le olive taggiasche a coltello (finemente, mi raccomando), quindi mettetele in una padella antiaderente con la salsa di pomodoro: lasciate sobbollire dolcemente per 5 minuti, quindi aggiungete il filetto di salmone, l'origano, l'olio EVO e il succo di limone. Proseguite la cottura a medio calore per circa 7-10 minuti, quindi servite.

PER MAMMA E PAPÀ
Il procedimento per i genitori è il medesimo appena descritto, con l'unica differenza che voi potrete regolare di sale e di pepe, rigorosamente quando il salmone viene servito!

Salmone su crema di broccoli

INGREDIENTI PER IL BEBÈ
- 5 cimette di broccolo
- 1 cucchiaino di salsa thain
- 1 cucchiaino di olio EVO
- 50 g di filetto di salmone
- qualche goccia di limone

INGREDIENTI PER MAMMA E PAPÀ
- 1 broccolo
- 1 cucchiaio di salsa thain
- 2 cucchiai di olio EVO
- 300 g di filetto di salmone
- 1 limone
- sale
- pepe

PROCEDIMENTO

PER IL BEBÈ
Ponete le cimette di broccolo lavate in una casseruola con poca acqua, accendete il fuoco e cuocete per 7 minuti dal bollore. A quel punto, aggiungete la salsa thain e l'olio EVO, quindi frullate con un frullatore a immersione. A parte, scottate velocemente il salmone (non eliminate la pelle!) in una padellina antiaderente con il succo di limone. Ci vorranno circa 3 minuti per lato. A cottura ultimata, servite il filetto di salmone sulla vellutata di broccoli.

PER MAMMA E PAPÀ
Il procedimento è il medesimo appena descritto, con l'eccezione dell'aggiunta di sale e pepe, da utilizzare solo quando il salmone viene servito! Io di solito aggiungo anche una grattugiata di scorza di limone (solo se sto usando un limone non trattato, è chiaro) o di zenzero: danno una nota fresca davvero strepitosa!

Terrina di verdure con bocconcini di salmone

INGREDIENTI PER IL BEBÈ
- 1 fetta di zucca mantovana
- 3 patate novelle
- 2 cavolini di Bruxelles
- 1 filetto di salmone da 50 g già pulito
- 1 cucchiaino di olio EVO
- timo fresco

INGREDIENTI PER MAMMA E PAPÀ
- ½ zucca mantovana
- 12 patate novelle
- 12 cavolini di Bruxelles
- 2 filetti di salmone da 150 g già puliti
- 4 cucchiai di olio EVO
- timo fresco
- 1 pizzico di sale
- pepe rosa

PROCEDIMENTO

PER IL BEBÈ

Mondate la zucca, ottenendo la sola polpa, e riducetela a dadini. Fate lo stesso con le patate (mantenendo la buccia). Pulite quindi i cavolini di Bruxelles e tagliateli in quattro parti. Cuocete ora tutte le verdure in un cestello per la cottura a vapore oppure in una casseruola con poca acqua. Una volta ammorbidite (ci vorranno circa 15 minuti), disponetele in una pirofila foderata di carta da forno, condite con il cucchiaino di olio EVO, il timo sfogliato e il salmone ridotto a cubotti. Infornate per 10 minuti a 170 gradi. Prima di servire, lasciate raffreddare il piatto e schiacciate le verdure con una forchetta, in modo grossolano e non omogeneo.

PER MAMMA E PAPÀ

Il procedimento per preparare questa ricetta per voi è lo stesso appena descritto, fatta eccezione per il condimento: potete salare (poco), pepare a piacere e, eventualmente, insaporire con una salsina ottenuta frullando 4 cucchiai di olio EVO, un cucchiaio di succo di limone, 1 rametto di prezzemolo tritato e 0,5 cm di radice di zenzero.

Torta salata con bietole e verza

INGREDIENTI PER 8 PERSONE

Per l'impasto

- 300 g di farina di tipo 2
- 80 ml di olio EVO
- 1 pizzico di bicarbonato
- 100-120 ml di acqua
- 2 cucchiai di aceto di mele

Per la farcia

- 400 g di bietole
- 400 g verza
- 2 cucchiai di olio EVO
- 200 g di caprino
- 3 cucchiai di pane integrale grattugiato

PROCEDIMENTO

Disponete la farina a fontana sul piano di lavoro, mettete al centro gli altri ingredienti e impastate. Una volta ottenuto un impasto liscio e compatto, dategli la forma di una palla, fasciatela con la pellicola trasparente e ponetela in frigorifero a riposare per circa 30 minuti. Nel frattempo, dedicatevi al ripieno. Lavate bene le verdure, mondatele quindi affettate finemente la verza e riducete le bietole a striscioline. Stufate ora entrambe in una padella antiaderente con poca acqua; quando saranno ammorbidite, aggiungete l'olio EVO e riducete la fiamma. Lasciate che le verdure si intiepidiscano per qualche minuto, quindi unite il caprino e mescolate bene. Trascorso il tempo di riposo della pasta, stendetela in una sfoglia spessa circa 2 mm, quindi utilizzatela per rivestire una teglia che avrete precedentemente foderato con carta da forno. Riempite la pasta con il ripieno, spolverizzate con il pane grattugiato e infornate per circa 40 minuti a 180 gradi.

Torta salata con spinacini

INGREDIENTI PER 8 PERSONE

Per la pasta brisée

- 300 g di farina di tipo 1 o 2
- 80 g di olio EVO
- 2 cucchiai di aceto di mele
- 1 pizzico di sale
- 1 pizzico di bicarbonato
- 100-120 ml circa di acqua

Per la farcia

- 300 g di spinacini novelli
- 250 g di caprino fresco
- 3 cucchiai di olio EVO

PROCEDIMENTO

Disponete la farina a fontana sul piano di lavoro (o in una ciotola capiente), ponete al centro l'olio EVO, l'aceto di mele, il sale e il bicarbonato e cominciate a impastare, aggiungendo l'acqua poca per volta. Quando tutti gli ingredienti saranno amalgamati, lavorate l'impasto fino a renderlo liscio e omogeneo. A quel punto, dategli la forma di una palla, avvolgetelo con la pellicola trasparente e ponetelo a riposare in frigorifero per almeno 1 ora. Nel frattempo, dedicatevi alla farcia: lavate e mondate gli spinacini novelli, quindi cuoceteli a vapore (ci vorranno circa 5 minuti). Lasciateli raffreddare e strizzateli bene, poneteli in una ciotola e mescolateli con l'olio EVO e il caprino. Trascorso il tempo di riposo della pasta, stendetela in un disco del diametro di circa 23 cm: vi servirà per rivestire una tortiera, precedentemente foderata di carta da forno. Riempite la torta salata con la farcia, quindi infornate per circa 45 minuti a 180 gradi, o comunque fino a quando la superficie sarà croccante.

Zucchine gratinate

INGREDIENTI PER IL BEBÈ
- 1 zucchina
- 1 cucchiaio di pane integrale grattugiato
- 1 cucchiaio di ricotta fresca
- 1 pomodoro secco reidratato
- 1 pizzico di origano secco

INGREDIENTI PER MAMMA E PAPÀ
- 8 zucchine
- 5 cucchiai di pane integrale grattugiato
- 2 cucchiai di ricotta fresca
- 4 pomodori secchi reidratati
- 1 cucchiaio di origano secco

PROCEDIMENTO

Lavate le zucchine, privatele delle estremità quindi tagliatele a metà per il lungo e scavatele con l'aiuto di un cucchiaino o dell'apposito scavino. Fate ammorbidire i «gusci» con 10 minuti di cottura a vapore. Nel frattempo, frullate gli ingredienti rimanenti con la polpa della zucchina. Coprite ora una teglia con carta da forno e posizionateci le mezze zucchine: farcitele con il trito profumato appena ottenuto, quindi infornate per 20 minuti a 220 gradi. Sane, deliziose e croccanti... praticamente perfette!

Zucchine alla parmigiana

INGREDIENTI PER IL BEBÈ
- 1 zucchina
- 200 ml di salsa di pomodoro
- 50 g di ricotta fresca
- 1 cucchiaio di concentrato di pomodoro
- 1 cucchiaino di olio EVO

INGREDIENTI PER MAMMA E PAPÀ
- 5 zucchine
- 600 ml di salsa di pomodoro
- 200 g di ricotta fresca
- 3 cucchiai di concentrato di pomodoro
- olio EVO
- sale
- pepe
- 1 cipollotto

PROCEDIMENTO

PER IL BEBÈ
Lavate le zucchine, mondatele e affettatele con una mandolina per il lato lungo dello spessore di circa 2 mm, quindi sbollentatele rapidamente in acqua non salata (basteranno un paio di minuti). A parte, in una ciotola, preparate il condimento: con una frusta, sbattete la salsa di pomodoro insieme alla ricotta, al concentrato di pomodoro e all'olio EVO. Quando le zucchine saranno pronte, scolatele e asciugatele con carta da cucina, quindi disponetele a strati in una teglia foderata di carta da forno alternandole con la salsa appena preparata. Infornate per 20 minuti a 220 gradi.

PER MAMMA E PAPÀ
Per le zucchine procedete come sopra. Affettate finemente anche il cipollotto (inclusa la parte verde), quindi stufatelo in acqua e un cucchiaio di olio EVO per 10 minuti fino a renderlo tenero. Salate, pepate e tenete da parte. Ora dedicatevi al condimento, preparandolo come descritto. Quando le zucchine saranno pronte, scolatele e asciugatele, quindi disponetele a strati in una teglia foderata di carta da forno alternandole con la salsa e il cipollotto. Infornate per 15 minuti a 220 gradi.

Postfazione di Giovanni Corsello

Noi ci vogliamo bene è un libro che si caratterizza per una impostazione editoriale innovativa e originale e per la capacità di mettere insieme con uno sguardo orientato alla prevenzione le tappe principali dello sviluppo prenatale e nel corso del primo anno di vita.

La narrazione è svolta con grande attenzione agli aspetti clinici e biologici e grande spazio è dato alla cultura nutrizionale durante la gravidanza e nelle prime fasi dell'età evolutiva, fasi che oggi sappiamo sempre di più correlate con la salute metabolica dell'adulto. Il tutto con un saldo legame con le evidenze scientifiche esistenti e con richiami alle esigenze e ai bisogni nutrizionali validati dalla letteratura e dalla esperienza clinica in ambito ostetrico e pediatrico, anche grazie alla collaborazione di esperti di alto profilo scientifico.

Uno spazio importante è dedicato ai nuovi percorsi nutrizionali diffusi nella nostra società e sulla necessità che essi rispondano anche alle esigenze di garantire l'equilibrio nutrizionale, soprattutto nelle prime età della vita, per evitare le carenze e gli eccessi di nutrienti. Le piramidi nutrizionali sono descritte e analizzate anche in rapporto alle caratteristiche di una società sempre più multiculturale e multietnica.

Lo sforzo (ben riuscito!) dell'autore è stato anche quello di mettere insieme una serie di consigli su come adottare stili di vita in grado di favorire e promuovere la salute sin dalle prime età della vita. È auspicabile che ciò possa contribuire a diffondere nella popolazione e nelle famiglie una corretta informazione, in grado di innescare percorsi di prevenzione.

È quello che si impone oggi nei confronti delle vaccinazioni, vissute come fonte di rischi per la salute e quindi sempre più spesso non eseguite nei bambini sulla base di disinformazione e di forzature ideologiche prive di qualsiasi addentellato clinico e scientifico. Promuovere e diffondere la cultura delle vaccinazioni è compito di tutti, medici, operatori sanitari, istituzioni e media. Per difendere i singoli bambini e per difendere la salute pubblica da flagelli che hanno in passato provocato livelli di mortalità e di morbilità spesso dimenticati.

Giovanni Corsello,
presidente della Società italiana di pediatria

Ringraziamenti

Per questo libro devo ovviamente ringraziare, in primis, la mia bimba e, subito dopo, voi, che mi avete chiesto mille volte un libro dedicato alle mamme, ai papà e ai loro figli. Non poteva esserci periodo migliore in cui scriverlo, tant'è che ho davvero potuto riportare «live» le informazioni man mano che le scoprivo, e le emozioni man mano che le vivevo. Voglio ringraziarvi anche per l'affetto con cui ci avete sommerso alla nascita di Vivienne, inviandoci regali bellissimi, per lo più «artigianali», e accompagnati da biglietti strappalacrime. Grazie, davvero grazie amici! A nome mio, di Veru e di Vivienne.

Grazie poi alla mia casa editrice, che anche questa volta ha dimostrato di credere nei miei progetti, ma soprattutto grazie a Francesca per la solita pazienza.

Un grazie immenso ai tre amici che ho tanto voluto coinvolgere, per la competenza e l'amore che mettono nelle loro professioni: Adriana, Silvia e Massimo. Vi stimo molto e vi sono davvero riconoscente. Grazie per avermi «preparato» all'ingresso nel mondo dei genitori con la vostra esperienza, ma anche con il vostro sapere.

Grazie al professor Corsello, presidente della Società italiana di pediatria, per il suo prezioso benestare.

Un grazie speciale a Veru, moltiplicato per tre: lei conosce i tre perché!

Un ultimo grazie ai miei genitori perché, senza dubbio alcuno, porto nella mia nuova vita da papà i loro insegnamenti. Spero, in questo mio nuovo ruolo, di essere all'altezza del loro esempio. Dimenticavo... anche se mai lo leggerà: grazie ad Arturo, che ci ha «obbligati» a uscire di casa fin dal primo giorno!

Indice delle ricette

Ricette per la mamma

PRIMO TRIMESTRE

Affettato di lupino con insalata e ceci, 51
Cioccopere con mandorle tritate, 56
Flantze, 57
Insalata di borlotti, pomodorini e feta, 52
Pasta integrale con piselli e salsa di pomodoro, 53
Riso integrale con lenticchie, 53
Sandwich multicereali con burger di legumi, 55
Sandwich con ricotta fresca e olive, 54
Sandwich «proteico», 56
Tiramisù ricotta e cioccolato, 58

SECONDO TRIMESTRE

Bocconcini di merluzzo al forno impanati, 68
Le brioche di Veru, 72
Cuor di cacao, 73
Insalata di fagioli e cipolle rosse di Tropea, 68
Pasta integrale al ragù di seitan, 69
Pizza, 70
Polenta integrale con spezzatino di fagioli e tofu, 71
Riso basmati con anacardi e spinaci, 71
Torta di carote e mandorle, 73
Zuccotto, 74

TERZO TRIMESTRE

Crostata del bosco, 96
Frittata senza uova con broccoli, 89
Orecchiette integrali con cavolo nero, 90
Pan dei morti, 97
Pasta con crema di pomodori secchi, 91
Pasta con pesto di anacardi e spinacini, 92
Ravioli industriali vegani con salsa di noci, 93
Ribollita, 94
Tarte Tatin di mele e noci pecan, 98
Terrina di salmone con maionese senza uova allo zenzero, 95

Ricette per lo svezzamento

PRIMO TRIMESTRE

Banana al cucchiaio, 188
Coppetta di pera a vapore con avena e dattero, 189
Cous-cous alla mela, 190
Crema di carote e mandorle con ditalini di farro, 191
Crema di cavolfiore e riso basmati, 192
Crema di cavolini con cous-cous di riso, 194
Crema di coste e cavolo nero con pizzoccheri, 195
Crema di finocchio, 196
Crema di miglio, 197
Crema di miglio con zucca e lenticchie, 198
Crema di pera e zucca, 200
Farrotto con zucca e piselli, 201
Grano saraceno con dadolata di zucca, 202
Minestrina di grano saraceno e tofu, 203
Orzo con pesto «trapanese», 205
Orzotto al verde, 206
Paella vegetariana con avena, 207
Panzanella (senza cipolla), 208
Pastina di farro con lenticchie, 209
Pastina di farro con zucchine, 210
Pera, prugna e zenzero al cucchiaio, 211
Purè di barbabietole, 212
Purè «Braccio di ferro», 213
Purè di carote, pere e «formaggio», 214

Purè di melanzane, 215
Purè multicolore, 216
Purè di patate americane e zucchine, 217
Purè di patate dolci e mele, 218
Purè di zucca con farro, 219
Purè di zucca e mandorle, 220
Quinoa con zucchine e broccoli, 221
Riso basmati con lenticchie, 222
Tempestine in crema di piselli e porri, 223
Vellutata di piselli, 224
Zuppa di lenticchie rosse, carote e quinoa, 225

SECONDO TRIMESTRE

Baby porridge, 228
Burger di lenticchie e quinoa, 229
Crumble di mele, 230
Dolci ricordi dalla Turchia, 231
Falafel, 232
Gallette di farro con hummus di ceci, 233
Gallette di segale con hummus alla barbabietola, 234
Insalata di avocado, 235
Macedonia di frutta e verdura, 236
Mango e mirtilli al cucchiaio, 237
Melaccio, 238
Pasta con ragù di soia e verdure, 239
Penne con pesto di soia edamame, 240
Riso giallo e ceci, 241
Risotto alla zucca, 242
Succo estratto di ananas, finocchio, mela, sedano e zenzero, 169
Succo estratto di ananas, mango, barbabietola e menta, 170
Torta di Nonna Papera, 243

RICETTE CON PROTEINE ANIMALI

Bocconcini di salmone croccanti, 246
Crema di merluzzo e riso nero, 247
Ditalini al farro con ricotta e menta, 248
Fruttamisù, 249
Insalata con avocado cremoso, 250
Minicake alla carota, 251
Pancake salati con crema di cannellini e caprino, 252

Pizzoccheri, 253
Polenta taragna, 254
Polpettine di merluzzo e noci, 255
Purè di avocado e banana, 256
Purè di cavolfiore e broccoli, 257
Ricotta ai lamponi e mirtilli, 258
Risotto alla banana, 259
Risotto con spinacini e caprino, 260
Salmone su crema di broccoli, 262
Salmone con pomodoro e origano, 261
Terrina di verdure con bocconcini di salmone, 263
Torta salata con bietole e verza, 264
Torta salata con spinacini, 265
Zucchine gratinate, 266
Zucchine alla parmigiana, 267

Mondadori Libri S.p.A.

Questo volume è stato stampato
presso ELCOGRAF S.p.A.
Stabilimento - Cles (TN)

Stampato in Italia - Printed in Italy